高校社科文库
University Social Science Series

教育部高等学校
社会科学发展研究中心

汇集高校哲学社会科学优秀原创学术成果
搭建高校哲学社会科学学术著作出版平台
探索高校哲学社会科学专著出版的新模式
扩大高校哲学社会科学学科研成果的影响力

企业社会资本论

A Research on Enterprise's Social Capital

李 敏/著

光明日报出版社

图书在版编目（CIP）数据

企业社会资本论 / 李敏著 . -- 北京：光明日报出版社，2009.9（2024.6重印）
（高校社科文库）

ISBN 978 - 7 - 5112 - 0368 - 7

Ⅰ.①企… Ⅱ.①李… Ⅲ.①企业管理—资本经营—研究 Ⅳ.①F275.1

中国版本图书馆 CIP 数据核字（2009）第 153197 号

企业社会资本论

QIYE SHEHUI ZIBEN LUN

著　　者：李　敏

责任编辑：刘书永　　　　　　　责任校对：徐为正　杨晓阳　李心亮
封面设计：小宝工作室　　　　　责任印制：曹　净

出版发行：光明日报出版社

地　　址：北京市西城区永安路 106 号，100050

电　　话：010-63169890（咨询），010-63131930（邮购）

传　　真：010-63131930

网　　址：http：// book. gmw. cn

E － mail：gmrbcbs@ gmw. cn

法律顾问：北京市兰台律师事务所龚柳方律师

印　　刷：三河市华东印刷有限公司

装　　订：三河市华东印刷有限公司

本书如有破损、缺页、装订错误，请与本社联系调换，电话：010-63131930

开　　本：165mm×230mm

字　　数：270 千字　　　　　　　印　　张：14.75

版　　次：2009 年 11 月第 1 版　　印　　次：2024 年 6 月第 2 次印刷

书　　号：ISBN 978 - 7 - 5112 - 0368 - 7 - 01

定　　价：68.00 元

CONTENTS 目录

引　言

　　社会资本和企业社会资本理论是 20 世纪 90 年代以来发展起来的一个重要的跨学科思潮。社会资本是一个现实的问题，但它的核心问题——社会信任，却是一个古老、永恒的主题。社会资本并不是现代商品经济时代特有的理念。自从有了人类，社会资本问题就开始存在。自从有了企业，企业社会资本也随之萌生，并对人类社会的生产、生活产生着影响。对于经济学家们来说，主要是解释社会资本对经济增长、经济发展的贡献。其思想的渊源，可追溯到古典经济学家对非经济因素与经济增长动力的探究。亚当·斯密（Adam Smith）、马克斯·韦伯（Max Weber）等经济、社会科学的先贤事实上把个人、制度、文化等元素同时纳入自己的理论体系。随着资本主义的强盛、经济领域力量的强大、经济学显学地位及其对其他学科的渗透，理性选择成为社会科学的主流范式。正是基于对国民财富、经济增长的不懈探求，对理性"经济人"假设的修正，对古典文化的复兴，以及信息技术范式背景下信息网络化、经济全球化、知识资本化、生产模块化所引发的以管理人本化、伦理化为内容的重大管理变革，使得社会资本和企业社会资本在理论和实践领域受到普遍关注。

　　企业社会资本是有益于企业获得资源及社会支持，企业内外个人及组织之间建立的社会信任网络，是企业资本构成的重要组成部分，企业社会资本与经济资本、人力资本共同构成相互联系、相互作用的企业资本体系，是企业生产经营的基本要素和条件。企业社会资本本质上体现了经济价值与生活价值、现实需求与未来发展、个别努力与团队合作、个体行为与社会选择的有机平衡。基于企业社会资本的视角，除了"经济人的追求"和"看不见的手"，企业业绩的增长、社会财富的增加还受制于不同社会根深蒂固的文化价值体系——"无形的原则"的深刻影响。这些"无形的原则"是企业社会资本产生的社会根源，是国家认同、社会认同、社会信任的基石，是经济活动与企业整体运作的深层机制和动因，也是一个国家、一个企业经济力量的根源所在。

　　企业社会资本是由企业微观信任网络、中观信任网络和宏观信任网络相互联系、相互平衡所构成的有机整体。企业社会资本不同层面的信任网络，有着不同的功能和作用。企业微观信任网络存在于企业内部人际、部门之间，是企业生存发展的基础；中观信任网络存在于企业与外部经济交易、经济合作对象之间，是组织边界上的生产能力、创利能力之源；宏观信任网络存在于企业与公众、社区、政府等组织、群体之间，是企业利润及可持续发展的社会根基。

　　近年来，社会资本理论为探索经济与社会发展问题提供了一个更广阔的理论视角。国内外众多学者从不同的学科视野、运用不同的方法，对企业社会资本的研究做出了富有开创性的努力。但是直到目前，企业社会资本仍没有清晰的内涵和外延，也缺乏统一的分析框架。因此，本文尝试在分析国内外各派不同学术观点的基础上，从微观、中观、宏观三个不同层面，揭示企业社会资本的本质、有机构成、功能及运作积累中的各种基本问题，从理论上回应对社会资本、企业社会资本的批判及质疑，并为现实的企业经营实践及制度设计提供理论借鉴。

第一章

文献综述

社会资本理论作为一个跨学科的概念，为解释经济增长、社会发展、集体行为等诸多问题提供了重要视角。社会资本理论与实践的历史根源、社会资本理论研究的贡献及不足，既是探求企业社会资本问题的出发点和基础，又给今天的研究以重要启示。

1.1 社会资本理论的源起及概念的提出

社会资本原本是一个经济学的概念，经过不同学者的发展，逐渐拓展为一个跨学科的概念，从而使社会学、经济学、政治学等领域诸多具体问题的研究都取得了突破性的进展，对企业社会资本的研究有着重要的现实意义及理论启迪。

1.1.1 社会资本概念的提出

社会资本作为一个经济学的概念，在马克思主义经济学中是指资本的社会属性及扩大的、总和的个人资本。上个世纪 70 年代以来，法国社会学家皮埃尔·布尔迪厄（P. Bourdieu）和美国社会学家詹姆斯·科尔曼（James S. Coleman）等人对社会资本的使用，使社会资本成为一个社会学、政治学以及各学科广泛使用的跨学科的概念，并且其内涵发生了重大变化，被格伦·劳瑞（Glenn Loury）[①] 等经济学家重新引入经济学的研究，成为解释经济增长及解决集体行为困境的重要理论视角。

1980 年布尔迪厄在《社会科学研究》杂志上发表了题为"社会资本随笔"的短文，正式提出了"社会资本"这个概念，并把它界定为"实际或潜

---

① 田凯，科尔曼的社会资本理论及其局限，社会科学研究，2001，（1）91

在资源的集合，这些资源与由相互默认或承认的关系所组成的持久网络有关，而且这些关系或多或少是制度化的"。1988 年，科尔曼在《叛逆者》杂志发表题为"社会资本在人力资本创造中的作用"一文，对社会资本给予了全面而具体的界定、分析。他把社会资本定义为"许多具有两个共同之处的主体：它们都由社会结构的某些方面组成，并且它们都利于行为者的特定行为——不论它们是结构中的个人还是法人。"科尔曼从社会结构的意义上论述了社会资本的概念，并在此基础上形成了他的"经济社会学"理论。1998 年，著名政治学家汉斯·科曼在《社会资本与欧洲民主》一书序中认为："社会资本近来作为一个很有潜力的概念出现在现代政治学中，被看作是公民社会的粘合剂。许多集体行为的问题只通过个人行为无法解决，由遥远的国家调节或间接的正式民主程序也不容易解决。相反，社群的自我调节，结合民主国家及其机构的威权，倒可以使问题得到解决。"

科尔曼之后，经由罗伯特·普特南（Robert Putnam）、亚历山德曼·波茨（Alejandro Portes）等人的发展，社会资本概念及分析方法得到进一步完善，其意义被扩展为涵盖所有的有利于以共同收益为目的的集体行动的规范和网络等。社会资本理论成为具有重要的跨学科影响的思潮之一。

1.1.2 社会资本的定义及基本内涵

理论界对社会资本概念的界定还没有形成共识，在众多文献中，根据概念外延的宽窄来划分，社会资本的概念主要有三种。社会资本的最狭义的概念是普特南对社会资本的界定。他认为，社会资本是人们之间的一套"横向的联系"，包括"能够通过推动协调的行动来提高社会效率的信任、网络（networks of civic engagement）以及与网络相联系的规范"[1]。社会资本的特征是推动了组织成员之间互利性的配合和协作。普特南认为网络和规范是紧密联系的，而且信任、网络以及与网络相联系的规范对于经济发展有着重要作用[2]。科尔曼的定义比普特南的定义包括的面要广，涵盖了社会结构和用来调节人际行为规范的总体准则。他认为"社会资本是根据它的功能定义的。它不是一个单一体，而是许多不同的实体，它们有两个共同点：都包括社会机构的某些

---

① *Putnam R, with Leonardi, and R · Nanetti, 1993, Making Democracy work: Civic Traditions in Modern Italy, Princeton: Princeton University Press.*

② *Putnam R, 1993, "The Prosperous Community Social capital and Public life", American Prospect* (13): 35–42.

方面，都有利于处于同一结构中的个人或全体的某些行动。和其他形式的资本一样，社会资本也是生产性的，使某些目的的实现成为可能。而在缺少它的时候，这些目的不会实现①"。根据这个定义，社会资本就不仅包括横向联系也包括纵向联系，还包括诸如公司一类的其他实体中的行为。纵向的联系不同于横向联系的地方在于成员间是有等级的，而且权利在成员中的分配是不平等的。经济学研究中最广义的社会资本概念，将社会资本界定为社会中社会生活和文化内在的粘合剂，包括调节人们之间行动的规范和价值观念，以及产生这些规范和价值观念的制度。它除了包括前两种观点里的水平关系和垂直阶层组织外，还涉及到正式的制度和结构，如政府、政治制度、法规以及公民自由和政治自由，并且制度对经济发展的速度和模式有很重要的影响。社会资本三种概念被累进地拓宽，第一种定义包括非正式和局部的水平协会，而第二种定义强调阶层协会，第三种定义在综合前两者基础上将正式国家结构（政府法规）纳入其中。此外，社会资本综合性的观念将微观、中观和宏观制度相结合，认为三者可以共存，并有相互补充的潜力。由于各学科知识背景不同，对社会资本这一概念理解有不同的描述，因而到目前尚没有形成一个权威性的定义。

这几种概念将社会资本从最不正式和局部的横向联系扩充到包括有等级的关系以及正式的国家制度和结构，从它们各自的涵义中，我们不难看出它们的共同点：它们都与经济、社会和政治领域有关，都认为社会关系影响经济活动的结果并反过来受它的影响；它们都认识到社会关系促进经济增长的潜力；它们也都关注经济主体之间的关系以及它们间正式或非正式的组织如何提高经济活动的效率；它们都暗示"恰如人意"的社会关系或组织具有正的外部性②。

1.1.3 社会资本理论的源起

社会资本理论的根源可追溯到古典经济学家对经济增长动力的探究，同时，也是社会科学领域内对理性选择范式的修正及对古典文化的复兴。

（1）社会资本：经济增长理论中非经济因素的探求

社会资本在不同的学科领域中，一般是指有利于人们得到权利、资源，以及进行决策、制定政策的整套规范网络、信任和组织。对经济学家来说，使用这一概念则主要是解释社会资本对经济增长、经济发展的贡献。其思想的渊源

---

① Coleman J, 1990, *Foundation of Social Theory*, Cambridge：Belknap Press of Havard University Press.

② Christia and Grootaert, 1998, *the Missing Link*, *The World Bank Social Capital Initiative Working Paper No. 3*.

可追溯到古典经济学家那里。古典经济学家认为土地、劳动和物质资本是实现经济增长的三个关键要素，但也注意到非物质因素在经济生活中的积极作用。亚当·斯密在他的《国富论》和《道德情操论》中表示，一方面，市场需要一定的道德情感，但另一方面，市场的自我管理能力及产生公平增强福利成果的能力却存在严重的限制。因而，国家和教会这样的制度在供应市场和管理市场方面都发挥着积极的重要作用。亚当·斯密在《关于公正、警察、税收和军队的演讲》一书中曾经比较不同国家商人的社会信任度与商业交换之间的关系。荷兰人的信誉高于英格兰人，英格兰人的社会信任度又高于苏格兰人，生活在商业中心的人又高于偏远地区的人。商人的业务量越大，交易频率越高，其社会信任也就越高。苏格兰哲学家大卫·休谟（David Hume）认为，合适的道德行为或"道德情操"、"同情心"会支持新的经济活动形式。19世纪早期，德国社会批判家亚当·穆勒（Adam Muller）认为社群精神资本的存量很大程度上决定其经济命运。穆勒关于精神资本的观点既包括文化价值，又包含"社会与国家的有机团结"。爱尔兰的政治理论家、哲学家埃德蒙·伯克（Edmund Burke）提出，除非获得了"先在的'惯例'……'文明'以及植根于'绅士精神'和'宗教精神'之上的'自然保护原则'"的支持，否则市场根本运转不起来①。

美国学者迈克尔·武考克（Michael Woolcock）研究指出，社会资本的几种传统来源，其一是德国马克思（Karl Max）、恩格斯（Friedrich Engels）"有限度的团结"的观点，即不利的情形可以促使大家凝聚起来，有难同当；其二是德国齐美尔（Simmel G.）的"互惠交换"（reciprocity transitions），规范和契约是通过个人化的交流网络而出现的，如邻里互助，他认为信任是"社会中最重要的综合力量之一"；其三是法国迪尔凯姆（Emile Durkheim）和美国帕森斯（Talcott Parsons）的"集体意识"（collective consciousness）、"价值融合"（value introjection），价值、道德原则和信念先于契约关系和非正式的个人目标而存在，而不是严格工具意义上的；其四，是韦伯的"强制性信任"（enforceable trust）的思想，韦伯认为正式制度和特殊性的团体背景使用不同的机制来保证实现对已经达成的行为规则的遵守，前者如官僚组织使用的是法律/理性机制，后者如家庭使用的是实质/社会机制。此外，功利主义传统也是社会资本的一种学术来源。

---

① 李惠斌、杨雪冬主编，社会资本与社会发展，北京：社会科学文献出版社，1999.258

尽管经济学家一直在不懈地探索国民财富、经济增长的源泉，但经济增长、经济发展的主流经济模式忽视制度、社会文化等非经济因素的作用，尤其是在边际革命以后。20世纪40年代末，以哈罗德—多马模型为代表的资本积累论，所奠定的现代经济增长模型的基本框架，由于不适于解释经济增长率的决定因素，而被索洛—斯旺的新古典增长模型所代替。新古典模型认为，增长率不是依赖于投资，而是取决于技术进步率，并认为技术像"天上掉下的馅饼"是外生的，即世界各国技术增长率是一致的。新古典模型面对世界范围内各国收入增长率的差距显然缺乏解释能力。20世纪80年代中期以来，以美国保罗·罗默（Romer，P）、罗伯特·卢卡斯（Lucas，R）等人为代表的一批经济学家，在对新古典增长理论重新思考的基础上，探讨长期增长问题，导致了新增长理论的出现。罗默认为产出是由物质资本、劳动和知识决定的，而知识的数量又与投资率密不可分。换句话说，对物质资本投资的报酬是决定增长率的最关键的因素。卢卡斯模型强调人力资本是增长率的决定因素，这些模型的重要假定是投资率和个人积累技术所花费的时间是外生的，因而无力解释各国财富的差距和文化、价值观念、政府政策、制度、法律等对经济增长的促进作用[1]。"

自20世纪70年代开始，一些学者从政治经济领域来寻找答案，尤其是以美国经济学家道格拉斯·诺斯（North，D）为代表的新制度经济学在经济史研究中的重大成果极大地推进了对经济增长的研究。这些研究表明技术知识和组织知识的巨大进步并非突如其来，而完全要依赖有利于资本积累和产权、市场结构、民主决定程序、制度安排等制度的逐步演变。他们的研究证明，在一个毫无信任的地方，企业家不可能造就持续的经济增长，他们要完全依赖经济自由、公民自由和政治自由，要依赖支撑相互信任的有利的制度框架。他们认为国与国之间人均收入的差异不能由人均可生产性资源（土地与自然资源、人力资本、生产资本、技术）来解释，制度和其他形式的社会资本，包括公共政策来决定一个国家的收益。有着相似土地、物质资本和人力资本禀赋的国家却取得了迥然不同的经济建设的成绩；同一国家中的不同地区、不同城市也有着同样的情况；甚至同一地区或城市中的不同的组织也是如此。在《西方世界的兴起》中，尼德兰和英格兰的成功以及法国和西班牙的失败，就在于前者通过对制度环境的不断改革，建立起财产所有权制度，排除了通过要素和

---

① Jones, C. I., 1999. Introduction to Economic Growth. W. W. Norton & Company Inc. pp. 161.

产品市场配置资源的障碍，而且开始运用专利法对知识产权加以保护，从而为工业革命搭起了舞台①。

诺斯教授通过考察公元 900～1700 年间的西方经济史，发现有效率的产权制度是经济发展的基础，合理的产权制度促进经济的发展，不合理的产权制度则会阻碍经济的发展②。通过有效的产权制度安排，明确规定个人的经济自由权，并为其提供有效的保护，减少未来的不确定因素，降低产生机会主义行为的可能性，从而使个人经济活动的成本减少，获利的可能性增加，个人经济活动的外部性完全消除或减弱到最低限度。这样一来，经济主体的个人收益与社会收益相等，经济主体投入的资源的收益完全由投入者得到，就能促进人们对生产进行积极投入，激励人们从事创造性生产行为，提高生产效率，最终促进经济发展③。有效的制度安排是经济发展的一个重要促进因素。有效的制度可以形成人们行为及人与人之间关系的基本结构，从而降低行为的不确定性，减少人们行为选择的信息成本和风险成本。同时，还可以通过对人的行为形成有效的约束，降低人们行为的机会主义倾向，减少监督成本和违约成本等。交易成本是制约经济效率的根本因素，一个经济体系是否有效率，关键在于其交易成本的高低。有效的制度安排直接降低了经济活动中的交易成本，如信息成本、谈判成本、协调成本及监督成本等，大大提高了经济活动的效率和收益，激励了人们对经济活动投入的积极性，从而促进经济发展。

美国马里兰大学经济学教授曼塞尔·奥尔森（Mancur Olson）在对分利集团的研究④中，对影响宏观经济业绩的机制进行了研究。他认为，在国家制定公共政策时，只有每个社会成员积极参与并广泛协商，才能保证政策的公正性、合理性和妥当性。然而，现实中没有任何一个国家能做到这一点，社会协商通常不是大众个体之间的协商，而是社会团体之间的协商。消费者、纳税人、失业者、贫民等社会群体，由于成分复杂、分布分散、形态不定，不可能结成较稳定的团体，因而实际上是被排除在社会协商之外的。而那些建立了组

---

① North Dand Thomas R，1976，The Rise of the Western World：a New Economic History，Craw fowdsville Indiana：R. R. Donnelly & Sons Company.

② North D，1990，Institutions，Institution Change，and Economic Performance，Newyork：Cambridge University Press.

③ North Dand Thomas R，1976，The Rise of the Western World：a New Economic History，Craw fowdsville Indiana：R. R. Donnelly & Sons Company.

④ ［美］曼塞尔·奥尔森，集体行动的逻辑，陈郁等译，上海：上海人民出版社、上海三联出版社，1995，172－177

织的社会群体，就会利用自己的集团优势，采取直接或间接的手段，对政府制定政策的过程施加影响，从而使政策的内容和政策的实施，偏重于这部分有组织的人的利益而忽视社会上其他人的利益。

从原则上讲，任何组织都可以通过两条途径为其成员谋取利益：一是促使全社会效率提高和产品总量增加，从而相应增加其成员获得的份额；二是在社会总效率和总产量不变的情况下，尽可能为其成员争取更大的份额。由于第一种途径外部性大，组织成本等于社会成本，收益却小于社会收益，因此，社会组织为其成员谋取利益的途径只能是尽量在社会总利益中争取较大份额，而不顾社会总利益是增是减。奥尔森把这些在采取集体行动时不关心社会总效益的下降或"公共损失"的组织称为"分利集团"。由于分利集团具有排他性，它们阻碍了技术进步、资源的自由流动与合理配置；降低了生产经营活动的报酬，提高了利用法律、政治和官僚主义及通过讨价还价和复杂协议而获利的报酬，结果提高了社会交易成本而降低了社会的经济效益。在一个经济体系中，如果分利集团发展和强大，经济发展就会受到阻碍，如二战后英国的衰落；如果分利集团削弱或重组，经济发展就会受到促进，如二战后日本、西德经济奇迹般地增长；如果分利集团是强大的、高度综合的，它们可以更多地使用各种刺激手段，在内部消化低效率政策带来的成本，从而促进经济发展，如挪威和瑞典。奥尔森认为，低收入国家尽管拥有较优的自然资源禀赋，但是不能从投资、专业化、自由贸易中获得较大的收益。原因在于这些国家缺少保证合同公平执行的制度和保护产权的长期制度，而且这些国家的经济政策往往被分利集团误导①。按照奥尔森的观点，大力推进个人、团体之间的联合，特别是使经济生活中不易建立组织的消费者、纳税人、失业者、贫民之间发展一种频繁的联系，提高他们参与公共决策的积极性，使公共政策的制定反映大多数人的利益，并且可以使人们之间建立起综合的联系，形成高度综合的分利集团，其收益接近社会利益，促使其更多地考虑社会总效益，建立完备的保护产权、保护自由竞争公平交易的法律制度和廉洁高效的政治制度，就能削弱或消除分利集团对政府经济政策的影响，保证政策的制定反映客观的经济规律，促进经济发展。也就是说通过降低分利集团的排他性，增强公共政策的民主性和合理性来促进经济发展。

---

① Olson M, 1982, The Rise and Decline of Nations: Economic Growth, Stagflation, and Social Rigidities, New Haven: Yale University Press.

诺斯和奥尔森的理论，使经济增长的研究深入扩展到制度和社会结构的层面。20 世纪 90 年代，以社会资本理论解释经济增长，受到学者们的广泛关注。社会资本一词频频出现在最权威的学术期刊、杂志上，尽管这些观点还缺乏统一的概念框架，但他们的结论具有普遍的意义，即社会资本是"……能够对高质量增长起积极作用的力量①。"

（2）社会资本理论与古典文化的复兴

社会资本理论的兴起与发展，还根源于社会科学领域对理性选择范式关于自利理性人假设的修正及其对古典文化的复兴。

在社会科学形成的初期，启蒙思想的深刻影响以及学科没有清晰分界，以斯密、韦伯等为代表的社会科学的先驱事实上把个人、制度、文化三个元素同时纳入了自己的解释范式，构建了自己的社会理论体系②。韦伯认为，经济的发展与正式官僚制度的出现和通用的法规有直接的关系，这些为引导个人将利益和能力用于建立大的集体企业而提供了可靠的、可预知的基础。韦伯指出：现代资本主义企业主要依靠计算，并以法律和行政体系为前提，至少在原则上，可以依靠固定的一般规范对这些体系的机能进行理性的推断……③由于西方资本主义的强盛，特别是美国成为西方世界政治经济的中心，西方社会科学的研究重心从欧洲转移到美国。西方学术界长期使用的历史方法、制度—法律方法以及哲学思辩传统逐渐被放弃，强调实证在"科学主义"的推动下成为研究的主流，价值判断在分析中被最小化，甚至摒弃。经济领域力量的强大、经济学的显学地位及其对其他学科的渗透，助长了强调个人和市场本位的盎格鲁—萨克逊文化的扩张，使理性选择成为社会科学的主流范式。

理性选择范式继承了亚当·斯密的基本假设——"经济人"假设，同时承接了韦伯"工具理性"概念和关于资本主义起源的某些判断方式，如计算。"经济人"的基本内涵是有判断选择和行为成本及收益的理性个人，作为自我利益最大化者，其行为选择和动机是实现成本最小化、收益最大化。理性选择范式肯定了现存的制度和文化。随着经济领域范围的扩大和经济原则在社会生活中的渗透扩张，理性选择范式以其简单、清晰及系统性而在不同的学科中得到了体现和应用。最突出的有横跨经济学和政治学的公共选择理论和博弈

① 世界银行：增长的质量，中文版，北京：中国财政经济出版社，2001，13
② 李惠斌、杨雪冬主编，社会资本与经济发展，北京：社会科学文献出版社，2000，20
③ 参见［德］韦伯，经济与社会，北京：商务印书馆，林荣远译，1998，112

理论。

随着理性选择范式的扩张,其固有的理论缺陷,也日益受到人们的批评:①这一范式将制度与文化看成既定的,是解释范式的外生变量。没有把制度等纳入解释框架,因而对制度缺乏深入分析,无法为制度的改革和创新提出见解,使理论的创建趋于保守。②理性选择范式忽视了人的社会性方面,在对人的需求判断上,实际上背离了斯密和韦伯的内在精神。③理性选择范式具有盲目把西方文化和价值推向普遍主义的倾向,甚至无视其他文明和文化的存在。

20世纪60、70年代,新制度主义学派开始重视制度对个人行为的约束以及集体困境和制度起源的分析。在一定程度上理性选择制度主义实际是理性选择范式向制度方向调整的结果,它继承了理性选择范式中关于行为动机的基本假设。这一领域中,具有代表意义的学者道格拉斯·诺斯不仅关注正式制度对人的选择行为的影响,而且指出应该分析观念、文化、意识形态在内的非正式制度,这实际上暗示着对理性选择范式关于个人假设的修正。

西方学者弗朗西斯·福山(Francis Fakuyama)在其对"经济学帝国主义"极富特色的批判中也指出了理性选择范式的片面性。他认为,经济学把自己学科中的假设、命题与术语推广开来,把从自身学科中认识到的人性的一部分视为人性的根本。他们的人性模式是"人类就是理性地追求功利最大化的个人们";社会整体的最大福利就是通过个人在市场中的自利行为获得的。福山将其命题概括为"人们扩大化他们选中了要去扩大化的东西",并从逻辑上揭露了其扩展概念是犯了同语重复的错误。因此,"新古典经济学不仅解释政治生活是不充分的,而且解释经济生活也是不充分的。[①]"

诺斯之后,社会学上的制度主义学者,在制度界定上采取了更为宽泛的态度,试图把文化涵盖进制度的框架之中。他们认为,制度不仅包括正式规则、程序和准则,而且包括象征体系、认知版本以及道德模本这样的引导人类行为的"意义框架",从而打破了制度与文化在概念上的隔离,使文化更加具体化,更容易在分析中加以把握,同时也强化了该范式在宏观层次上的解释能力。在此基础上,社会制度主义者不仅强调制度的"规范维度",而且强调它的"认知维度"。制度不只是影响个人的策略性计算、基本的偏好以及真正的身份,而为行为提供了不可或缺的认知版本、类别判断和行为选择模式。在社

[①] 鲁西尧,福山慧眼看"信任",http://www.gmdaily.com.cn/ds/dshomepage.nsf/documentview/2002-04-10-15-62374D63AFC18CD848256B97000AB394?OpenDocument.

会制度主义者那里，行为的主体是寻求用社会方式定义和表现自己的个人或组织组成的，而不仅仅是由寻求物质福利最大化的个人或组织。制度的起源不是像理性选择制度主义者说的那样，是因为最大化地实现了接受者的物质目标，而是因为它提高了组织或其他参与者的社会合法性①。20世纪80年代以来，随着新制度经济学在理论上突破性的发展，一些发展经济学家大量引入和运用了新制度经济学的研究成果，使经济发展理论不断得到充实。制度的引入突破了新古典主义理性选择理论的缺陷，较为充分地考虑到制度对个体行为的约束。新制度经济学者以个人之间的市场交易行为为背景，从法律和道德这一层面来理解制度，并从抽象人性出发来解释社会制度的起源，同时也使用包括观念、意识形态在内的非正式的制度补充其理论。但诺斯等人对"历史的新古典解释也只是内生化尝试的失败②"。普特南批评新制度主义者专于注重正规的、成文的制度，而不太关注那些不成文的、非正规的，却经历历史沉淀的制度。"近些年来，新制度经济学者也重视非正式约束，特别是规范和网络，他们没有考察正式和非正式约束如何共同塑造制度和影响经济绩效，也就是没有正式和非正式约束关系的性质理论，关于制度效应的解释难以令人信服③。"

　　如前所述，把文化纳入分析框架，反对把理性个人完全理解为"经济人"的努力有着悠久的传统。从上个世纪30、40年代开始，经济人类学家卡尔·波拉尼（Karl Polanyi）、人类学学家布罗尼斯拉夫·马林诺夫斯基（Bronislaw Malinowski）、哲学家卡尔·曼海姆（Karl Mannheim）等人从不同角度探讨了人类行为的动因问题，他们反对把个人简单地理解为追求自我利益的最大化者④，认为个人行为的目的不仅要满足自我的物质要求，而且还要获得社会的认同，其行为是在历史文化和制度的背景下作出选择，受历史、文化和社会价值体系等潜移默化的影响。但由于理性选择范式过于强大，这些思想没有得到应有的重视。90年代以后，信息技术范式背景下经济全球化、信息网络化、资本知识化的趋势日益显著，理性选择范式对经济增长、经济动因及制度创新的解释日益乏力，社会资本就是在这种背景下出现，文化再度成为社会科学界关注的重点和解释的基点。

① 李惠斌、杨雪冬主编，社会资本与经济发展，北京：社会科学文献出版社，2000，25，26

② 林岗等，诺斯与马克思：关于制度的起源的本质的两种解释比较，经济研究，2000，（6）

③ Nee, V., 1998. Norms and Networks in Economic and Organization Performance. American Economic Review. Vol. 88. No. 2., pp. 85–89.

④ 同①。

1.2 社会资本与经济发展实证研究的理论评述

20 世纪后期，社会资本理论的引入为拓展发展的内涵，为实证领域研究经济发展理论提供了崭新的视角及方法。众多的学者为解释社会资本对经济发展的影响，分别在不同的层面展开了实证研究，在微观层面，如硅谷、意大利等地的研究中，探讨经济主体之间的信任、网络、合作对经济绩效的影响。在宏观层面，如在对东亚经济奇迹的考察中，则揭示了制度、政府在经济生活中的作用以及对宏观经济增长的影响。而美国斯坦福大学经济学教授阿夫纳·格雷夫（Greif，A）等人为代表的比较制度研究，则将社会资本研究的视野渗透到社会历史、文化传统，从而为认识经济发展提供了一种全新的历史文化视角。

1.2.1 经济发展微观层面的社会资本研究

从现有的研究文献来看，社会资本对经济发展的影响包含了不同的层面。在微观经济层面上，社会资本主要通过促进经济主体之间的合作、改善市场机制的作用来促进经济增长。在微观经济层面上，组织、社团或协会成员的互相监督、共同的规范和局部的处罚为经济主体间信息分享、行为配合及集体决策提供了一个非正式机制，起到了弥补市场机制不足、增强市场机制、促进资源有效配置的作用。完全竞争市场假定消费者和厂商拥有充分的信息去对自己的消费或生产行为作决策，从而实现资源的最优配置，实现经济效率最大。但是，在现实的经济生活中，由于市场中技术条件的有限性以及经济主体诚信程度的差异等原因，充分信息的获得几乎是不可能的。在某些情况下，因为存在不确定性，经济主体很难对未来的经济状况和其他经济主体对之的反应作出"最优"的决策；在有些情况下，经济主体通过向其他经济主体传递假信息来增加自己的收益。这样经济主体就无法获得充分准确的信息，所作决策的效率就很难保证。尽管社会资本不能改变不确定性，但它能够通过加强经济主体之间的联系，增进他们彼此间的了解，并增加未来交易频率的预期，使经济主体获得更多的其他经济主体不同情况下如何反应的信息；而且，它还可以起到执行机制的作用，即通过成员之间的监督、成员间默认的规则以及违反规则后受到孤立等方式，来保障信息的真实性和经济主体彼此行为的一贯性。这将大大减少交易成本，畅通交易渠道。由于信息不充分，以及不履行契约所得的收益远大于因不履约所造成的惩罚，经济主体的无计划行为和机会主义行为会使市场配置资源的职能失灵。社团或协会成员间过去频繁的交往，可以增强信任，减少机会主义行为①。

由于社区或协会中成员之间的联系是一种长期的联系，成员间的交易关系是一种长期、持续的关系，信息传递通畅，成员的不诚实行为能很快被其他成员察觉。由于规则是大家认可的，所以当事人都有足够的积极性和可能性对交易对手的欺骗行为进行惩罚。

微观层面比较典型的有对硅谷、意大利等地的实证研究。美国学者安纳利·萨克森宁（A. Saxenian）对硅谷的研究表明，在激烈的竞争和追求创新的目标之下，位于硅谷的各种组织和各类人员之间形成的充满合作精神的、内容丰富的互联系统，促成了硅谷地区技术创新的良性互动。位于硅谷的研究型大学通过师资力量强大、专业性突出的工程与技术培训项目源源不断地向企业输送高素质的技术人才，提高企业的科学创新潜力；反过来，由于实现了与各行业之间的新思想、新技术与新方法的沟通，科学家和技术专家的自身素质又会持续提高②。硅谷的产业特征决定了硅谷的各公司之间在很大程度上都要从外部采购产品或服务，企业之间联系密切，硅谷各企业成员之间经常互相传递技术信息并互相请教，他们在交流中产生的思想碰撞，产生了技术创新的基础——思路（ideas）。覆盖硅谷的跨越公司界限的技术交流网络，是创新的关键所在③。通过对意大利不同地区的研究，Guiso 等发现，在社会信任程度比较高的地区，家庭持有少量现金，频繁使用支票，将钱更多地投资于股票，有借贷时很少采取非正式渠道。这表明社会资本在意大利不同地区的金融发展中起着很重要的作用④。

孟加拉吉大港大学经济学教授默罕默得·尤里斯（Mehmet Joris）的试验、比较显示，孟加拉国乡村银行通过成立借款人互助小组，采取只要有一个小组成员还不了贷款，整个小组失去贷款资格的措施，促进小组成员互相帮助、群策群力，有效提高了扶贫贷款的偿还率。乡村银行拥有 200 多万贫穷的借贷者，其小额贷款的偿还率达 97%。但孟加拉国国营银行的坏账率则高达 90%

① Christiaan Grootaert. the Missing Link. The World Bank Social Capital Initiative Working Paper No. 3. 1998.

② ［美］安纳利·萨克森宁，地区优势：硅谷和 128 号公路地区的文化与竞争，曹蓬杨、宇光等译，上海：上海远东出版社，1999

③ 同上

④ Luigi Guiso, Paola Sapienza and LuigiZingales, 2000, The Role of Social Capital in Financial Development, NBER Working Paper 7563.

以上①。

1.2.2 经济发展宏观层面的社会资本研究

在宏观经济层面上，制度、司法体制、政府在组织生产中的角色影响了宏观经济的业绩，特别是政府在经济中发挥的作用受到广泛关注。对于东亚经济发展的奇迹，理论界较权威的一种观点认为东亚经济发展的奇迹，只能部分地由人力资本、物质资本投资及技术进步等传统因素解释。主要原因在于，整个社会在经济发展目标上的共识、以家庭为核心的社会伦理观点和社会关系结构、政府与社会间较为和谐的关系、以制度安排和组织设计为特征的政府政策等，所有这些为经济发展提供了一个良好的环境，增强了经济效率，促进了信息交流以及政企之间的合作。世界银行 1993 年出版的题为《东亚奇迹》一书，系统介绍了东亚经验，认为东亚奇迹是政府科层机构在市场经济中发挥重要作用的结果②。

关于政府对经济增长的作用，一直受到一些经济学家及社会机构的重视。世界银行在谈到发展思维转变中强调③："政府在发展中起着极其重要的作用，但没有一套简单的规则告诉它们要做什么，除了普遍接受的规则，政府能力、国家发展水平、外部条件等诸多因素决定政府在经济中的作用也有所不同"。随着经济的发展，政府效率决定了它在经济发展中的地位。

应当指出，在当代发展研究的主体面向民族国家、理性的个人和公司时，介于个体和国家之间的和调节国家与市场关系的空间制度安排，无论是理论家还是政策制定者都未将两者有效地结合，但社会资本理论却将微观层次的个体行为与宏观层次的集体和社会选择结合起来，并做出了开创性的努力，试图解决新制度主义两个层次对立的问题。社会资本理论中关于政府的作用问题存在两种思路，一种观点持有者称之为非国家主义者，认为国家主导的社会资本对经济的影响是微不足道的，相反有时对经济会带来灾难性的后果，社会资本只能在非政府领域内产生，政府支持的活动与社会资本之间是一种零和博弈，政府行为可以破坏却不能创造社会资本。持另一种相对立的观点的人称之为"国家主义者"，他们认为国家与社会是一种正和博弈，非国家主义者的观点

---

① 汤敏、姚先斌，孟加拉"乡村银行"的小额信贷扶贫模式，改革，2002，（4）
② world Bank：1993，The East Asian Miracle，NewYork：Oxford University Press.
③ 世界银行，迈向新世纪——1999/2000 年世界发展报告（中文版），北京：中国财政经济出版社，2001

不合历史逻辑。事实上社会资本需要正式的国家制度去培养与呵护，政府与社会自发团体是一种共生的、协同关系，公民参与巩固国家制度，有效的国家制度为公民参与提供更有利的环境，公共机构的参与推动了普通公民的信任规范和网络的稳定与发展，促进这些规范和网络运用于发展目标。两者争论的焦点是社会资本能否通过政府政策来构建。非国家主义者认为政府不能做到这一点，因为政府妨碍市场和社会网络的最优调节功能，本能地不利于社会资本的增长。相反，国家主义者认为社会资本需要正式制度的促进。

社会资本理论中关于经济主体之间的自我调节、组织与政府的作用之间的争论，涉及社会资本不同层面的作用问题。斯图恩（Stone）等人的比较研究则指出，社会资本的宏观与微观层面可以综合起来考虑。斯图恩等人在比较巴西和智利制造产业时说明两者的互补性。巴西有一个繁杂的管制体制，法律随意性强且诉讼昂贵，商人只有依靠非正式日常交易与消费者、供应商做生意，尤其是涉及到信用时，这种非正式规则建立的信息体系需要高成本维持信誉。企业主采取的风险规避策略从根本上阻碍了生产扩张。相反，智利具有简明的法律体系使合约的执行更安全，以致于较少出现违约或重新谈判现象。两国的比较表明，非正式协会能代替法律和有限的法律体制，强调了宏观层面社会资本使商业运作顺利进行的作用，尤其是为经济发展提供了透明、公平环境的作用。社会资本微观与宏观层面的互补性不仅影响经济结果，而且相互促进。宏观制度为微观制度提供生存和繁荣发展的环境，微观制度为宏观制度的制定和实施提供现实基础。大量事实都已证明有效的政府与社会资本是可以协调的，佩特罗（Petro，N，2001）在考察自然资源匮乏、农村人口众多而且缺乏老工业基地的俄罗斯诺夫哥罗德地区时发现，该地区之所以能吸引仅次于莫斯科的大量海外投资，是因为在苏联解体后培育了高水平的社会资本，并认为政府在建立社会规范和提供共同文化框架中起着至关重要的作用。

1.2.3 经济发展历史文化层面的社会资本研究

斯坦福大学格雷夫的比较研究将制度和经济行为根植于复杂的社会关系、历史传统中。他认为，为了充分理解制度对经济发展的影响，经济体所依赖的文化传统、社会关系、价值观念等应得到重视。这对于发展中国家更为重要。因为，在发展中国家，经济契约表现为个人关系，社会价值观和关系网对于生存和积累具有决定性的作用。20 世纪 90 年代末，格雷夫构建了历史比较制度分析。格雷夫的研究视角从关注经济体制表面差异及其对绩效的影响，发展到探索经济体制的构成要素及其相互依存关系，并探寻经济体制差异性的根源及体制内部的深层次结构。经济体制内的结构及其相互依存关系在很大程度上决定了特定经济体制的基本性质和特征。历史比较制度分析从历史因素层面并结合新古典的博弈论和历史经验归纳分析的方法，力图揭示制度产生和变迁的作用，将其研究视野不断从市场制度向非市场制度，从制度安排向制度环境，从经济、政治、法律制度向文化传统、价值观念和意识形态拓展，尤其是重视影响制度诸因素中的文化传统、价值观念和意识形态的作用。格雷夫认为，在经济增长过程中，社会组织起了重要的作用，"过去、现在和未来的经济增长不仅仅是禀赋、技术和偏好的函数，它是一个复杂的过程，社会组织扮演着重要的角色，而社会组织自身反映了历史、文化、社会政治和经济的进程。历史的比较和制度分析，加深了我们对各种各样的社会政治发展演变的理解，因为这种进程从本质上讲是有历史根据的。而且这种分析为研究制度的演变和文化、社会组织与经济增长之间的相互联系提供了历史的视角和多样性①。"

　　格雷夫正是从制度内部的角度探索经济发展绩效及道路选择的差异性。他通过对地理位置等情况相似的意大利城市热那亚和地处北非地中海沿岸的马格里布展开历史的比较分析发现，不同的制度选择将热那亚和马格里布的经济与社会引向不同的发展道路。热那亚人和马格里布人不同的文化遗产及文化方面表现出来的巨大差异性决定了他们对制度的不同理解。马格里布人受穆斯林社会价值观的影响，每个人都是社会的一员，应该彼此负责，在马格里布人之间，始终保持着能够顺利传递信息的社会纽带，但在对外贸易代理关系中，马格里布商人都拒绝与非马格里布商人合作，即采取仅限于社区内的封闭方式扩大对外贸易代理关系。热那亚人受基督教的影响，将个人而不是社会集团放在中心位置，形成了一种个人主义社会。在海外贸易扩张中，热那亚商人采取了无社区限制的开放方式扩大海外贸易代理关系，并逐步建立了许多与现代市场经济相配套的制度安排，如提货单制度、保险制度。马格里布商人习惯于非正式地签订契约或解决争端，政府和法律却很少对经济行为提供有效的约束，因而没有像热那亚人那样建立维持长期经济增长的相应的法律体系和保障制度。历史的制度分析揭示了一个社会内部经济、文化、社会特征之间的复杂性。马格里布人之间的集体主义的文化信仰和与此相联系的经济上的自我实施的集体惩罚，导致了一种水平式的社会结构、社会的封闭性和集体的社会信息网络。

---

① Greif, A. 1994. Culture Beliefs and the Organization of Society: A History and Theoretical No. 5, pp. 950.

而热那亚商人之间的个人主义的文化信仰，导致了具有一种垂直并融合的社会结构以及较低水平的信息联络的个人主义社会。正是这些差异性导致了两个地区的长期经济发展走上完全不同的道路。格雷夫指出，从历史上看，中世纪基督教的个人主义社会或许已播下西方世界兴起的种子，而集体主义的文化传统可能是发展中国家长期落后的根源。国家的结构及其介于公民社会和公共生活程度的社会组织共同构成了一国发展的成败。历史比较制度分析制度及社会资本理论的研究是一个突破，从分析工具角度上使用主流经济学的博弈论研究方法，主要是"进化博弈论方法"和"重复博弈论方法"。同时突破了制度经济学关于制度的表面差异性及制度安排的经济绩效理论，从社会文化、传统、公民行为规范、网络等角度寻找制度的选择及其差异性的根源，拓展了社会资本理论与制度经济学的融合。

作者认为，格雷夫对热那亚和马格里布的比较研究无疑是独到的。但它将两个区域的经济社会发展归因于集体主义和个人主义的优劣，则是片面的。因为这两种价值取向在两种文化形态都有一定程度的体现。热那亚人在格雷夫所言的个人主义的表象下，表现了更为开放合作的社会心态和更高层面的社会信任水平。而马格里布人的社会资本则严格局限于种族之中，缺乏更广泛层面的社会信任。因此，热那亚人宏观层面的社会资本高于马格里布人。

日裔美籍学者弗朗西斯·福山是从历史文化层面研究经济发展与社会资本方面独树一帜的代表人物。他通过对美、英、日、意、法、中、韩等国的比较文化研究指出，不同文化传统，具有不同的社会信任和社会资本水平，因而其经济也表现为不同的特征。他认为，美国等国经济发展的重要原因，不应单纯归功于个人主义，而是个人主义与社群主义相互平衡的结果。作者将在以下各章中介绍福山的观念。

1.3　社会资本理论的贡献、不足及启示

英国经济学家阿尔弗莱德·马歇尔① （Alfred Marshall） 曾经指出，世界历史有两大构成力量：宗教和经济。与此一脉相承，美国著名学者丹尼尔·贝尔② （Daniel Bell） 指出，资本主义的发展根源于禁欲苦行的宗教冲动力与贪

---

① ［英］马歇尔，经济学原理（上卷），北京：商务印书馆，朱志泰译，1981，23
② ［美］丹尼尔·贝尔，资本主义文化矛盾，北京：三联书店，赵一凡、蒲隆等译，1992，27－30

婪攫取的经济冲动力两股力量的合力打拼。国内学者樊浩也认为，在经济冲动力与伦理冲动力所形成的人文力生态中经济和文化才能获得合理性和旺盛生命力①。经济的增长，既在经济之内，又根源于经济之外，而后者多年来为主流经济学家所忽视。作者认为，社会资本理论的价值不是单纯发现了社群主义或集体主义、文化伦理、非理性、合作等等一系列曾经为主流经济学所排斥的概念范畴所固有的经济价值，而是揭示了经济领域与生活领域、经济与文化、理性选择与集体选择、个人主义与社群主义、自由市场与政府调控、竞争与合作之间的深刻互动与有机平衡，从而深化、拓展了资本运作与经济发展的社会基础。社会资本的理论意义与实践价值，不仅是经济的，也是社会的、政治的，同时也是历史的、文化的。在一个全球化的时代，社会资本的积累和有效运作，不仅关联到单一区域或民族国家，也与整个人类的繁荣进程与文明程度息息相关。

社会资本理论为探索经济与社会发展问题提供了一个更广阔的理论视角。但是，社会资本理论直到目前仍没有清晰的内涵和外延，也缺乏统一的分析框架。因此，综合国内外各派及不同阵营有益的学术观点，尝试在历史与现实、经济与文化、市场、国家与社会等多重关系复合所构成的有机生态中，厘清这一概念的本质、有机构成、功能及其现实运作的各种基本问题，发展一种更为统一的概念框架，从理论上回应对社会资本的批判和质疑，并对现实的政策提供理论基础，无疑是一件"任重而道远"的开创性努力。

1.3.1 对资本理论的发展和深化

古典经济学家的传统主题是经济资本——土地、劳动和资本及其组合对经济发展、财富创造的影响。20世纪60年代的美国新古典经济学家西奥多·舒尔茨（Theodore Schultz）和著名经济学家加里·贝克尔（Gary Becker）则提出了人力资本概念，认为教育、培训等社会天赋决定了古典生产要素的利用率，人的社会素质成为经济运行质量和效益的重要因素；现代人普遍认为人力资本与经济资本一起构成了国家财富，并且是经济增长和发展的基础。而社会资本的研究则揭示了人际间、组织间的关系、结构对经济的巨大影响力。因为，随着经济的发展，自然资源会被逐渐消耗掉，经济资本的边际生产率也在减少，人力资本、技术进步在经济发展中的作用日益增强。但最聪明、最有能力的个

---

① 樊浩，伦理精神的价值生态，北京：中国社会科学出版社，2001，81-98，250-270

人其创造能力、创新理念总是有限的，需要与其他人沟通以获得知识、支持和帮助。当厂商、同行和顾客都能够为了共同的目标，以一种信任合作与承诺的精神来把其所特有的物质资本和技能结合起来时，经济活动就会更有效率，经济投入就会有更多的回报。如果说土地、劳动和物质资本是经济发展的"硬件"，人力资本和技术是经济发展的"应用软件"，那么社会资本就是经济发展的"系统软件"。社会资本的存在促进了人力资本和经济资本的协调和结合，增进了它们利用效率。社会资本是凝聚社会各方面的粘合剂，没有它，就不会有经济持续稳定的增长和发展。因此，社会资本概念进一步拓展了资本理论的内涵和外延。

1.3.2 揭示经济与文化的内在联系

社会资本理论在分析经济活动时，注意到了社会关系和文化价值的作用，并指出经济关系是嵌入社会关系之中的社会关系、社会传统价值理念，不仅是经济运行的基础，而且对经济活动有着持久、独立的影响，经济领域与社会领域是统一的、融为一体的。社会资本理论将价值观、文化、历史和道德规范纳入了分析的框架之中，这就在一定程度上回归到以斯密为代表的古典主义的传统，因此有人称为"古典主义的复兴"。它使经济学对经济发展动因的解释跳出了传统的土地、劳动和资本的巢窠，开始关注一个社会的文化和规范对经济发展的重要推动作用。主流经济理论特别是在西方经济学界占主导地位的新古典经济学揭示了货币与市场的本质，强调了理性人对功利的追求。但是，当他们忙于计算与统计的过程中，却遗漏了影响经济活动成败的关键因素——人际关系，忽略了人是各种社会集团中的一员，以及人还有其他各种各样非理性、非经济、持久起作用但变化缓慢的文化习俗和价值追求。"财富的创造是一种道德行为[①]"。其实，所有的经济活动都决定于经济行动者或决策者的价值观。这些价值观是一个社会或企业深层的信念结构，它们是规范一个社会或企业经济活动的根本力量。社会价值观或企业文化，是国家认同、企业认同的基石，也是一国经济、一个企业经济力量或弱点的根源。主流经济学忽视了个人关系、社会网络对产生信任、建立期望以及确定和实施规范对经济的重要影响。新自由主义、现代化理论、依附论以及世界体系理论在解释社会现象时虽各有优势，但同样忽视了对社会本身、文化、理性以及国家之间关系的深入研究，

---

① 查尔斯·汉普登－特纳、阿尔方斯·特龙佩纳斯，国家竞争力创造财富的价值体系，徐联恩译，海口：海南出版社，1997，5－7

他们将这些重要问题看作是研究框架中的外生变量或完全置于分析框架之外。而实际上，这些以前被视为既定的、应然的因素，通常是制度变化和创新力量发挥作用的中介。

1.3.3 结合微观层次的个体行为与宏观层次的集体选择

社会资本理论通过暗含合作互利的假设前提来说明个人理性与社会理性的和谐、个人利益和社会利益的统一，富有开创性地将微观层次的个体行为与宏观层次的集体选择有机结合起来。新制度主义一直想将这两个层次的分析结合在一起，但由于范式框架的限制而难以化解两个层次分析之间的矛盾。而社会资本首先在概念上就充分肯定了社会关系、价值规范等对个体行为选择的制约和推动，外在的法规和个人内在的价值信念构成促成合作行为的社会资本的根源和基础。因此，社会资本是沟通个人和社群、个人和制度的中介。社会资本作为正式法律、规则和程序的有益补充，能影响并促进这些正式制度的功能发挥，并能在缺乏明细规范的情形下，协调内部潜在利益冲突、促进个人或组织间的联合。而且，与正规法律制度相比，社会资本能够更有效地降低交易成本，促进经济和组织绩效①。社会资本所促成的资源配置和交易，不是通过分散的交换和行政命令来实现，而是通过网络成员的社会信任来实现其成员参与互惠、符合意愿和相互支持的行动。相对于普遍规则限定下的成员行为，由社会资本推动的个人或组织行为能迅速发展例外情况，灵活运用特定的规则，否则，企业将逐渐丧失对外部需求和环境变动的敏感性。社会资本借助成员间的相互信任，改变了个人或单个组织的"困境"，从而促成"集体行为"与"公用地繁荣"。

1.3.4 揭示经济发展是个人主义与社群主义平衡的结果

美国学者福山对社会资本进行了较为全面的系统分析。在福山那里，社会资本是社会信任，它根源于社会文化中的"是非善恶"，是与"工作伦理"相关的社会美德。很多人误认为工作伦理是指个人品德，如勤俭、理性、努力等。但单纯的个人美德难以创造现代资本主义和工业社会。现代财富的创造建立在人力资本、组织、创新、社会资本之上，远非简单地付出劳动和节俭。

福山认为，努力工作、节俭、精于理性和开拓精神，这些都是个人品德，

---

① Nee, V., 1998, Norms and Networks in Economic and Organization Performance, American Economic Review. Vo. 1. 88, No. 2., pp. 85~89.

或者更准确地讲是企业家的品德。这些品德是由个体独立形成，它植根于美国个人主义的文化传统。韦伯在《新教伦理与资本主义精神》中指出，这些品德是资本主义发展的重要推动力量。但福山认为社会美德与个人品德合力完成了现代资本主义及工业文明繁荣这一神圣使命。在工作伦理中，最重要的成份是"社会品德"，即信任、自发社交性以及团体的凝聚力。社会美德与社会资本、社会信任相关联。工作伦理应该包括个人品德和社会品德两部分。社会美德则植根于美国源远流长的社群主义传统。自发社交性对经济生活至关重要，它受社会中信任度的影响。文化习俗是社会美德产生的基础。但是，从经济的观点看，一个社会的文化习俗或是非善恶中有一些能够产生价值，有一些则相反。而产生价值的文化习俗并非都能促进社会资本的形成。社会资本只与社会品德相关。社会品德诸如诚信、可靠、乐于合作、对他人的责任感等，这些品德只能出现在社会环境中。

按照福山的观点，社会资本是人们在一个组织中为了共同的目的去合作的能力，社会资本的存量取决一个社会的信任水平。信任是从一个规矩、诚实、合作的行为组成的组织或社区中产生一种期待。社会资本或信任不可以从理性的投资决策中获得，信任植根于宗教、习俗、传统文化中。

福山给予社会美德以特别的关注，他认为社会品德促进了与社会资本相关的自发社群性、组织创新及深刻影响了经济生活。社会品德是个人品德发展的先决条件，个人品德可以在牢固的群体环境中——家庭、学校、工作场所中得到最佳培育，而这些群体则能够在具有高度团结性的社会中得到鼓励①。

福山对社会资本与社会美德的分析，揭示了一个社会、国家的经济发展取决于个人品德与社会美德、个人主义与社群主义的有机平衡。

1.3.5 社会资本理论的不足及启示

围绕社会资本所进行的创造性研究对于企业经营管理、国家政策及经济发展的启示是不言而喻的：即积累、积聚、运作社会资本有利于整个社会及每个企业的成长和繁荣。但是，假如我们更加认真地审视社会资本理论的发展历史，就会发现，仍有许多问题需要进一步深入探讨和研究。

首先，社会资本直到目前仍没有清晰的内涵和外延。对社会或其他"资本"的杂乱的应用，以致一些学者尖锐地斥之为"资本过剩"，他们悲叹，

---

① ［美］弗朗西斯·福山，信任—社会美德与创造经济繁荣，彭志华译，海口：海南出版社，2001，48

"社会学家开始把社会生活的每个特征都从实质上归为资本的一种形式①。"

社会资本理论用来解释太多的现象，不同的理论视角，不同的学者及同一学者的观念中都缺乏内在统一性及内在关联性。理性选择的理论家们认为，社会资本作为一种信息资源，它是理性能动者之间相互作用的结果，这些能动者需要为了彼此的利益而加以协调。而迪尔凯姆主义者则声称，以规范的、契约的、非契约因素形态存在的社会资本，使任何行为的承诺，理性的或非理性的成为可能。福山认为社会资本是社会成员间的自发社群性。这种结成社团的能力根源于内在的伦理习惯、道德责任为根基的人们之间的相互信任。信任从来不是理性计算的结果，它产生于宗教、伦理、习俗那些与现代化无关的资源中，网络、家族都可能是一种社会资本②。

科尔曼认为，社会资本包括义务与期望、信息网络、规范和有效惩罚、权威关系、多功能社会组织、有意创建的组织等多种形式③。而网络理论家则认为社会资本是非理性的社会联系。

不同或同一学者对社会资本概念的定义，也包含不同的层次，如新韦伯主义理论家认为社会资本是"各种联系"和规范的结合，福山等人认为社会资本是促进社会信任的"道德资源"或公共美德，布尔迪厄则将社会资本视为界定或加强特定地位团体边界的文化机制。这些观点都没有解释清楚社会资本是社会关系的基础还是社会关系的内容的问题。有些学者从功能上定义社会资本，如科尔曼、普特南等；有的观点认为社会资本是参加公民社团之类的集体努力的副产品。在这些理论中，很难区别社会资本的来源和从中得到的收益④。

依照上面对社会资本概念的简单陈述，我们不难发现，社会资本既是理性的、又是先理性的，甚至是非理性的；既是社会关系的功能，又是社会关系的基础、内容，或社会活动的收益及副产品。对它的定义是如此多样化，缺乏内在、一致的相互联系及整体性，对于今后的研究者提供的一个重要启示是，社会资本可能存在不同的形态或维度。

---

① 李惠斌、杨雪冬主编，社会资本与社会发展，北京：社会科学文献出版社，1999，251

② 李惠斌、杨雪冬主编，社会资本与社会发展，北京：社会科学文献出版社，1999，9

③ ［美］詹姆斯·S·科尔曼，邓主方译，社会理论的基础（上），北京：社会科学文献出版社，1999，357－366

④ 波茨、兰多特，社会资本的下滑，见：李惠斌、杨雪冬主编，社会资本与社会发展，北京：社会科学文献出版社，1999，253

其次，众多社会资本文献都认为社会资本与"社群"、"社团"或"自发的社交性"密切相关。因此，他们认为改善社会与经济状况的途径在于重新确立地方公民社团的"中间结构"。一些学者由此推演，国家——社会关系是一种零和博弈，如福山认为，社会资本来源于一个民族、国家的传统文化，国家对经济干预的水平与社会的社会资本存量成反比，国家能破坏社会资本的源头，但本质上对社会资本的积累无能为力。而有些极端的观念如威廉·尚伯拉（William Shanpela）甚至认为，摧毁福利国家将必然培育出新形式的自愿支持团体。一些主张自由市场经济的学者，从国家——社会关系是正和博弈关系的基本观点出发，主张国家或政府除了纠正"市场失误"和提供公平的法制平等外，还可以积极地培育一个稳定、进步和可预测的环境。在这样的环境中，有可能出现并发展起一个生气勃勃的公民社会，这种社会对解决贫困及发展经济有重要意义。

因此，社会资本研究，对自由市场、民主制度及国家干预之间的平衡，以及经济发展理论研究提供了一条重要的思路，具有很强的政策意义。近20年来，社会资本已经变成发展词汇中的重要名词。有关的理论和实践已将发展思维从寻求一种单一的、主导性的政策处方中扩展开来，发展的思维正在转变。"程序和政策同样重要。依靠协商参与和具有透明度的程序制定出来的政策其结果更容易持久，包含这些程序的良好的治理制度对于发展起着重要作用，还应该包括社会所有成员之间的合作伙伴关系①。"

最后，很多有关社会资本的论述都指出，社会资本并不是所有时候都对经济有益。如美国社会学家波茨和帕特里夏·兰多特（Patricia Landolt）就认为社会资本有负面作用，尤其是强大的、长期存在的公民团体可以阻碍宏观经济增长，其方法是维护国内资源的不均衡分配。通过向成员个人施加沉重的义务，阻止他们参加更广的社会网络，从而阻碍个人的经济进步。科尔曼也认为社会资本"不仅促进了某种行为而且压制了其他行为"。社会资本与反社会团体的结合事实上会削弱合意行为并支持破坏性行为。

对一些种族企业家及反社会集团的研究文献也证明，在特定社群内部，可以给予个人以金融和其他方面的支持，但同时又对个人或团体进入更广阔的社会层面产生重要阻碍，或者对社群之外的个人或组织采取排斥与敌对的态度，

① 世界银行，迈向新世纪——1999/2000年世界发展报告（中文版），北京：中国财政经济出版社，2001，2

有如奥尔森笔下的"分利集团"，通过占有或损害社会整体收益，增加整个社会的成本而获得收益。

所有这些有关对社会资本思想的批判，即社会资本的泛化，对自由市场、政府干预以及对社会的负面影响等，并不意味着这一概念就应该受到抛弃。相反，它恰好从一个侧面说明，存在不同类型、不同层面或维度的社会资本，不同结果的出现与社会资本不同维度的结合有关，以及存在支持或削弱有益结合的不同条件。阐明并解决这些问题需要对社会资本进行更加动态、完整而不是静止、孤立的理解，对社会资本的不同维度、层面及构成更为全面地阐述，需要对社会资本的知识史进行更为详细的考察，并在针对不同维度、层次和条件的经验研究中逐渐建构较为统一、完整的社会资本概念及理论框架。

作者对社会资本的理解及在本文的写作中对这一概念的使用，采取一种综合的观点，即认为社会资本包括正式和非正式的、水平的和垂直的社会信任关系。相互关系、相互联系并不足以成为个人或组织的社会资本，只有存在社会信任的关系、有利于相互协作、相互支持并促进共同利益的社会联系才构成社会资本。作者不将促进相互协作的规范、文化价值理念、制度等直接看成是社会资本，但它们所构成的社会制度、文化环境是社会资本得以产生的社会历史根源和基础。信任是社会资本的灵魂，没有信任的联系不能成为社会资本。信任的主观性及社会心理特征，表示个体或组织在建立社会联系、积累、运作社会资本过程中的能动性，相互协作、相互支持则揭示社会资本具有促进共同利益的互利性功能，社会历史文化、制度、规范等作为社会资本形成的社会历史根源，则表示社会资本形成的社会历史性及长期性。

第二章

企业社会资本问题的历史及现实根源

社会资本是一个现实的问题，但它的核心问题——社会信任关系，却是一个古老的话题，也是一个永恒的主题。社会资本并不是现代商品经济时代特有的理念。自从有了人类，社会资本问题就开始存在，自从有了企业，企业社会资本也随之萌生，并对人类社会的生产、生活产生着影响。上个世纪80年代开始，信息网络化、经济全球化、资本知识化、生产模块化的交互影响所引发的世界性的经济管理领域的重大变革，促进了企业管理人本化、伦理化趋势，使得企业社会资本逐渐受到学术研究及社会实践领域的共同关注。

2.1 社会资本问题的历史渊源

社会资本并不是现代市场经济才有的新理念。在人类物物交换的远古社会，社会资本就已经萌芽。在"一把斧子＝一张兽皮"、一把斧头换一只羊这种最简单的物物交换中，斧头或羊的质量、数量问题等，就存在信任问题。在物物交换中，由于商品的使用价值与交换价值出现了分离，交换的双方首先必须假定对方所提供的商品物有所值。因为，非常有可能商品与自己所认定的质和量不一致。任何交易得以实现都必须赋予对方以信任。经济学家厉以宁①曾指出，信任是一个古老的话题。信任的意思是相信而敢于托付，信用则是指能够履行跟人约定的事情而取得信任，二者有着密切的联系。信用偏重于经济、制度层面的相互联系，而信任还涵盖社会心理层面的诚实、信赖。在鲁宾逊一个人的世界里，没有信任问题。但自从有了人类，就形成了相互关系，信任问题也由此产生。在社会里，如果一个人什么人都不信任，他就没有办法生存下去。

---

① 厉以宁，信任与信用，http://snweb.com/gb/xxdk/2003/27/a2701015.htm。

在物物交换的时代，信任或社会资本问题相对简单。在一次性交易中，交换本身就是双方暂时达成的口头契约，在人类社会的早期阶段没有明确的契约，主要是相互间的隐含契约或默契发挥作用。货币出现后，商品交易者之间的契约问题日益突出，信任问题也日益突出。特别是经济领域与社会生活独立开来以后，经济领域如企业间、借贷者与被借贷者之间的契约（明确契约及隐含默契）问题基本与信任问题密切相关。交易关系是建立在默契或相互信任基础上的，违约或欺骗行为的惩罚只能求助于自身，如终止交易关系。而守信的人，随着交易频率的增加，则赢得了大家的信任，逐渐积累起值得信任的社会资本，并建立起相关信誉。

美国学者尼尔·瑞克曼（Neil Rackham）以互信描述交易各方的相互信任或社会资本①。他在对历史进行多年的潜心钻研后指出：互信是生意往来的基础早就毋庸赘言。这个道理已经行之千年。早在中世纪意大利旅行家马可·波罗（Marco Polo）时代，大型的贸易舰队往返于中国与欧洲之间就已存在。由于相隔数千里之遥，又只能倚赖帆船队做沟通，人们多多少少会牵涉到一笔笔巨额的信用交易。基于信任，他们将满船的货存放在摇摇摆摆的船上，靠这样来建立长久的关系。在超过5000公里远的距离下，根本没有可行的强迫履约的工具。这广阔的距离也远超过任何一个地方的仲裁机构可以执行合法契约的范围，如果不幸碰上招摇撞骗的对手，就有血本无归的风险。如果有必要的话，也会有些武力的后盾；但是还是有无数的生意是依赖互信的基础而进行的，甚至远在英语成为共通的语言之前就是如此。

13世纪，由于强迫契约执行工具的欠缺，而需要信赖的结合。但即使今日，许多企业在销售时仍倚赖相互间信任这种社会资本，如服装、珠宝行业，甚至一些高科技产业及金融业等，仅仅凭借口头承诺来达成生意的情形仍时有发生。

2.2 企业社会资本理论发展的现实根源

社会资本和企业社会资本成为政治学家、经济学家、社会学家和管理决策者共同关注的重要概念，乃是经济环境、企业生存环境及方式变化的结果。特别是上个世纪90年代以来，信息经济范式促进并加深了企业在全球范围内的

---

① ［美］尼尔·瑞克曼，合作竞争大未来，苏怡仲译，北京：经济管理出版社，1998，82

分工协作、相互依赖，使得企业社会资本问题在理论和实践领域开始受到重视。

2.2.1 企业生存环境及方式的变化

信息网络化、经济全球化、资本知识化和生产模块化，是最近几十年世界经济中发生的最为深刻的变化，使企业面临着与传统工业社会完全不同的生存环境和生存方式。

（1）信息网络化

在当今社会中，信息网络成为联结各种社会要素及其相互作用的主要手段和方式。不仅如此，经济发展越来越以先进的科学技术为先导，尤其是信息科学和技术成为科技发展体系中的先导和整合因素。信息网络蕴含了人类持续发展的巨大潜力。信息网络化就其实质来说，是社会系统中信息资源和信息流动方式上的高度组织化、社会化、集成化和规范化，使得信息资源得以充分开发和共享，极大地方便了国家、部门及人与人之间的信息交流。互联网的迅速发展和广泛普及，使得经济社会环境更加复杂多变。企业经营内外环境的前景充满着不确定的因素。正如微软中国研究院院长所言："计算机与通讯的有机结合是网络革命的最大特征。Internet 的蔓延使我们比以往任何时候都更加接近于人与人之间、物与物之间的无限联通①。"

信息网络化大大缩小了人们的空间距离，消除了国家之间，企业、组织、个人之间进行沟通的障碍。信息网络实际上是把各种生产要素：物质、能量、资金、人员、知识等都转变成信息，他们在网络上流动并且进行拟实（Virtual）生产、流通和交换活动。经济组织或企业通过信息网络来对各种实际的生产要素进行合并运行。

信息网络化趋势，加上日益发展的交通，为全球经济的即时、动态联结及组织、企业的协作分工提供了技术条件，也促进了企业对社会资本问题的重视与关注。

信息网络化大大提高了商品交易的透明度。互联网为一国乃至全世界的经济系统中活动的生产者和消费者之间提供了直接联系的大量机会。消费者不论在何时何地，只要他能够进入互联网，就能够得到有关产品的各种信息，如价格、交货期等。对于一些特殊要求，消费者还可以很方便地与生产者商定，如

---

① 张亚勤，没有藩篱的 21 世纪，IT 经理世界，2001，（1）

产品规格、价格、外观等。消费者还可以通过不同生产者所提供的分析和比较，选择他最满意的企业产品和供货来源。在这种情况下，企业产品的用户满意度、社会信誉、社会支持率等企业社会资本对企业营销显得日益重要。企业经营不仅要注意现有的用户，而且要重视能够争取过来的潜在用户。企业要争取社会的支持，增加社会支持率，不仅要在产品本身上创新，还必须注意企业的传媒形象、公众形象及社会影响等，并想方设法保持与社区的良好关系，为所在的社区做出贡献，如提供就业机会、赞助公益事业、改善公共关系等。此外，企业还必须树立为社会服务的价值观，关心社会公众的长远利益，如注意保护环境，维持生态平衡，在保护自然和人文景观等方面做出积极贡献，以争取公众支持和认同。

信息网络化使开放式的社会化大生产发生重大转变，大大促进了经济全球化的进程。在农业经济时代，生产组织形式是自发的单独家庭生产方式。在工业经济时代，机器大工业生产依靠有组织、有纪律的分工与协作，出现了有组织的要素与人力资源的配合。人类通过劳动工具的大规模机器化，使农业经济时代的个体生产方式转变为开放式的社会化大生产。而信息网络一方面促进了生产的集中化、规模化趋势，另一方面，也使分散化、个性化、多样化、家庭化生产模式再度出现。

信息网络把社会生产的各个部分，如生产要素、人力资源、信息、地域空间、企业、家庭等，联结成一个有机的整体，使生产、管理、销售、研发等在工业经济时代集中于某一个企业、产业、地域的功能在空间上实现分离，达到资源配置方式的实质性变革。信息网络推进了市场的不断扩大，商品交换的国家、区域和时间、界限被打破，商品交换方式渗透到社会的各个角落。推动国际生产分工模式从产业间分工模式和产业内分工模式深化为产品内分工模式。从某种意义上讲，产品内分工（intra-product specialization, IPS）是同一产品的不同生产阶段（生产环节）之间的国际分工，实质是生产布局的区位选择，其既可在跨国公司内部实现，也可以通过市场在不同国家间的非关联企业间完成。以产品内分工为基础的贸易日益成为国际贸易的重要组成部分。产品内分工和贸易的发展也已成为国际贸易迅速增长的一个推动机制（Feenstra & Hanson, 1996a；Campa & Goldberg, 1997；Hummel, Ishii &Yi, 2001；Yeats, 2001；Yi, 2003）。

信息传播技术跨越了阻碍人类沟通和信息分享的有形或无形的藩篱。经济活动的流动性加强。商品和非实物贸易、资本和技术流动更为容易，经济全球化、区域集团化发展迅速。知识经济加强了制造业和服务业之间的联系，深化了社会分工。产业化进程中需要更多的服务，服务业面向物质生产，出现了工业化的深化。信息网络深化了生产经营的国际间分工，也促进了世界经济的整体性及相互依赖性，经济全球化成为一种现实，国际间的合作、联合成为一股新的潮流。在这种合作中，经济主体之间的信任网络及企业社会资本，成为合作、协同的核心。因为，将企业、组织维系在一起的"胶合剂"不仅是就这种复杂而富有活力的关系做出详尽规定的合同，也不仅仅是将各个机构网络连接起来的信息系统。在新的经济世界里，促成合作的因素主要是由网络内部决策者之间的相互信任、互惠准则或开明的自我利益组成[1]。

（2）经济全球化

信息网络、通讯技术与现代交通的结合，使生产要素的流动与跨国界配置成为可能。全球经济一体化客观上要求不同国家、组织、民族、社会阶层在经济活动过程中以全球化观点，进行全球性的分工与协作，实施全球产业调整、转移和优化配置。实施全球化优势组合战略，进行全球资源特别是知识资源的有效配置，是企业降低成本，获取全球竞争优势、较大市场份额的必然选择。

经济全球化，就是以市场经济体制规范为基础的世界经济秩序及其全球扩展。其核心是世界经济的普遍联系和整体互动。

经济全球化伴随着人力流、物质流、资本流、信息流、知识流的全球流通和融合的过程。经济全球化并不是一个突发性的现代事件，更不是一个纯粹的世界性经济事件。它是一种全球一体化的社会运动，其本质上不仅仅是所谓全球经济一体化，而且历史地看，其目标甚至指向了文化价值方面。

经济全球化使得企业生存的条件更加激烈、复杂，公司单枪匹马参与市场更加困难，企业因而转向寻求支持与合作，而企业社会资本则成为公司获得支持合作的重要条件。

工业经济的黄金时代，不同经济部门的权利有着明显的稳定一致性，公司和社会之间的分界线也是明确地规定好的。公司是一个封闭的独立体系，通过不受个人感情影响的市场机制与环境隔离，专为它的投资者和管理人员服务，而顾客或客户、工会和公众则被看成是外部利益。然而，在20世纪60年代，西方社会普遍存在的消费者造反、雇员参与和政府管制等，引起了一系列新的政治干预。这种干预压制了市场系统，迫使公司转变方向，为消费者、公众和

---

① 李惠斌、杨雪冬主编，社会资本与社会发展，北京：社会科学文献出版社，2000，213

社会服务，公司要赢利，必须先赢得这些人群及组织的信任和支持。

可以说，在仅仅几十年前，企业还是一种稳定的机构，在一个相当平静但与之疏远、共存的环境中经营，只受其内部金融价值的支配。但是，今天，公司被一个动荡、不断提出要求的社会所包围，它的分界线正在转移和变得模糊，受到各种力求控制企业决策的经济、政治力量的围攻，它以营利为主的目标正在受到挑战。企业作为环境变化、社会演化过程的组成部分，在这个过程中，必须不断地借助社会资本的积累与运作，努力生存并逐渐发展壮大。

经济全球化所导致的国际竞争加剧，产品、技术周期缩短，研发成本、风险加大，不仅使得单个企业难以独立完成市场、技术、产品方面的经营开发，而考虑与其他企业进行联合，而且企业人力资本、经济资本的获得也日益依赖其社会资本的积累状况，企业社会资本的积累与运作成为企业生存发展的重要条件和基础。

经济全球化的突出表现是国际贸易与国际投资的全球增长，产业发展的集中化、规模化趋势显著。世界贸易额在世界国民生产总值中所占比重迅速提高。比国际贸易增长更快的是国际直接投资。1986 年，世界所有国家的对外直接投资仅为 880 亿美元，2005 年则增至 5000 多亿美元①。国际直接投资主体——跨国公司日益通过国际生产来有效地组合资源和市场。

全球化使参与国际市场的企业逐渐增多，导致了竞争对手的增加。过去在国内或国际市场上都很少竞争对手。20 世纪 50 年代，只有美国公司从事跨国经营。其后西欧大的跨国企业加入其中。70 年代，日本的集团公司、综合商社加入了跨国经营的行列。而到 90 年代，众多发展中国家的公司也跨出国门，进入全球市场②。

经济全球化的另一个重要表现是全球一体化的金融市场正在形成。由于信息技术的飞速发展，世界金融业已经进一步融合，特别是 20 世纪末欧元区的诞生、形成和发展，更是加速了这一进程。整个世界已被密不可分的全球金融网络所联结。例如东南亚金融危机、巴西金融危机已经不仅仅是地区性的危机。通过全球经济网络的传递机制，对世界经济的长远发展和产业转移产生了重要影响。

---

① 烨子，2005—2006 国际直接投资势回顾与展望
http://lzyzl0530.blog.163.com/blog/static/813936020061181123338855/2006 - 12 - 08
② 转引自陈清泰，公司战略联盟组织与运作，北京：中国发展出版社，1993，13

全球竞争的结果是产业集中度不断加强。这些产业大多是研发投入大，规模经济明显。全球化使产业市场不断扩大化，但产业内生产厂商的数目却不断减少。如计算机硬盘驱动器产业，全球生产厂商 1990 年就只有 59 家，到 1995 年进一步减少至 24 家。在医药工业，1981 年 16 家最大公司的销售占全球市场销售的 33%，到 1989 年，16 家的销售则上升到 35%①。这种集中化、全球竞争的趋势，使各个国家的公司面临前所未有的挑战，传统上静态的封闭市场已经不复存在，靠市场分割保护的国内市场已经全面崩溃。全球化产品随时可以侵入任何地区、任何国家的市场，不管这些国家或地区的公司愿意与否，仅躲在国内、本土市场上必然处于被动挨打的地位。而且，由于产品标准化和工序标准化，加上通讯、交通技术的发达，全球生产成为可能。相对于缺乏外部合作战略的公司，那些企业社会资本深厚、能够融入全球协作网络的公司，则通过利用不同地方的区位优势，大幅度降低生产成本，使产品价格更有竞争力。特别是，企业通过与其他企业或组织的合作，能得到不同的技术、营销通道、经验，扩大市场占有率。

全球经济一体化及技术、市场等因素的不确定性、风险的增加，使得企业把经营的视野转向企业之外，寻求与其他企业、组织的合作。尽管合作的形式多种多样，如合资、合伙、共同开发研究、战略联盟等，但这些合作成功和稳定发展的关系因素是企业及合作者之间的社会资本。信任不仅是企业内部协调的基础，也是企业外部合作成功运作的基石。一位成功的合资企业日方经理表示："相互信任是企业间展开业务唯一不可动摇的基础②"。只要存在相互信任，合作各方就有办法解决权利、利益冲突以及低利润等困难。

任何企业，无论是规模大的跨国企业、还是规模较小的公司，都存在技术、资金、市场营销能力上的有限性，面对全球性竞争时会显得力不从心。通过与境内外企业或跨国公司结成合作关系和信任网络，既能保存现有资源，又能在共享外部资源的基础上，相互交换经营所需的其他资源，实现企业资源、能力的全球、即时动态整合。

在动荡的国际经济环境下，一些有实力的公司凭借长期积累的雄厚的知识开发和创新能力及高社会信任度，能够抓住机遇，成为财富转移的净获利者。相反，一些弱小的企业因其社会资本及经济资源、信息的局限，则成为危机、

---

① 转引自陈清泰，公司战略联盟组织与运作，北京：中国发展出版社，1993，13
② ［美］尼尔·瑞克曼，合作竞争大未来，苏怡仲译，北京：经济管理出版社，1998，82

动荡的主要受害者和风险的主要承担者。

（3）知识资本化

经济发展自古以来就有一种"软化"的趋势，也就是经济要素、经济内容、经济成果的非物质化（知识化、信息化）程度逐步提高。这似乎很难理解，因为人类生活总离不开各种物质，如土地、水、矿产等，而信息、知识则是看不见、摸不着的东西。然而就是在这些看不见、摸不着的知识、信息的巨大推动力下，人类经济活动对物质的依赖程度的确在不断减小。

美国企业家、经济学家保尔·霍肯（Paul Hanken）在其旨在探索美国新经济的作品《未来的经济》中指出，当今世界经济发展的一个重要趋势，即处于衰落中的物质经济正向"信息经济"、"知识经济"过渡，未来的经济是信息经济、知识经济①。所谓信息经济或知识经济，就是使用更多的信息和知识，消耗较少的能量和材料，生产出质量更好、人们更喜爱的商品的经济。保尔·霍肯在分析石油危机的基础上，指出劳动、资本和信息、知识在经济中的比重和作用在不同时期的巨大差别。这里，信息化、知识化不仅仅是指计算机化，而是"描述更广范围的经济变化"。人类社会就是在信息化、知识化的过程中逐步走向现代经济社会的，而信息化、知识化自古就是经济发展的一种现象和趋势。

进入 20 世纪以来，以信息技术革命为主导的知识革命促进了传统工业经济知识化的根本转变，知识经济在全球范围内已初露端倪。在这场巨大的变革中，跨越全球的远程通讯网络与强大的信息系统联系在一起，其结果是产生一种与以往大不相同的社会秩序——知识社会。这种社会把力量集中在系统和前所未有的水平上收集、综合和传播知识。一方面，高科技的飞速发展加速了知识形成的进程，使得人类知识宝库的蕴含量呈几何指数倍增，迎来了所谓"知识爆炸"时代的到来；另一方面，技术发展的日新月异同时促使人类经济运行方式发生了许多根本性的转变，从而使得经济形态出现进一步信息化、知识化的良好态势。在美国，这种经济形态被称为"新经济"，它在宏观上表现为经济保持低通胀下的适度稳定增长。这种现象不但成为美国人的骄傲，而且引起包括美国人在内的广大经济学者的关注。

人类社会在从农业社会、工业社会、知识社会转变的进程中，最关键的因

---

① ［美］彼得·F·德鲁克，知识管理，杨开峰译，北京：中国人民大学出版社，哈佛商学院出版社，1999.3

素从劳动转向资本，现在则转向知识。劳动密集型工业和资本密集型工业正在迅速地让位于主要靠信息力量互动的新的知识密集型工业部门。各种趋势表明，这种新发现的操纵知识的能力正在变成现代经济中最有价值的资源商品。

资本知识化并不单纯强调科学技术等编码知识（codified knowledge），而且还强调包括人类在长期的互动中所形成的经验、技能等非编码的默会知识（tacit knowledge）。美国管理学家彼得·德鲁克（Peter Drucker）认为①信息或知识不是静态的编码的知识。日本管理方式的核心在于这样一种认识，即知识更准确地说是一种知识创新，它不是简单学习系统的知识，也不是简单地"处理"客观信息，而是一种具体实践中发挥作用的默会知识，或是员工头脑中发掘出来的潜在的想法、直觉和灵感，并综合起来加以运用。在这个过程中，关键是员工个人的责任感、员工对企业及企业使命的认同感。要想激发员工的责任感，将潜藏的知识融入实际的技术和产品中，就要求管理者们对形象和符号的灵活运用。这一过程，既涉及到创意，也涉及到理想及人力资源管理。更重要的是，要培育一个民主、相互尊重的环境氛围，培育员工有抱负、有责任和相互信任。

在知识经济时代，生产力的发展，特别是网络、信息技术的发展，使知识要素能借助先进的高新技术手段实行跨区域、跨国界流动配置，并在经济循环运动中实现增值和要素的无限复制与使用。日益发展的跨国公司已开始形成相互渗透、相互合作、相互竞争的格局。从长远看，电子贸易将形成对传统市场经济的一次革命，新的市场经济周期规律也可能出现。在国际上，虚拟银行已成现实。网络经济已经成为市场的新特征，网络市场的不断发展，使知识要素的市场配置功能得到强化。

在工业社会里，战略资源是经济资本。为此，公司的唯一目标只能是利润。但随着资本知识化的进程，这种关键性的资源转变为信息、知识和人的创造力。这些有价值的新资源，只有一处可供企业开采，那就是与企业有关联的人。公司要获得这些有价值的东西，唯一的途径是依靠拥有这些资源的人。这就意味着把人这资源放到了全局性的突出地位。并且，这些人已从企业内部不断扩展到企业外部，从雇员、客户不断扩展到企业合作伙伴、政府官员及行业协会等所有与公司经营有关联的人。

---

① ［美］彼得·F·德鲁克，知识管理，杨开峰译，北京：中国人民大学出版社、哈佛商学院出版社，1999.3

知识资本化改变了传统的经济增长方式。美国加州大学伯克利分校的经济学教授罗默①认为：经济增长要素除了劳动力与资本外，还有知识。只有资本的不断投入和劳动力的持续增长，经济未必保持增长，国家的经济竞争力和社会福利水平未必会提高。技术、知识是经济增长的内生变量，作者认为保持与拥有掌握这些技术、知识的个人、组织之间的信任与互动是企业经济绩效的重要来源。

知识——包括编码知识和默会知识——的积累与共享是诱发企业创新的重要元素。特别是默会知识，它的形成和传递是以人与人之间长期面对面关系为基础的，与人际间、组织间的信任及密切联系相关联。一个等级森严、缺乏相互信赖的组织，一个缺乏社会信任网络的企业是无从获得、有效传播这种知识的。人际、组织间的信任及其相互间频繁的交流、互动，营造了有利于知识共享、传递的氛围，从而促进了企业的创新与发展。

（4）生产模块化

随着经济全球化的发展，20世纪90年代以来，伴随着世界科技进步、国际分工的深化以及国际贸易的发展，国际经济领域中，产品制造过程中包含的不同式序和环节被分散到不同国家进行，从而形成了以工序、环节为对象的新型国际分工形态——产品内分工（Davis，1995；Arndt，1997，1998）。

产品内分工意味着产品生产的不同阶段在国境是高度分离，国际贸易产品中包含着在一个以上国家实现价值增值的比例越来越大，某一产品最终产品零部件往往来自多个国家和企业。甚至价值增值过程不是在最终实现"实质性改变"的国家进行的比例也越来越大。产品的原产地难以准确定义②。

与产品内分工相适应，以及随着电子、通信、计算机等信息技术的不断创新和发展，模块化的理念和方法逐渐引入企业的生产和管理，进而成为推动产业结构调整和升级的革命性力量。模块化战略正从本质上改变着现存产业和产业结构，重塑着社会经济的微观基础和基本结构，以至于当今产业已经进入模块化设计、模块化生产、模块化消费的模块化大发展时期（Baldwin & Clark，1997）。随着产品设计和生产的模块化，企业组织也出现了模块化倾向，产生了模块化组织（Sanchez & Mahoney，1996）。

---

① 转引自保建云编著，知识资本——知识经济时代知识资本的开发经营与管理，昆明：西南财经大学出版社，1999.3

② 曹亮等，产品内分工理论研究新进展，经济学动态，2008，（12），100－106

　　模块化生产包含产品模块化、价值模块化和组织结构的模块化。产品（业务）模块化就是把复杂的产品系统拆分成各个模块，使这些模块之间能够在标准结构中通过标准化接口实现即插即用。价值模块化就是将产品价值链上的业务能力要素（产品开发、设计、制造、配送、市场网络管理等）独立出来，形成具有核心能力和自组织特性的价值模块的过程。组织结构的模块化就是将一个企业组织解构成若干个小的模块化单位，并使这些模块化单位之间实现关系契约化。

　　模块化理论突出的是以产品模块化和核心竞争能力来重组企业内部的组织结构和外部的合作网络。在企业内部，组织模块化的过程，表现为围绕产品或功能的模块化来进行部门或分公司的模块；在企业外部，组织模块化的过程表现为企业之间通过外包、代工、联盟等形式组成模块集群化网络组织的过程。模块化组织通过产品价值链上的某一能力要素独立出来，成为一个具有高度自律性、灵活性、创新性的自组织经营主体，独立行使研发、生产、销售等职能。追求速度、灵活性和创新是模块化组织的三大理念①。

　　事实上，传统企业的集合型价值链解构、整合和重建的过程即是价值链模块化的过程，价值模块的全球整合过程即价值网络形成。

　　产品内分工和生产模块化的实质是不同国家、地区的模块化企业合作，联合形成价值网络、价值星系的过程。即具有不同价值模块的企业采取合作战略，把各自的价值链连接起来，转化为企业之间的价值星系（Value Constellation），进而演变成包含供应商、渠道伙伴、服务提供商以及竞争者的企业价值网络（Callahan & Pasternack，1999），以应对经济全球化和新经济时代的挑战，提升企业竞争力。企业价值网络将各种要素能力协同在一个无形的网络平台上，通过不同组织模块之间的协作、创新和竞争，全面满足用户的差异化需求，从而更好地适应环境的变化。

　　价值网络的有效运作，依赖于通过企业社会资本对制造商、供应商、渠道中间商和顾客之间的上下游关系进行整合。一些社会资本存量丰富、具有较强协调能力和核心能力要素的企业，可脱颖而出成为企业价值网络中的核心企业。在价值模块的研发、重用和整合中，核心企业担任模块化产品设计规则的设计师，负责制定界面标准和模块之间的协调，并将信息显性化，让各个模块

---

　　① 余东华、芮明杰，基于模块化的企业价值网络及其竞争优势研究，中央财经大学学报，2007年第 7 期，52－57

组织共享这些信息和由此带来的竞争利益。绝大多数企业只能做节点，作为节点的企业根据自己的能力和核心资源，融入价值网络，就一点做深做透做强做精①。

2.2.2 经济运行的新规律与企业管理的变革

由于企业生存环境方式的深刻改变，导致企业发展逻辑和经济运行规律与工业社会的显著区别，并由此引发了世界范围的企业管理的重大变革。

（1）经济运行的新规律：收益递增、跨学科化、无形化

在新的经济条件下，知识技术跨越学科边界，产业边界模糊，风险加大，无形资产的作用日益显著，经济与企业运行遵循不同的规律。

①收益规模递增规律

在传统的以自然资源为基础的产业中，生产具有规模收益递减的特征。传统经济理论基于这一事实提出了报酬递减假说，并在此基础上建立了作为其核心的一般均衡理论。按这个理论，经济系统最终将趋于普遍的均衡，这种均衡是事先可以预测的，均衡的价值和均衡的市场份额，没有任何企业和任何产品可以强大到足以控制整个市场。这种均衡标志着资源的最佳利用和最优配置。

然而，在以知识为基础的高新技术产业，生产具有规模收益递增的特征。具有这种特征的典型产业一般为高技术行业如半导体业、电信设备业、计算机业、软件业、飞机机架和发动机业、生物技术和制药业等。其规模扩张反而会使成本持续下降，从而增加收益。在市场全球化、贸易障碍不断降低的情况下，规模要求扩大，缺乏规模的厂商或公司很难生存。

受报酬递增规律支配的经济系统具有五个特点：一是均衡的多重性，即产品竞争的结果不是以一定的比例分享市场，而是一种产品占领市场，如要么VHS录像机占领市场，要么BETA录像机占领市场；二是结果的不可预测性，究竟哪种产品占领市场事先无法预测；三是过程的路径依赖，即究竟出现何种结果取决于竞争的具体进程；四是锁定的必然性，即竞争的结果必然是一种产品占领市场；五是结果的可能无效率，如VHS录像机技术上不如BETA录像机，但现实的结果是BETA录像机竟然难以想像地销声匿迹了，因此这一技术是无效率的。

知识经济市场竞争的现实，也导致经营管理实践在宏观及微观层次上的变

---

① 李海舰、聂辉华，论企业与市场的相互融合，中国工业经济，2004，（8），26－35

革和创新。

首先，宏观层次的管理变革，主要指国家、政府宏观政策的制定。如前所述，工业经济主要是自由竞争理论，由企业间充分的竞争而最终达到它唯一的均衡点。在这一点上，企业分享一定的市场份额，并使资源得到最佳利用和最优配置。在这一理论指导下，西方国家实行市场经济制度，并且在很长的历史时期内和很大程度上奉行自由放任的不干涉政策，让"看不见的手"去调节经济活动，引导它去实现最佳的福利和最高的效率。

但是，随着全球化、知识社会的到来，这种自由放任的政策，在报酬递增的情况下，已不再能够保证一国经济在竞争激烈的国际市场上立于不败之地。20世纪70年代和80年代早期，美国在对日贸易上实行自由、开放的不干涉政策，导致日本厂商相继占领美国汽车、电视机、集成电路和其他一些高技术产品的相当市场份额，从而给美国生产商、政府以沉痛的教训。从美国看，这些失败的教训说明，在新的经济形势下，宏观经济的管理必须采取更加积极主动的方式，如保护新兴产业，鼓励相关产业积极开发新产品和新工艺，帮助它们开拓国外市场，等等。

在微观层次上，也同样要求企业转变管理方式。在工业社会，资源密集的加工业，其产品的市场价格通过彼此竞争总会达到某个均衡的标准价格。这时企业的活动就是日复一日，甚至年复一年地重复生产。竞争就意味着要确保生产的正常进行，努力提高产品质量并降低生产成本。对于这样一种活动的管理，确实需要传统科学管理中的对人、财、物的"计划"和"控制"，以尽量避免发生意外，影响常规的生产。这种管理需要管理者与工人之间的等级差别，采用一种金字塔式的等级组织结构。简单地说，传统的企业管理方式是通过组织和领导以实施对生产的计划和控制，从而达到不断完善和不断优化的目的。新的知识经济条件下，要求企业管理方式从等级制的"计划、控制"转变为扁平、弹性化的战略管理，营造信任的环境氛围，激励员工自主参与和创新精神。

②技术、知识跨学科发展，风险、不确定性因素增加

知识经济时代，技术、知识的边界模糊，产业边界迅速扩展。具体表现在，一方面技术创新日益依赖众多学科积累发展的结合。技术，尤其是新技术的互相渗透，是20世纪80年代以来技术发展中的一个主要趋势。这一趋势反应在同一技术群体之内，也反映在不同的技术群体之间。因此，开发一门高新技术往往需要同时掌握不同的技术，单独的公司可能难以胜任。比如，机器人

的开发就涉及大不相同的众多产业技术：计算机、机械、软件等。一家公司可能很好地胜任其中一二项自己最有优势的技术开发工作，但可能没有能力提供所有的技术。另一方面，新的核心技术往往比它们所取代的技术更具通用性，用途更为广泛。这些技术单一一家公司难以开发其所有用途及产品。

技术知识领域的另一重大变化就是一代又一代的新技术、新工艺大量涌现，技术环境从过去相对稳定和可预测转变为动荡多变、难以预测。相对过去的工业社会，新技术环境的不确定性及风险主要表现在：

第一，产品、技术周期缩短。在许多产业中，由于技术创新加快，产品生命周期大大缩短。信息技术产业的产品生命周期，70 年代平均为 8 年，80 年代不足 2 年。以计算机硬盘的发展为例，1976~1992 年，磁盘的功能以惊人的速度改善：100 兆位系统的体积从 5400 立方英寸缩小到 8 立方英寸，成本从 560 美元降到 5 美元。磁盘的直径从最初的 14 英寸缩小到 8 英寸，然后缩小到 5 英寸、3.5 英寸。硬盘每 9~12 个月就出现一种新产品，最快不到 6 个月就有新一代问世。技术的迅速变化使生产硬盘的工厂、设备及研究开发贬值迅速，生产商的地位不稳，即使实力雄厚的生产商也只能在产业中主宰几年，然后被拥有新技术的新公司取而代之。产品生命周期缩短使许多产品难以得到专利保护。许多新技术，如微电子、生物技术、新材料，抓住商业时机的抢先行动特别重要。一旦技术开发完成，开发者需要迅速将技术商业化，否则，技术的垄断地位便会受到侵蚀。

第二，研发成本增加，风险增加。产品生命周期缩短和竞争加剧导致创新产品商业化的不确定性增加和技术开发、生产成本加大。例如，开发一种新型飞机发动机的成本至少是 15 亿美元。设计和制造新的 4 兆位随机存储器要花 20 亿美元（全世界市场对所有种类的随机存储器的需求每年还不到 100 亿美元）。因此公司不得不增加它们的投资尤其是在研究开发方面的投资，来抢占市场。在电子部门，100 家最大的美国上市公司 1988 年用于研究开发的支出是 182 亿美元，比 1987 年的 157 亿美元增加了 15.9%。即使是大公司也不能筹集到足够的财务资源，冒这种巨大的研发投资风险。而研发中来自技术、需求、竞争对手等方面的风险，也使产业中的公司不敢贸然单独开发，或者说，任何一家公司都难以从其独立研发投资中得到经济效益。

收益递增规律和技术方面的变化迫使公司重新考虑其单干战略。能否独自承担研发的巨大成本和风险；是否有足够的力量在较短的时间把新产品推向市场，以确保有足够多的时间收回研究开发的成本；是否有开发新产品的多种技术及将技术用于多种终端产品的能力；在竞争对手规模扩大时，自己有无力量在规模上同对手抗衡等等，都是公司决策时要考虑的问题。这些因素迫使越来越多的公司采用合作战略。在扎耶克（Zajko）1990 年的研究中，66% 业务主要负责人都认为，作为兼并和内部一体化之外的重要抉择，公司采取合作或战略联盟的可能会增加①。此外，经济全球化及产品内分工，通过通讯和计算机网络，技术、产品、需求等信息从一个国家传递到另一个国家，一个国家的某一企业只承担生产产品的某一个部件，或某一道工序，协作的范围、空间跨越许多国家，而最终产品成为世界性的产品，从而形成一种各取所需、资源互补关系。以往那种"你死我活"的"零和博弈"或"你有我也要有"的观念已经过时了，代之以"双赢"的"正和博弈"观念。

③无形资本在经济及企业经营中发挥着日益重要的作用

以信息网络为基础的知识经济，与传统工业经济有着不同的路径和特点。作者认为，知识经济最核心的特点之一，是企业无形资产、社会资本在企业发展战略中的作用逐步提升，企业社会资本对企业经济资本、人力资本的获得及运作有着更为突出的作用，不同的企业因为信息和信任网络等社会资本的不同，也在经济活动中拥有不同的控制方式、地位。例如，企业的投、融资行为中，企业及当事人成功的案例、企业信用和社会认同对发现机会、市场以及企业风险融资、获得先进技术等起到决定性的作用。企业的发展越来越以人、企业、组织之间的相互信任和对市场的共同追求为源动力。

信息网络加之现代传播手段，使得与企业相关的各种信息在节点快速传递，企业必须能够良好地适应日趋复杂的互动，以及源自这种互动的创造性力量所带来的不可预料的发展。在信息网络中，个人与组织存在的所有过程都直接受到新技术媒介的"塑造"。信息及其传播对企业资本经营有着切实的影响，特别是在资本市场。企业上市从某种意义上来说，就是前一段业绩的成功得到市场承认。而金融市场作为一个宣传舞台，是以信息技术和传播为支撑的。在最廉价的广告领域及资本市场这个舞台上，公司名声、CEO、董事长被广大股民所认同，对实现公司主体利益的价值和化解风险，有着重要影响。

信息网络、传播塑造了一个新的经济世界、金融世界。在这个世界里，虽然利润与股利仍然是股票市场评价公司的标准，但估价过程中，最主要的因素并不是利润与股利，而是另外两个关键的因素在起作用：信任与期望。美国学

---

① 转引自陈清泰，公司战略联盟组织与运作，北京：中国发展出版社，1993，13

者曼纽尔·卡斯特①（Manuel Castells）指出如果在创造价值的制度环境里没有信任，就没有任何利润、技术或使用价值的表现能够转移为金融价值。如果支持市场的制度得到信任，那么，对于未来股票之潜在价值的期望便会增加其价值。信息网络等新技术媒体与报纸等传统媒介结合，不仅塑造了企业的形象，也传播了企业行为、事件的方方面面，从而引导了公众信心与期望。

在新经济世界里，国家与公司是经济增长的真正推动者，它们在特定的历史脉络中行动，遵循经济系统的运作规则。其中重要的规则是，公司是由获利能力以及股票价值的增长所推动，而不是由生产力所推动②。如前所述，公司形象所形成的"信任与期望"对企业的盈利能力、股票价值有着至为关键的作用。那些创造利润和具有领导风潮迷人形象的优良公司都能够得到最高的回报。之所以如此，在于此企业能让人信任和充满期望。企业社会信任及期望的产生，部分是个主观过程，其组成包括未来的模糊远景、金融大师在线上传播的内线信息、来自专业公司的经济"小道消息"、刻意的形象塑造，以及从众行为等。这一切都由信息逆流所引发。当然，这并不表示所有的表现都是主观的，公司表现、供给与需求、总体经济指标，都会与各种来源的信息互动，从而对企业产生深刻的影响。

因此，在信息网络背景下，企业的竞争力不是由生产力决定，而更多的受影响企业形象及公众信任的企业社会资本所制约。

此外，企业的日常经营、企业的兴衰还受制于对知识资本的拥有及知识工作者的信任。企业富有魅力的形象、卓越的社会信誉、利益回报及人性化的工作条件，是吸引相关企业和专业劳动力的重要条件。

（2）企业管理变革：管理人本化、伦理化

20世纪70年代以来的信息技术扩散，经济全球化、资本知识化、生产模块化潮流的汇聚与互动，改变了企业的生存环境、方式和经济的运行逻辑，并引发了以管理人本化、伦理化为核心的企业管理模式的深刻变革。

①管理人本化

由于西方企业受到全球竞争、知识工人兴起以及80年代后期、90年代出现的生育低潮所引发的劳动力短缺等因素的影响，都相继在企业内部管理中推

---

① ［美］曼纽尔·卡斯特，网络社会的崛起，厦铸九等译，北京：社会科学文献出版.2001，182－183，111

② 同上。

行了人本化管理。

推动管理人本化及与之相伴随的新的分工方式、新的工作流程的重要力量来自知识工人。所谓知识工人的出现是指二次大战后西方工业经济产生的一个现象——美国管理学者德鲁克称之为的"知识工人"的兴起。1950 年美国只有百分之十五的高等教育人口，到了 1975 年，这个数字已经变成百分之五十二。他们不同于蓝领工人的同质性、少技术、易替代，不再甘于做生产线上的机器人，生产标准化、规格化的小零件，要求在物质需要之上的成就、参与、自主等。它所主导的社会趋势也同时改变了生产与工作的意义：一是知识工人的生活风格更个性化、独立化、多元化，造成市场分殊化且多变化；二是知识工人凭借对信息、知识或技术的占有而取得了生产经营决策的参与权，促成了现代科层式组织全面网络化。

管理人本化，主要是针对企业经营上要求雇用知识工人，而在内部人力资源管理中所推行的人性化管理，旨在增加凝聚力及与其他公司之间在争取人才的剧烈竞争中取得优势。内容涉及工作自主性，工作有尊严，弹性的工作时间，有乐趣的工作内容，有成就感的工作成果，甚至可以在家上班，分包工作并发展自己的事业，或在公司内"创业"，或成为完全独立的外包商等。

相对被动服从、任务简单的工业社会，知识经济时代人们有了更多的选择自由，大多数人不愿意选择到实行集权等级制的公司去工作，而愿意到尊重职工，为职工提供个人发展机会而享有盛名的公司去工作。

信息技术使企业面临"世纪末的管理挑战①"，信息型组织的管理问题新颖而独特。知识型的员工和信息技术削弱了传统解决难题，要不断创新、敢冒风险，必须超越等级式、矩阵形组织形式，变得扁平化、弹性，员工及管理者必须有高度的自律，更多地强调和重视个人在人际关系和沟通中的责任。正如德鲁克所言，信息型组织更像一个交响乐团。管理者给予被管理者更多的信任和期望，员工拥有更高的责任感、更强的自主意识、自我管理能力、明晰的共同价值观，企业必须致力于树立共同的信念以加强合作。

与工业时代严格、枯燥的工作伦理的不复存在相对应，知识经济时代，企业界倡导"工作应有乐趣"这一新兴价值观。人们内心深知，工作应有乐趣，工作应该跟他们生活的各个方面产生联系。许多公司重新回到了当年柯尔摩根

① ［美］彼得·F·德鲁克，知识管理，杨开峰译，北京：中国人民大学出版社，哈佛商学院出版社，1999，3

公司的哲学所奉行的人道主义的价值观，即"信任，自由，尊重个人"，美国著名心理学、管理学专家道格拉斯·麦格雷戈（Douglas Mc Gregor）"Y 理论"在实际中得到遵循。而"Y 理论"的中心思想即如果人们受到尊重，那么他们的生产率就会提高。

在信息社会，单纯执行以经济效益为目的的管理和最大化股东价值两个政策成为已经过时的管理传统。它们不能反映今天生活世界的要求，也无法取得令人满意的管理效果，甚至具有破坏性——这种破坏性不仅对社会的其他组成部分，也对采用这种方式的企业构成危害。

工业时代的管理思想集中在资本保存和最大化的观念上。但在过去 50 – 60 年中，商业世界已由一个受资本支配的世界转变为一个受知识支配的世界。这个转变集中反应在企业对信息、知识的重视及组织学习的不断强化。企业管理者认识到，除非他们的公司能够掌握各种日新月异的知识和信息，否则企业的原始资产将会停滞，竞争对手会超过他们。

传统经济学的基础理论告诉我们，社会财富主要来源有下列三种要素：土地与自然资源、资本和劳动力。这三者的结合创造出社会所需的构成物质福利的产品和服务。在人类历史上的绝大多数时期，经济上成功的关键因素是土地。那些能支配和拥有土地的人毫无例外地在财富的创造中处于支配地位。因此，拥有土地的人就是富有的人。

进入中世纪后期和 20 世纪初，工业社会悄然来临，一个新的因素——资本取代土地转变为财富增值的首要因素。在创造物质财富的过程中，投入更多的资本大大提高了技术性和商业性活动的效益和效率。"轮船变得更大，航线变得更长，机器变得更先进。到中世纪末期，用于这些目的的钱越来越多。那些原本存起来的钱现在转变为逐渐发展的商业投机的资产。而那些商业投机一步步发展为采矿公司、货运贸易公司、第一个纺织车间，最后成为现代的企业。也就是说，现代公司的发展是从中世纪商人有了用于创造财富的资本开始的[①]。"

在资本年代，财富从掌握土地的人手里转移到掌握接近资本的权利的人手里。有钱的不再是土地所有者，而是资本所有者。提供资金的能力成为生产的最珍稀的商品。此外，随着手工业行会的解体和演变为公司，经济资本所有者

---

① ［美］阿里·德赫斯，长寿公司—商业"竞争风暴"中的生存方式，王晓霞、刘昊译，北京：经济日报出版社、哈佛商学院出版社，1998.5

能够控制人类生产因素。经济资本远比劳动力值钱，也要稀有得多。劳动力从人类日常生活的一部分，人类社会不可或缺的组成部分，转变为在市场上买卖的商品。

布劳德（Broad）在他的《商业的轮子》一书写道：（工人）所能提供的全部东西就是他的胳膊或手，换句话说，他的"劳动力"。当然还有他的聪明才智和技能①。在以后的几个世纪中，管理思想出现了一个新特点：如果一个公司陷入了困境，第一个措施是削减职位。因为资产更为稀有和珍贵，经营者们把经济资本的最优化视作优先考虑的东西。

进入 20 世纪后，西方国家从经济资本时代走了出来，进入知识时代。经济资本变得不那么稀缺。二战之后，规模巨大的资本积累开始了。私人、银行和公司都变得更具活力。因为电信、电视、计算机和空中商务旅行的缘故，技术也开始转变，并使得经济资本变得更普遍和可以代替，更易流动，因此，经济资本不再是稀缺商品。

既然资本容易得到，生产的至关重要的因素就转变为以人为本。当然，这并不是向简单劳动力转变。知识代替经济资本成为珍稀的生产要素——成为企业成功的关键。拥有知识并懂得如何运用的人由此成为社会最富有的成员，他们是：技术专家、投资银行老板、具有创造力的艺术家和新知识的推动者等。

知识经济时代，知识拥有者成为社会发展和经济增长的主要潜在力量。在工业经济时代，生产力中的首要因素是体能与技能结合的劳动者，即工人阶层。而在以知识为主要增长要素的社会里，知识分子、知识资本拥有者、知识资本营运家将扮演推动社会发展主要力量的角色，成为企业和经济发展的关键，直接决定着企业与国家的竞争水平。知识化的劳动者运用新知识、新技术支撑着社会经济的发展，创造出社会财富的最大部分。社会财富、市场控制力、社会权力结构向知识资本拥有者及营运者倾斜。

信息时代的产品和服务不是在管理者的指挥控制下提供体力、技能的结果。工作的日益复杂性产生了一种需求：工作团体内的所有人成为一种创新的源泉，成为发明和知识传播者和估价者。经营决策再也不是上层少数人的特权了。

应当说，早在 20 世纪 50 年代，资本向知识的转变就已经初显端倪。西方兴起一些资产少、智慧多的公司，如软件产业、计算机产业等，这些智力型的

---

① ［美］阿里·德赫斯，长寿公司——商业"竞争风暴"中的生存方式，王晓霞、刘昊译，北京：经济日报出版社、哈佛商学院出版社，1998.5

企业都不以资产为导向的老式方法来管理。管理者优先考虑的对象从以优化经济资本或资产为目的的管理转变为以优化人员为目标的管理。在这些企业中，人是知识的传承者、创造者，也是企业竞争优势的来源。

传统工业社会，公司是理性的，以利润最大化为目标。经济理论、管理理论中，人是劳动力，自利的理性人。公司努力寻找出三个要素——劳动力、资本与土地的最优组合比例来制造产品，提供服务。这三种要素是可以相互替换的，如劳动力可以被资本代替。成本优先是管理者应该考虑的重要职能，即生产三要素的最优组合使公司能用最少的成本来生产商品或提供服务，能以最高的价格卖出去，以求得最大的利润。获得投入资本的最高报酬率、最高营业额就是经济意义上的成功标准。它可以获得企业界的"奥斯卡奖"。

但是，随着一个新的时代——信息时代的到来，这一内涵对企业成功的描述已经不再适用了。在现实世界中，企业、人并不总是充满理性、被理性计算和便于控制的。劳动力不能表达人的丰富内涵，而强调利润和股东价值最大化就忽略了今天作用于公司的两大因素：转变为至关重要的生产要素的知识和公司外部不断变化的世界。

工业社会中，企业在一个相对静态、独立的环境中生存。经营管理者能够控制内部生产，并销售自己的产品。但新的时代，很少人能够控制周围动荡的环境。为了应对外部世界的变化性、不确定性，企业必须培养自身的应变能力，发展新技能和采取新态度的能力。这种能力被管理学家德鲁克等誉为"学习的能力"。企业要通过对员工的重视与关注，不断调整、改变自己，与外部环境交换信息、能量，以适应不断变化的外部环境。因此，对企业来说，人才至关重要。因为知识存在于人脑之中。当然，这并不是说，资产或经济资本不重要。在任何时候，资产都是必不可少的。没有经济资本，人类不能达到现在的经济效益。重视人，意味着提高人的利益和作用，从而也提高经济资本的利益和功能。

十九世纪被描述为资源积累阶段，"经济人"及科学管理是对这个环境压力做出的反应。那个时代代表性的生产方式、管理方式是泰勒化的生产线和科学管理。成千上万的员工在一条生产线上工作，林立的烟囱，庞大的厂区，以及源源不断地产出标准化、规格化的产品，是现代国家、现代工业的标准景观。泰勒化生产带动了科学管理的风潮，工作被不断地细分，细到单一动作，反复操作，标准化、齐一化，并写成公司规章与严格的员工守则。无技术工人变成生产线上的机器人，重复而标准地做着相同的操作，看不见生产出来的成品，也感受不到努力工作的成果。现代工业奠基于经济规模所产生的生产力，以机械化、装配线的生产过程制造标准化的产品，并以官僚组织方式来控制整个生产过程。这种组织方式的组织原则是根据垂直整合原则、制度化的社会与技术分工而结构的大企业。组织结构是韦伯提出的理想行政管理体系——官僚集权组织，管理方法是泰勒的科学管理原则。官僚集权式组织主要因素是：劳动分工、等级原则、普遍性的规范和控制。这种独裁式官僚集权式组织，从纯技术的观点看，是能够取得最大程度效率的。从效率的意义上看，这种组织是对人进行绝对必要控制的最合理的手段。在精确性、稳定性、严格的纪律性和可靠性等方面，它比任何其他形式都要优越。

科学管理方式在传统以家庭为基础的旧企业体系解体和大企业迅速兴起的十字路口，以稳定、严格、精细、可靠的管理和集权性的组织机构，对资本主义的发展具有重要意义。这种管理方式适应了劳动力文化与技术素质普遍低下、物质生活水平贫乏、环境稳定、市场独立的客观现状。

但在一个技术和知识阶层兴起，环境复杂性、多样性、不确定性、全球市场的新时代就行不通了。应对这一新的、复杂性环境，要求员工的充分参与，合作解决问题正在变成劳动生活中的一个重要的组成部分。管理的核心任务是激发员工士气与抱负，实现人本化的管理。即更加关心人而不是关心生产，削弱管理机构的僵化程度，以便更好地满足人们的需要；减少对工资和效率的强调而更多地关心人际关系激励因素；更多地关心情感的非逻辑而不是效率的逻辑；强调社会人群的技能而不是技术的技能；强调通过团体和社会团体重建人们的归属感；重视成员间的信任与主动参与，而不是控制和监督。

工业时代的管理效益，一个重要的途径是削减与人员花费相关的费用。信息时代，裁员并没有停止，但管理的出发点转变为，如何提高和发挥人的潜力、培育员工忠诚。这种人性化的管理给予员工以充分的自由、尊重与信任，激发了员工的参与、创造性，从而增强企业对复杂性和不确定性的适应、反应能力。

官僚科层体制下，强调通过细致的分工及明确的工作划分来提高工作效率。而新的知识经济条件下，企业管理则是水平式的，重视团队的作用，赋予每个单位的自主权，强调工人参与生产过程，重视团队合作、工作场所更大的决策自主权、自发处理生产线紧急事务的能力，以及平行化的管理层级。如日本丰田汽车公司，重视管理和劳工之间的信任关系，排除专业劳工的特殊性，但不是打散他们，而是让他们转变为具有多重功能的专家。日本经济学家青木昌彦（Aoki，1988，16）也认为劳动组织及组织中的相互信任是日本厂商致胜的关键。

②管理伦理化

财富由资本向知识的转变，也导致管理理论与管理实践的另一转向：即管理伦理化趋势。管理伦理化主要是针对公司对外社会关系所进行的伦理管理，反映了企业经济活动正在把注意力从原来集中在"内部"制造商品等日常业务转向"外部"，集中到利用尖端信息系统处理复杂的机构关系、社会关系上。正像控制论专家斯塔福德·比尔（Stafford Bill）所指出，"旧世界的特点需要管理事物——新世界的特点是需要处理复杂性①。"

管理人本化主要是针对公司内部的人际管理，应对的是人的归属、情感、非正式团体及正视人的社会需要。而作者认为，管理伦理化或伦理管理则是对生态环境、能源危机、消费者权益运动、信息技术及经济全球化的回应。重视传统文化、企业伦理的价值创造能力，强调企业对自然生态、社会公益、劳动生活质量的责任和义务是管理伦理化的重要内容。

除了雇用一些受过高等教育的员工、专家，企业同时也将同行、经销商、供应商、生产商作为自己资讯、资源、产品的来源或实现利润的合作伙伴。因此，企业对内对外必须采用新的更富弹性的管理模式及鼓励各种组织参与的管理方法，既能体现对人的价值的信任，又使企业能应付变动中的市场、技术和环境因素。

工业经济时代，企业天生就注意保持稳定的有效经营。而信息经济时代，公司正在和一个动荡、不熟悉的世界作斗争。在这个世界里，有各种庞大的组织，复杂的技术、外国的竞争、挑剔的消费者、政府的种种控制、新一代的劳动者和对他们在社会中作用的普遍怀疑等。在20世纪80年代初，时担任通用电器公司董事长的雷金纳德·琼斯（Reginald Jones）警告说②：企业正在受到普遍的"管理弊病"的损害——产品质量低劣、敌对的劳资关系、排除长期战略而把注意力集中在利润上的短期行为，以及有助于官僚主义而不是有助于事业的普遍倾向。要消除这些管理弊病，企业必须明确地促进管理方式变革——实施人本化及伦理化管理。

进步企业的经营适应各种环境，它们利用市场网络来贯彻各种决策，通过

---

① ［美］W·E·哈拉尔，新资本主义，冯韵文等译，北京：社会科学文献出版社，1992，119
② ［美］W·E·哈拉尔，新资本主义，冯韵文等译，北京：社会科学文献出版社，1992，34

参与性领导来消除各种障碍，并且在决策时考虑各种外部利益。通过采用伦理战略管理环境关系的办法来改变未来，形成识别和解决战略性问题的能力，把精力集中在解决那些最关键的长期性问题上。很多公司正在用一种参与性制定战略的方法来改变态度和承担责任。但伦理管理则把以前管理内部业务的孤立企业转变为共生地与环境结合在一起的适应性企业。当然，对变革的抵制始终存在，因为有人认为企业是自给自足并能够单方面控制的。伦理管理基于这样的认识：自我控制是一种不符合事实的假设，因为维持任何企业生命的一切能量和资源都来自外部群体。管理伦理化使企业将种种外部力量转变成建设性的变革力量，形成一种作为其环境组成部分的充满活力的企业。

在信息时代，企业经营的非道德性神话已经破灭，利润的本来意义及神圣性也受到广泛怀疑。因为企业的使命正在改变。把注意力严格地集中在财务上一度是有效管理的基本标准，因为工业时代最关键的需要是为建设制造工厂积累经济资本。然而，在管理人员整天忙碌的同时，一个新的、更高级的社会已经出现，这个社会主要关心生活质量的改善；雇员们期望得到有收益的工作；顾客要求获得真正的产品价值和良好的服务来继续保持他们老主顾的身份；此外，企业行为对环境、生态及公共领域的影响，受到政府、公众、新闻舆论的干预及巨大压力。获得这些群体的支持现在是任何企业由此获得经济实力的社会使命，因为这是利润本身的来源。

作者认为，在一个"不确定"是唯一可确定之因素的经济环境中，企业管理角色、管理职责、组织设计和业务实践必须有崭新的思路。企业社会资本问题的重要性也显得更为突出。在信息化社会里，企业社会资本的积累与运作问题在于企业内部与外部信任关系的建立，给企业员工、合伙人、客户及其他相关利益者以共同的目标、机会，一套整合的价值观，使大家都对企业的经营和参与有着共同的使命感和自豪感，并且要为多样化的企业利益相关者特别是企业消费者或客户、政府及其他社团组织树立一个共同的利益基础及远景，从而使大家都能为共同的利益和信念而相互支持、协力同心。

管理人本化、伦理化是适应新的社会经济环境对企业管理的客观要求。有益于促进企业建立内外社会信任网络、积累企业社会资本。企业社会资本的存量从内外两个方面影响企业决策与经营的质量。因为，任何不能从内部——无论是成员、管理者或领导者，产生创意的组织，无法掌握智慧的重要来源。同样地，任何不能吸引外部资源和外来构想的企业，最终必定丧失活力与竞争力①。因此，培养企业内外合作者之间的相互信任，把企业内外相关联的战略合作者有机地组织起来，以实现共担风险、共做贡献、利益共享，有效防止经营危机、道德风险和认知风险，既是企业社会资本积累与运作的重要使命，也是企业回应"世纪末管理挑战"的有效途径。

---

① 查尔斯·汉普登–特纳、阿尔方斯·特龙佩纳斯，国家竞争力创造财富的价值体系，徐联恩译，海口：海南出版社，1997.10.

第三章

企业社会资本的本质

企业社会资本是企业内外个人及组织之间建立的社会信任网络，是企业资本构成的重要组成部分。与经济资本、人力资本共同构成相互联系、相互作用的企业资本体系，是企业生产经营的基本要素和条件，本质上体现了经济价值与生活价值、现实需求与未来发展、个别努力与团队合作、个体行为与社会选择的有机平衡。从企业社会资本的视角看，除了"经济人"的追求和"看不见的手"，企业业绩的增长、社会财富的增加还受制于不同社会根深蒂固的文化价值体系——"无形的原则"的深刻影响。这些"无形的原则"是国家认同、社会认同、社会信任的基石，是经济活动与企业整体运作的深层机制和动因，是企业社会资本产生的社会根源，也是一个国家、一个企业经济力量与活力的根源所在。

3.1　社会、资本与企业社会资本

要准确把握企业社会资本的完整内涵，逻辑上必须首先从知识史的角度认识社会、资本概念的内涵及发展。对社会、资本的清晰理解，是界定企业社会资本概念及本质的基本前提。

3.1.1 "社会"概念的简要回顾

社会资本作为与经济资本、人力资本相对应的概念，是与"社会"有关的。社会是什么？它是由人构成的。社会反应人所组成的组织、群体间的相互关系及其异质性。社会是价值联结的生存单位，是各种个人、组织或民族国家为了满足生产生活需求而组成的和谐互动的生命有机体或共同体①。

除了上述意义，社会资本中所用"社会"的概念，是指"市民社会

①　张云海，社会是什么，北京：商务印书馆，2002，18－23

（Civil Society）"，有着与国家、市场相对应的独特内涵。

法国政治思想家、历史学家亚历西斯·德·托克维尔（Alexis de Tocqueville）对社会资本研究有着重要贡献。他对社会资本概念的理解，涉及市民社会及社会概念的理解与发展。这一概念最早是在 17 世纪晚期随着英国哲学家洛克（Locke）、政治思想家哈林顿（Harrington）等人的著作才进入社会理解的。随后由苏格兰道德学家特别是弗格森（Ferguson）和史密斯（Smith），以及法国著名思想家卢梭（Rousseau）、德国哲学家黑格尔（Hegel）等人做了进一步发展，加上托克维尔的使用，市民社会已经成为一个包容性的、综合性的概念，表示国家机器之外的制度。它包括了资本主义市场以及它的制度，但它也代表托克维尔所称的"自愿宗教"、私人的和公共的联合会和组织，以及所有形式的合作性社会关系——这种关系创造了信任契约、公共意见、法律权利、制度及政党。

在这一阶段，市民社会被赋予了明显的道德和伦理力量①。看到这一点，对我们理解"社会资本"非常重要。与市民社会相联系的文明化特性以谈判、贸易、商品和金钱流通、商店主和私有财产的形式扩展了资本主义市场本身，并有助于国际和平、国内平静和不断增加的民主参与。这一时期，至少当时的进步思想家将资本主义理解成能够产生自我约束和个人责任的制度。美国政治家本杰明·富兰克林（Benjamin Franklin）享有盛名的《传记》把市场生活的纪律和规范等同于公共德行。

但资本主义工业阶段的发展却使市场被赋予的道德和伦理色彩在 19 世纪中叶经历了一个戏剧性的转变。资本主义工业阶段的发展，资本主义同非人道的工具性、统治和剥削之间的贬义联系相继出现在宗教文献以及经济学、社会学理论中。对资本主义的憎恨、对资本主义邪恶的揭露也在乌托邦主义者、社会主义者和共和主义者的呐喊中得到表达。值得注意的是，新工业资本家和他们的自由经济代言人并没有回避资本主义是一种反社会的力量这种新观点。他们挥舞自由放任的信仰规则，他们的座右铭似乎是咒骂约束他们的"该死的社会！"匈牙利经济学家卡尔·波兰尼（Karl Polanyi）1957 年在《大转变》一书中表述了双方的对抗，这种对抗的一方是邪恶的、自私的"市场"，另一方是道德和集体意义上的"社会"。

---

① ［美］杰弗里·亚历山大，市民社会，资本主义和其他非市民领域，见：马戎、周星主编，21世纪：文化自觉与跨文化对话，北京：北京大学出版社，2001，225

19 世纪中叶，市民社会丰富内涵变得极为窄小，除去它与合作、民主、联合和公共等概念的丰富联系，这一概念开始单独地同市场资本主义贬义地联系在一起。马克思在 1842 年和 1845 年间撰写的著作以清晰和富有影响的方式，反映了这一趋势：市民社会只是自我主义、纯粹私人利益的娱乐场，并且它被看成是一个上层建筑，是为了掩护商品和资产阶级统治而产生的一个法律和政治角斗场。在马克思看来，工业资本主义似乎只是由市场形成的人群以及国家所组成，集体和道德意义上的"社会"正在消失。马克思认为，只有在工人阶级生产活动中所建立的广泛的、强制性的合作关系，才能为集体联合的社会组织提供基础。

正是在这样的社会和知识环境中，市民社会作为一个重要概念在社会理论中很快消失了。在那个世纪里，市场、社会、资本主义之间的关系长期歪曲。右翼思想家甚至把"社会"等同于市场，认为经济过程本身会产生推进参与、合作等必需的制度，放弃了市场或经济领域之外有助于社会团结的公共制度及生活传统，也即放弃了"社会"。而在左翼看来，为了重新恢复市民性或社群性与合作，则必须放弃市场和私有产权本身。

但是，在过去十几年中，市民社会开始重新受到关注。在社科领域、经济领域中，更多学者的研究兴趣表现在非正式联系、亲密关系、信任、文化和符号过程以及公众生活的制度上，对文化传统、社区生活世界与经济领域的联系及其与企业绩效关系的研究、解释再度受到重视。

回顾"社会"理论所表述和反映的社会过程，有益于我们更为清楚地理解社会与社会资本。"社会"作为一个独立的领域不仅在分析上独立于国家和市场，在经验领域上也在不同程度上不同于国家和市场。美国当代著名社会学家杰弗里·亚历山大（Jeffery Alexander）认为，市民社会应该被表述为一个团结一致的领域①。这种团结一致是通过"公共意见"表现出来的，拥有它自己的文化规则和以民主所作的叙述，它是通过一套特别的制度（如司法和法律制度）而塑造出来，并且在历史上表现为一套具有特色并相互影响的实践活动，体现在礼仪、平等、批评和尊敬等方面。但是，这种市民社会从来不会十分完整地存在，它只能在"某种程度"上存在。其中一个原因，它总是相互联结，并且或多或少被其他领域所渗透，而且这些领域都有自己的公正标准

---

① 杰弗里·亚历山大，市民社会，资本主义和其他非市民领域，见：马戎、周星主编，21 世纪：文化自觉与跨文化对话，北京：北京大学出版社，2001，225

和奖励制度,如市场领域。

为了理解"社会"、社会资本这一概念,我们对社会、市场、国家等做了这一抽象的区分,但事实上,市场领域、国家或政府职能与社会领域是相互影响、融为一体的。

3.1.2 资本理论的历史考察

资本乃是反映资本主义生产方式不同于其他生产方式显著特征的最基本和最重要的经济范畴。完整系统的资本理论是伴随资本主义生产方式的演进而逐渐产生和发展起来的。但与商品、货币、价值等概念一样,在人类社会早期的经济活动中就已萌芽。西方资本理论经历了古典的、现代的、当代的这样几个发展阶段,并已成为西方经济学中最重要的组成部分之一。

资本是什么?它与人类社会经济活动、生产管理的关系是如此简单平常却又极其复杂深奥,在漫长的西方经济发展史上一直困扰着人们。不同时代以及同一时代不同流派的思想家们都曾对资本进行过研究。他们的探索,不断丰富着资本的内涵和外延,深化了对资本的认识,也孕育了企业社会资本理论的胚胎。

（1）资本理论的萌芽

人们对资本最初的认识源于古希腊。从词源学的角度上说,资本一词的原义在希腊语中为本金（κεφλαιου）。人们最早在货币借贷关系中接触到资本问题。亚里士多德（Aristotle）曾明确地将两种取财之道——为满足使用价值或需要而进行交换和追求交换价值的积累而进行交换,即通过贷放货币而取得利息——区分开来。亚里士多德反对放债取利。基督教福音书把利息视为最恶劣的牟利形式而严禁。然而,世俗中商品和货币关系的发展实际上已经冲破了圣典中各种教条的束缚。古代社会和中世纪人们直接从货币形态上把握资本问题,即把利息或生息能力归结为货币或金钱本身。因此,人们所理解的资本运动乃是最简单的货币资本的运动。

中世纪晚期,资本主义生产方式在西欧社会开始萌芽。随着封建自然经济的日趋衰落和商品货币关系的日益发展,民族国家的兴起对于财富的空前渴望以及地理大发现对于世界贸易的极大刺激,导致了一场商业资本的革命。商人和商业资本在社会经济生产中发挥了至关重要的作用。在这一历史条件下,人们对于资本的研究与考察便自然地集中于商业资本形态,从而形成了重商主义的经济学说。重商主义承袭早期的资本思想,将货币视为财富的唯一来源和唯一形式。但重商主义者是从商人资本实践活动的观点，或者说从商品资本流通过程的观点来考察货币资本的增殖的。他们将货币形态的资本与由货币所购买而最终为了出卖的商品资本区别开来，托马斯·孟（Thomas Mun）在其《英国得自对外贸易的财富》一书中已有了"存货"的概念。在休谟对资本概念的阐释中，他用"存货"一词既指货币总额，又指商品存量，利息来源于前者，利润来源于后者。存货所具有的增殖能力，显示人们对于资本认识更为开阔的视野。

（2）资本理论的形成与发展

真正具有科学价值的资本理论是由系统的生产分析及对生产资本的考察而建立起来的。古典学派历史地承担了这一使命。资本主义生产方式及产业革命的力量，生产过程中大量地制造和使用资本，创造了超过过去一切世代所创造的全部生产力总和还要多的社会财富和生产力。资本成为一种生产手段或用于生产财富的存量，资本概念有了更为丰富和深刻的内涵。资本乃是一种通过生产过程不断增殖的价值量，显示了产业资本已经成为主体的那个社会，经济运动的本质特征。

如同古典经济学象征作为一门科学的政治经济学的建立，古典资本理论也标志着科学意义上的资本理论的开始。古典学派中重农学派对资本创造性的研究，根本改变人们关于财富起源的观念，把经济研究的重心转向生产领域。重农学派主张农业是纯产品从而是社会财富的唯一源泉。法国重农学派的创始人弗朗斯瓦·魁奈（Francois Quesnay）对农业资本的研究分析，在资本理论史上第一次区分了固定资本与流动资本。

在重农学派的基础上，斯密系统考察了资本理论在内的经济学理论的各个基本方面。他的《国富论》的研究中心是国民财富的起源及其增长的条件。他打破了重农主义者只有农业生产才创造财富的偏见，明确提出一切生产部门的劳动都是财富的源泉。斯密将资本定义为为了生产而积蓄起来的财富，亦即积累起来供生产工人使用的生产资料和生活资料。这个定义比重农学派的"预付"概念更具有普遍意义。斯密分析了资本的来源及积累的动机，考察了资本的构成与职能，明确提出固定资本与流动资本的概念。值得注意的是，斯密把人们通过学习而获得的技艺和才能也视为固定资本的一部分，这使他成为人力资本理论的先驱。

斯密注意到并在一定程度上考察了继私有制、资本积累之后，土地所有者和资本所有者参与分配，国民收入分解为工资、利润、地租三部分，资本的出现对国民收入分配及社会阶级关系的重大影响，形成了近代资本主义社会所特有三大阶级关系并存的结构关系。在斯密看来，资本乃是一种权力，它要求获取利润本是一种经济必然性。斯密实际上理解到资本体现了一种社会经济关系，他不仅从技术经济的角度，而且也从社会经济关系的角度看待资本①。

斯密的资本理论，宣告了系统的古典经济学资本理论的确立。古典经济学的资本理论坚持从生产领域来考察分析资本的根本方法，强调资本的生产职能，从而比较深入地接触到资本主义生产方式的本质特征和内在联系。这一资本理论坚持技术经济分析与社会经济分析相结合的方法，既对资本本身及其构成职能进行了全面考察，又对资本所体现的社会经济关系进行了某种程度的探讨，从而在资本理论中包含了一定程度的社会历史和制度因素的分析。这一资本理论还考察了资本积累问题，它将收入分配与资本积累相结合，注重考察在长期经济发展过程中各收入份额的相对变化，因而它是动态的，而不是静态的。

新古典经济学是继古典经济学之后西方经济学经历的又一个重要发展阶段。新古典经济学代表了西方经济发展的现代发展阶段。新古典经济学使经济学的研究重心发生了转移，即从动态下的积累转向流通和消费，从供给和成本转向需求和效用，从社会阶级关系转向孤立个人的主观心理。另一方面，又使经济学的研究方法发生了重要变革，即从历史的、具体的、定性的分析转向一般的、抽象的、定量的分析。新古典经济学的成就在于，它在西方经济思想史上第一次把人类欲望与自然资源之间的矛盾，亦即生产与需要之间的矛盾这个人类社会司空见惯的简单事实，明确地置于经济科学的中心地位，并通过对这一基本矛盾的考察与分析，阐明不受具体的社会历史形态所制约而具有永恒性的普遍一般规律，诸如稀缺规律、选择规律、替代规律等。由此形成一套关于在静态条件下经济资源实行最优配置与组合的系统缜密的理论体系。新古典经济学将近代自然科学（主要是微积分与近代物理学）的理论概念与分析工具广泛应用于经济研究领域，通过严密的逻辑推理与数学论证将大多数经济关系都表现为具有明确规定性的数量关系，使人们对经济现象的认识由原来单纯的因果关系推测进入到精确地把握，从而提高了经济学的精确性、实用性或可操作性。新古典经济学所带来的这种方法论变革促进了现代经济理论的科学化、专业化，使经济学日益成为一门像现代自然科学那样规范严密的硬科学体系。新古典经济学家强调资本对于提高社会生产力的作用，认为使用资本进行生产是人类文明与进步的重要标志。资本的形成需要节俭和储蓄，即以节制消费为前提：把经济、合理、有效地使用资本资源亦即正确处理消费与储蓄、当前与长远的关系视为进行经济活动的首要和基本问题，把利息作为调节资本最优配置的手段纳入一般均衡分析体系中去。新古典资本理论忽视了对于资本范畴的历史性考察，回避或否认资本所反映的特定社会历史关系。由于为静态理论框架所束缚，未能有效地考察长期动态条件下资本积累问题。

新古典学派着重从使用价值的角度来考察国民财富的形成与发展，价值被视为由主观心理因素所决定的东西而排除于生产领域之外。由于着眼于使用价值，在现实的具体生产过程中各种生产要素的作用便无甚差别。不仅土地被视为与劳动同等重要，而且资本也与劳动相并列，此外，企业家能力又被分离出来而成为一种独立的生产要素。这意味着劳动、资本、土地、管理等均成为同一意义上的生产要素。

现代经济学的兴起，是西方经济思想史上划时代的事件。现代经济学是以边际分析为基本方法，以边际效用价值论为理论基础的理论体系。现代经济学对古典理论遗产进行了一系列根本变革。一方面，它使经济研究的重心发生了转移，即从积累和增长转向静态资源配置，从生产转向流通和消费，从供给和成本转向需求和效用等；另一方面，它又导致研究的方法实现了更新，从历史的、具体的、定性的分析转变为一般的、抽象的、定量的分析。这种转变在边际分析方法上得到了最集中的体现，从而改变了西方经济学发展的面貌。与此相适应，现代经济学的资本理论也与古典经济学的资本理论具有重大差异。现代资本理论在研究中完全放弃社会经济分析，忽视经济范畴与变量的社会性和历史性，而单纯拘泥于技术经济关系的考察与分析，这使得现代经济学资本理论的定量分析水平很高，在表述形式上有与自然科学趋同的特点。现代资本理论研究的重心重又移至生产领域之外，因而在考察与资本相联系的收入分配时，从根本上摈弃了古典的剩余方法，而代之以供求分析的方法。现代资本理论属于整个资源配置理论的一部分，因而这一理论是静态的，而不是动态的。

现代资本理论经历了半个世纪的兴盛，到 20 世纪 20 – 30 年代开始走向衰退。特别是现代资本理论对经济全球化，知识经济背景下新的社会经济现象及各国经济增长的差异缺乏解释力，加之其体系固有的各种矛盾，其地位随着经济学正统地位的丧失而下降。资本理论经过经济学家们的反思获得了新的发展。当然，当代各流派的理论是对思想史上各种流派理论加以吸收和综合的结果，尚未实现根本变革或理论革命。但当代资本理论确实较之以往有重大发展：当代资本理论不仅有更高级的数学方法、更严谨的逻辑论证、更标准的理论和计量模型来分析和描述各种经济变量关系；更重要的是，当代资本理论以研究资本积累和经济增长为核心，其理论内容涵括了宏观经济动态运行的各个重要方面，如收入分配、经济增长、稳定与波动、均衡与非均衡等，其理论的深度和广度都远远超过从前，蕴藏着更为重要的理论价值和实践意义。

（3）西方资本理论的特征及启示

资本理论的一个突出特征是这一理论的核心与目的是阐明利润的来源与性质，以此说明经济运动的客观规律。资本的所有权和资本积累紧密联系在一起，资本积累的动因和来源都与利润率有着不可分割的联系。

西方资本理论发展和演变的另一个重要特点，即资本理论的研究范围随着时间的推移而逐渐扩展，从而与理论经济学其他领域的分野变得愈来愈不明显。在古典时期，资本理论研究范围仅限于作为经济社会产出的生产要素的资本本身，当代资本理论研究首先渗透到生产分析领域。作为经济社会产出的一种重要生产要素，资本研究成为收入分配理论的主题并垄断了经济增长分析。研究各种生产要素对经济增长的影响，甚至劳动力在广义上也被视为一种资本——人力资本。

最后，西方资本理论堪称理论争论最激烈的领域。不仅不同历史时期体现不同思想传统的理论之间不断地批判、扬弃与替代，而且在同一历史时期中相并存的各种不同风格的学术思潮也展开着激烈的论争。其原因，首先由于意识形态因素、方法论的差别及基本观点上的不同。他们相互竞争又相互吸收，保证了资本理论发展的连续性、综合性及多样性。他们相互补充并列存在、发展着。尽管没有哪一学派创立一种关于资本主义经济完美无缺的大一统权威理论，然而他们关于资本运动的某一方面不乏真知灼见。不同的理论有不同的使命，共同构成当代西方资本理论不可或缺的重要组成部分。

应该特别指出的是，资本理论异彩纷呈、百花齐放、百家争鸣的局面，为社会资本理论的产生及形成提供了丰富的土壤和养分。伴随着对传统经济学及资本理论的批评与反思，社会资本理论作为人力资本之后，另一个富有解释力和发展前景的概念，开始受到了经济学、社会学、政治学等各个领域的关注，为资本理论的发展提供了新的理论视角。

对西方资本理论的简单回顾，我们也可以看到，由于现代资本理论历时近半个世纪的独占地位，使得西方主流经济学一个突出的倾向，就是为了追求学科的科学性，而将研究的重心局限于交换领域，只重视与货币有关的交易逻辑，早期经济理论中关于价值、文化对资本增殖及财富创造深层影响的思想基本被淹没、忽视了。

（4）西方资本理论中社会资本思想的萌芽

西方经济学理论蕴藏着丰富的思想内涵，也是社会资本理论生长和发展的摇篮。除了斯密等人的思想中，包含财富创造之非经济要素的胚胎，在其他的经济学家如法国经济学家弗雷德里克·巴斯夏（Frederic Bastiat）、美国经济学家托尔斯坦·凡勃仑（Thourstein Veblen）等人的思想中蕴含了社会资本理论的萌芽。

①弗雷德里克·巴斯夏的资本理论

巴斯夏的和谐经济学是那个时代特有的思想产物。巴斯夏认为资本并不总是与自私自利相联系。他针对法国及欧洲19世纪国家干预经济、关税保护及限制自由贸易等政策对法国资本主义经济发展的限制，发表一系列宣传自由经济观点的著作，抨击关税保护政策，主张自由贸易。他认为资本家和工人的利益、目标是共同、一致的，所以要求消除对立。他指出，资本植根于人的三种特性之中：远见、智慧和节俭。资本的形成在于预见未来、牺牲现在。如果不实行最社会化的道德，而且更重要的是将这些道德变成习惯，所有这一切将无法实现。巴斯夏指出国家干预、税收、非正义的侵略、殖民地及投机、走私等暴力和诡计榨取资本的手段，使一些国家中资本很难通过自然渠道形成。在这些国家中，资本与自私自利相联系①。但是，当人们不将思想集中在资本的盗取上，而是集中在通过智慧的劳动、预见性和节俭来建立资本时，就不能不承认一种社会的、有道德的品质与资本的获得是连在一起的。

巴斯夏认为，由于有了美好的交换机制，任何劳务都是或可能变成一种资本。劳务的本质就是将所有的地方和所有的时间连结、维系在一起，结成团结互助的关系②。资本的活动中有道德的社交性存在，其作用是利用自然，树立智慧原则，使人的粗野需要不再紧迫，而代之以高级、精美、纯洁，更艺术和更精神性的享受。假如资本能带来这样的结果以及使道德变成习惯，它依照不

① ［法］弗雷德里克·巴斯夏，和谐经济论，许明龙等译，北京：中国社会科学出版社，1995，215，201－202
② ［法］弗雷德里克·巴斯夏，和谐经济论，许明龙等译，北京：中国社会科学出版社，1995，215，201－202

脱离自然轨道的社会秩序去形成和活动，人们就能够从资本身上找到一切合乎上帝的伟大法则的特点：和谐。

②托尔斯坦·凡勃仑的企业资本理论

托尔斯坦·凡勃仑是制度学派的始祖[①]，他指出，经济学者们以及还有别的人们，习惯于把"资本"看作是工业赖以进行的一堆物质资料——工业设备、原料和生活资料。这是以"货币经济"时代，信用和现代企业经营方法在经济事业中还没有占首要地位以前的情形为依据的。企业资本是一宗货币价值量。这个价值量与其设备等物质资产只是一个淡薄的、摇晃不定的关系。当企业程序和企业概念随着现代公司的形象而发生变化以后，企业资本估值的依据也逐渐有了转变，到今天这个依据已不再是所拥有的物质设备的成本，而是一个在营业中的公司的收益力。

虽然，某一个公司的资本在法律上是一个事前已经确定的量，这是由特许成立公司的法令所规定的，公司的股票是依照它的执照或特许成立公司的法令所定数额来发行的。但是，实际的（企业的）资本估值与法律上的资本估值不同，它不是在事先已经存在的公司法或股票发行额下永久、硬性地规定的，而是在公司有形和无形资产不断、反复地评价下，在它们的收益力的基础上，临时确定的。

凡勃仑认为在依据收益力的资本估值中，资本估值的核心不是工厂的成本，而是根据"公司的商誉"。"商誉"这个名词的含义是有些广泛的，到了现在，它的含义比以前更加广泛。实际上它的含义是随着现代企业方式的需要而逐渐扩大的。在"商誉"的名称下包含着性质互异的种种项目，但这些项目有一个共同点，即它们都是"非物质的财富"、"无形的资产"。

商誉在较广义下包含的内容有：一向存在着的企业关系、交易公平的信誉、经营上的特权和特有待遇，商标、牌面、专刊权、版权，特殊操作方法在法律保护下或在保密中的专用，材料特有来源的独占[②]，等等。事实上，作者认为凡勃仑的商誉中企业关系及信誉等已经是今天企业社会资本关注的重要问题。

商誉等无形资产是企业运作的基础。如果一个公司在它生命史的开始时没有这类无形资本，那么它的领导者在很早就要从事的努力即是逐渐地建成一个

---

① ［美］凡勃仑，企业论，北京：商务印书馆，1959，76 – 99

② 同上

商誉的基础，比如在商标方面、顾客方面或商业关系方面使它居于全面的或局部的垄断地位。如果负责人在这方面的努力没有获得成功，没有能建成这类"非物质的"稳固基础，那么它在同业竞争中的胜利机会是没有把握的，它的地位是不牢靠的，它的领导者们并没有完成寄托给他们的任务。一个工业公司的真正基础是它的非物质资产①。

一个典型的现代工业公司是一个具有足够规模的机构，它的活动不限于现场效果，它的商业关系发展到与它的管理人员直接接触的范围以外。它的资产和负债，至少有一部分，是由与公司管理部门没有直接人事关系的人们所有的。

在分析了企业资本构成后，凡勃仑指出，某一公司或整个社会的企业资本的量，在很大程度上是与机械的现实无关的。资本量在市场上的变动，它所依据的是投资者方面信心的变化，是对掌握事权的企业家关于他们的政策或策略方面的推测，是对于政治上策略及趋向的逆料，以及社会群众在情感上、理解上那些难以捉摸、变化莫测，大都是出自本能的动态。因此，在现代情况下，企业资本量及其逐日的变化，主要是一个群众心理而不是一个物质现实的问题。

在企业资本对物质设备的这种不明确、多变化的关系中，有两点是可以相当肯定的。由于在现代资本估值中涉及的信用手段，如贷放信用，可以用作进一步信用扩张的担保，因此在某一时间所掌握的综合名义资本，通常总是显著地超过物质资产综合价值的；同时物质资产的现时价值，也大于如果以组合资本为基础的信用资金不在时这项资产所将有的价值。

因此，任何一项资本的价值，关键在于它的收益力，或者用数学措辞来说，资本的价值是它收益力的一个函数，而不是它的主要成本或机械效率的函数。资本估值所依据的，并不是过去的实际收益力，而是未来的假定收益力。这样就使参加市场的一切资本处于估值、重估值——也就是资本构成的改变再改变的一个无止境的过程中。变动的依据是资本的假定收益力，因此这类变动就多少带有一种不可捉摸的性质。但是在市场上资本中最无从捉摸的项目，当然是包括着资本化商誉的那些项目，因为它们自始至终是无形所有物。对假定收益力的变化影响最直接的就是资本中的商誉这个因素，它造成了最广泛、最放纵的市场波动。在买卖中的商誉，它那资本化价值的变动是比较广泛、比较

① ［美］凡勃仑，企业论，北京：商务印书馆，1959，76-99

不稳定的①。

凡勃仑甚至认为，因为管理企业人的信用力量或商誉影响企业资本的实际价值，那些物质资产所有人的命运依赖于无形资产所有人。因为工业设备的管理越来越集中于无形资产所有人手里，他们的主要任务或兴趣集中在非物质资产的价值增长上②。

由于现代经济学只重视经济资本及其数量关系，古典经济学家巴斯夏、凡勃仑等有关社会资本的思想几乎被完全淹没了。因此，当我们回顾历史，不仅能对资本理论有一个更为清晰明了的理解，也有益于对企业资本运作的实践有一个更为现实、完整的把握。

3.1.3 企业社会资本与企业资本的有机构成

企业社会资本是企业资本构成的重要组成部分，与企业的经济资本、人力资本相互区别、相互影响、相互作用，共同构成企业资本的有机体系，是企业生产经营的基本要素。

（1）企业社会资本的定义

企业社会资本是有益于获得资源和支持，企业内外个人及组织之间建立的社会信任网络。这一定义包括相互联系的五个方面：

首先，企业社会资本的作用范围，不是单纯在企业内部，而且还包括企业外部。

其二，企业社会所表现的关系，是组织与组织、组织与个人以及个人与个人之间。企业社会资本所表现的社会联系不仅有人际间人格化的面对面的人际关系，而且有非人格化的个人及组织、组织与组织之间的社会关系。

其三，企业社会资本的性质，是社会信任。信任是企业社会资本的核心和灵魂。

其四，企业社会资本的功能是促进企业获得社会支持并有益于获取稀缺资源和机会。不能提供相互支持与合作的社会联系，不能成为企业社会资本。

最后，企业社会资本的存在状态是网络状。企业内外个人、组织之间的社会信任关系形成网络化的联结，从而保持组织、人际间的即时、高度弹性化的相互联通，以及资源、能力的动态整合与协作。

有益于企业获得资源和社会支持的企业内部和外部存在社会信任的组织与

---

① ［美］凡勃仑，企业论，北京：商务印书馆，1959，76－99
② 同上。

组织、组织与个人、个人与个人之间所形成的信任网络，即为企业社会资本。

按照企业经营管理的实际，企业正在将以往专注于企业内部生产等日常业务转向企业外部市场与环境，转向企业内外各种复杂的人际关系、组织关系。与经济资本、人力资本相比较，经济资本表现为物质或资金，存在于外部世界中；人力资本表现为知识、智慧，存在于人的大脑中；而社会资本则存在于人际、组织之间。社会资本的实质是社会信任，在一个环境动荡，人际关系、组织关系复杂，信息过载的时代，社会信任能有效减少不确定性。因为，信任使员工、客户或消费者、经销商、供应商乃至政府政策、公众反应变得可以预测和把握。企业社会资本存在状态是网络状的。网络是市场、国家或厂商之外的一种新的资源配置形式，也是等级制度之外的一种新的社会结构形式。市场的机制为价格，等级科层制的机制为权力，而网络的作用机制为社会信任。网络式的资源配置和交易，不是通过分散的市场交换或行政命令来实现，而是通过社会信任来实现。信任促进组织成员和利益相关者参与互惠、符合意愿和相互支持的行动。主流经济学从资源稀缺性出发，研究资源的最优配置，提供了除市场之外的国家和厂商的资源配置方式。威尔伯（Wilber，C K）和詹姆逊（Jameson，K P）在《经济学的贫困》中指出，人类实现生存、自尊和自由这三大目标，就须同时采用市场、科层制管理及友爱或信任等三大资源配置体制。这里，网络不是单纯的计算机网络，而是以计算机、通讯技术网络为基础，以社会信任为纽带联结多样化的个人、企业和组织而形成的社会性网络。

什么是信任？研究组织的学者关注信任问题，视其为组织控制的机制。具体说，是在价格与权威之外的另一种组织控制方式。他们把研究信任作为对强调机会主义的回应，而机会主义目前在动因理论和交易成本经济学中大行其道。学者们视信任为管理理念和管理哲学的关键要素，视信任为组织网络形式运转的要因①。

信任既是指对他人行动将带来的利大于弊的明确预期（Gambetta，1988），也指"不迟疑地，在共同利益和目标驱使下接受大量的社会秩序、规范的特征（Garfibkel，1967，Etd. In Zucke，1986.57）"这样一种普遍能力。信任水平是社会关系脉络中的一个基本要素，也是市场交易中普遍存在的一个要素（Etxini，1988）。如果离开了植根团体规范中的社会秩序，包括信任，那些被

---

① ［美］罗德里克·M·克雷默、汤姆·R·泰勒编，组织中的信任．管兵、刘穗琴等译，北京：中国城市出版社，2003，23

认为在众多市场经济环境中存在的个人自由与市场自由是无法想见的。

信任涉及可靠性，即事前相信合作伙伴是诚实的、可靠的，是会遵守诺言的。一家消费品生产商的推销经理指出，他的公司相信零售商会履行协议，不会随时回来要求更多的优惠。然而，信任的内涵并不单纯只是诚实和可靠性，特别是在合作行为中，一个说话算数、信守合约的企业是诚实可靠的，但它不一定会成为企业愿意信任的合作伙伴。更高层次的信任关系要比诚实可靠更进一步：互利性。双方是否彼此相信对方会关心自己的利益，不会在没有考虑对彼此影响之前采取行动。也就是说信任对方除了可靠性预期，还包括相互替对方着想的因素。即对方不以自私自利方式行动的可能性的理解，是对彼此会互助互利的相信。

如前所述，网络是市场和等级结构之外的一种资源配置形式。虽然，在新自由主义经济学中已经出现了社会资本的影子，但在经济学家的视野中，只存在两种配置资源的形式：市场和等级结构。人类学家、社会学家发现，市场和等级结构之外，还有第三种资源配置机制：社会网络。包括一些经济学家也意识到，单纯从经济的层面理解人类的经济行为是十分困难的。他们认为，经济行为镶嵌于社会行为之中，经济结构嵌入社会结构之中。所以，理解经济现象同时要考虑社会结构的影响，要从社会层面去探讨。主流经济学家的局限在相当大的程度上限制了他们为经济问题开出药方的能力，以及他们所开出药方的效率。从西方经济学家开出的药方看，解决经济问题的办法或者是放任自由，由市场发挥作用；或者是发挥国家权力的作用，让权力取代价格起作用。可事实表明，这两剂药方都不能完全奏效，不能够持久地解决人类面临的经济问题。经济发展面临着两大危机：市场危机和政策危机。完全的市场自由，使政府权威性大大削弱了，并在许多国家产生了信任危机。由于对自然资源的过度开发，对政策职能的侵蚀破坏，以及"取得合理价格"凌驾于一切之上的做法，使得市场在人们心目中变得越来越不可靠。过度的政府调控，又干扰了经济运行的自然秩序和规律，加之政府腐败、寻租，也使政府信任度大大降低。这两种危机对经济学提出了挑战。由于经济学一直在强调个人利益和权力这两极之间摇摆，不但造成了内部的分裂，使人们对它日益失去信心，而且在实践上推动着市场危机及政策危机的出现。解脱这种危机的办法需要拓宽视野，去发掘人类社会的其他潜能，找出资源配置的其他方式。这种方式建立在合作和友爱的基础上，而不是建立在竞争和自利的基础上。这种资源配置方式就是社会信任网络或社会资本，它同时是人类创造和发明的一种重要机制。经济学家一直忽略了这种机制，并企图把它挤出社会，结果不但使经济学的解释力受到限制，也造成了经济上的种种困难和对文化资源的浪费。

网络的技术、物质基础是信息技术，但是，网络运行的社会基础是社会信任。借助计算机网络、通讯技术的帮助，当今社会，企业所面临的个人与个人、个人与组织、组织与组织之间的关系，不再是由固定空间关系、成员所构成的分散的集合体，而是联系大量经济和社会交往的个人、组织之间的高度变化、频繁互动的动态网络。现代社会已经进入一个不同寻常的、不断变化的、不能用等级制来控制的时代。"经济人"和建立在流水线上稳定的金字塔式组织正在消失，社会信任与信息网络携手，正在经济秩序中引起必定改变整个社会结构、社会行为和特征的变革。以社会信任联结的网络这种结构形式，正在淘汰以往僵化的金字塔式的组织等级，允许企业或组织做出大量迅速、灵活的反应，以适应日益动荡的环境。

作者认为，企业社会资本或社会信任网络，独一无二地适应了一个新时代的复杂性。它为变化而建立，绝妙地适应某种既定不变的结构变化和改革。它是一种充满生气、自然的和不断变化的结构系统，而不是某种结构本身。社会信任网络具有动态的特质，在这种不固定的组织范型或组织框架中，充满社会信任的个人和组织之间构成自我管理、自我安排的标准组成部分或单元，以种种无法预料的方式联结在一起来满足不断变化的制度上的需要。

美国社会学家曼纽尔·卡斯特（Manuel Castells）[1] 曾指出，生产力与竞争力是信息化、全球经济的指挥性程序。生产力基本上来自创新，竞争力则来自于网络所产生的弹性。所以公司、区域、国家以及各种经济单位，都将它们的生产关系调整到最高限度的创新与弹性。社会信任网络表现为一种独特的力量。因为，具有自组织能力的个人或组织依靠信任联结起来，跟随着环境或市场的即时性、动态变化以一种不确定的方式集体行动，因而，产生一种不可思议的力量来适应环境的不确定性和复杂性。对一个企业社会资本积累存量丰富的公司来讲，最重要的不是领导者的计划、预测或控制，而是企业信任网络中的每一个成员都会受信任、责任、抱负的驱使，对环境中的每一信号迅速做出反应和决策，从而使企业像一个有自己生命的巨大超级有机体那样自己探索着不断前进、发展。

---

[1]　[美] 曼纽尔·卡斯特，千年终结，夏铸九、王志弘等译，北京：社会科学文献出版社，2003，408

（2）企业资本的有机构成——经济资本、人力资本、社会资本及其相互关系

企业资本是由经济资本、人力资本、社会资本共同构成的一个有机体系。它们相互区别、相互依赖、相互影响，推动企业的兴盛与发展。

经济资本是企业经营的物质基础，土地、资金、劳动、原料、设备等，及其组合，它们是传统经济学的研究主题。对人力资本、社会资本的研究是最近几十年的事情。人力资本、社会资本是对资本理论的深化与发展，人力资本的研究对社会资本理论的提出有重要的意义。

①人力资本及其意义

人力资本（human capital）一词最早是由美国著名经济学家舒尔茨在1960年就任美国经济学会主席的演讲中提出的。他在其经典名著《论人力资本投资》中提出了这一观点，而真正对此作出确切定义的则是加里·贝克尔（Gary Becker）。他在其1964年写下的《人力资本》一书中明确提出"所有用于增加人的资源并影响其未来货币收入和消费的投资为人力资本投资……其中主要是教育投资、保健支出、劳动力国内流动的支出或用于移民入境的支出等形成的人力资本①。"

"人力资本"的思想根源于亚当·斯密。他把资本划分为固定资本和流动资本，其"固定资本"中就包括"社会上一切人民学到的有用才能"。斯密说："学习一种才能，须受教育，须进学校，须做学徒，所费不少。这样费去的资本，好像已经实现并固定在学习的一部分。这些才能，对于他个人自然是财产的一部分，对于他所属的社会，也是财产的一部分。工人增进的熟练程度，可和便利劳动、节省劳动的机器和工具同样看作是社会上的固定资本。"②在这里，斯密把人们通过学习获得的知识当作一种能够得到回报的资本。斯密对资本的论述几乎具有后来人们所讲的"人力资本"的全部特征。但是，由于斯密所处的时代是工场手工业时代，经济资本更为稀缺，斯密的伟大思想没有引起人们足够的重视。

舒尔茨被称作人力资本研究的先驱。他积累了大量详尽的经验材料，并通过大量的研究，证实了高收入和低收入各国经济现代化的一个组成部分是农田和其他资本的经济重要性在下降，技能和知识的重要性在上升。他认为，人力

---

① 靳希斌主编，从滞后到超前——20世纪人力资本学说，教育经济学，济南：山东教育出版社，1995，1

② ［英］亚当·斯密，国民财富的性质和原因的研究，郭大力、王亚南译，上卷，北京：商务印书馆，1981，257－258

资本，特别是教育、技术在经济上有重要作用。物质资本的增长，至少是按传统衡量的物质资本的增长，只能解释大多数国家较小部分的收入增长。寻找更好的解释导致了改进对物质资本的衡量，也引起了对技术变革与人力资本这类不明显的事物的兴趣①。

舒尔茨注意到，欧洲的原始土地在质量上原来是贫瘠的，而在今天它们具有很高的生产率；芬兰的原始土地生产率曾低于临近的前苏联西部地区，而今天这些耕地却是优良的；日本的耕地原先比起印度北部的土地质量要差得多，但现在它们是非常肥沃的。无论是在高收入国家还是在低收入国家，这些变化部分是农业研究所带来的结果，有一些新的耕地替代物或土地增产物出现了。但所有这些，都是掌握了先进知识、先进技术的人的贡献。除此之外，舒尔茨还观察到，一些在二次大战中工厂和设备遭到严重摧毁的国家，由于较高的国民素质和水准，能迅速医治好战争的创伤，在比人们预料的更短的时间内，重创经济繁荣。为了解释上述传统理论所不能解释的现象，舒尔茨认为，有必要引进总括资本的概念，既包括传统意义上的资本，也包括人力资本。对于人力资本，根据舒尔茨的论述，大概包括如下的意义：①人力资本体现在人的身上，表现为人的知识、技能、资历、经验和熟练程度等，一句话，表现为人的素质。②从经济发展的角度看，人力资本是稀缺的，特别是企业家型的人力资本。③人力资本是通过对教育、健康的投资形成的资本。④人力资本与经济资本一样，是生产性的，能够带来利润或效率的提高。从这个意义上讲，教育和健康支出是生产型的。

另一位诺贝尔奖得主美国著名经济学家西蒙·史密斯·库兹涅茨（Simon Smith Kuznets）的研究也证明了舒尔茨的上述判断。对于西方国家的发展过程，库兹涅茨做了相当长期的考察，发现国民收入中由资产所创造出的份额（贡献）从大约45%降至25%，而劳动的贡献份额则从55%提高至75%。

人力资本理论的创立，开辟了20世纪经济理论研究的新领域。人力资本理论的合理成就和积极意义在于：它突破了传统经济理论在解释经济增长因素时的局限性，把经济学研究的重心从物质要素转向人的知识、人的质量，或人本身。人力资本理论论述了由教育而形成的人的技术、知识、技能对经济增长及生产、经营管理的影响与贡献，具有划时代的意义，为资本概念的进一步拓展、社会资本理论的提出，以及从更广阔的视角上探讨经济发展提供了重要

---

① ［美］加里·S·贝克尔，梁小民译，人力资本，北京：北京大学出版社，1987.1

启迪。

②企业资本的有机构成——经济资本、人力资本、社会资本及其相互关系

任何一个企业，其资本都是由经济资本、人力资本和社会资本三部分构成。企业的经济资本是指企业拥有的物质资本（包括房产、工具、机器及其他生产材料等）、金融资本。企业人力资本主要是指企业所拥有的人力资源的素质或质量。而企业社会资本则是有益于获得支持合作、争取资源和机会、企业内外的社会信任网络。

社会资本概念，是经济资本和人力资本的拓展或延伸。如前所述，"资本"作为现代经济学的核心概念之一，是随着近现代商品（市场）经济的形成与发展而出现的一个经济学描述性概念。如果说，古典经济学家如亚当·斯密等人侧重于从物质资本占有与利润或利益的关系上来理解"资本"的内涵，人力资本理论则使经济价值的增长源泉转向了人本身——人的智力及智慧。而现代许多非经济学者如社会学家布尔迪厄等则侧重于从社会资源的占有与积累方面来解释"资本"，其社会资本的概念则将经济增长的动力投向了人与人、组织与人、组织与组织之间的社会关系，从而极大地扩展了"资本"概念的内涵，深刻地改变了人类对价值增长和资本的传统观念。事实上，马克思早在《资本论》中曾经把资本界定为能够产生"剩余价值"的价值，并认为资本具有二重性，它不仅是一种物的生产手段，而且也代表对于工人的支配权，从而表征资本家与劳动者之间的一种剥削性的社会关系。这种定义具有明显的价值判断和道德批判色彩，而不完全是一种经济学的严格界定。因此，现代"资本"的概念已经不再建立在对价值的纯经济学理解之上，勿宁说，它本身已经扩充成为一个内涵经济价值、政治制度、社会文化价值和社会心理要素，以及道德伦理、个人品德（作为现代个人素质之基本方面）的综合性概念。管理政策、管理实践对于发掘、创造、积累和利用社会资本的重视，适应了现代经济发展对多元要素或条件的客观要求。

正是因为对"资本"概念的非经济学或超经济学扩张，使当代社会科学有可能从更丰富、更广阔的意义上理解"资本"。也正是基于这种可能，布尔迪厄①将"资本"理解为一个复合性或综合性的社会学概念，并进一步具体分梳了"资本"的不同"形式"。按他的解释，"资本"至少具有"物质的"和

---

① [1] 包亚明，布尔迪厄访谈录：文化资本和社会炼金术，上海：上海人民出版社，1997，202，192－193

"非物质的"两种基本形式，并可具体分为"经济资本"、"社会资本"和"文化资本"三种形态。所谓"经济资本"，是指"可以立即并直接转换成金钱"的资本，"它是以财产权的形式被制度化的"。所谓"文化资本"，"在某些条件下能转换成经济资本，它是以教育资格的形式被制度化的"。而所谓"社会资本"，则是"以社会义务（联系）组成的，这种资本在一定条件下也可以转换为经济资本，它是以一种高贵头衔的形式被制度化的"。实际上，他的上述解释并不被看作是严格意义上的定义，而是对三种资本形态的界定，以及后两种资本的可转换性质。"社会资本"和"文化资本"作为非物质形式的资本，均可转换成"经济资本"或物质形式的资本，这表明了非物质形式的资本所具有的实质性价值和效益。因而，如何有效地将非物质形式的资本转换成物质形式的资本，不仅只有某种精神文化的意义，同时也具有重大的物质文化的意义。

美国当代著名的社会思想家福山①认为，在现代社会里，资本至少可以分为"经济资本"、"人的资本"和"社会资本"。他对"经济资本"的解释大体无异于现代经济学家的通行界定。与布尔迪厄不同的是，他用"人的资本"取代了"文化资本"，而把"社会资本"由社会组织（联系）层面扩及包括社会文化、伦理（美德）在内的精神文化层面。在福山看来，所谓"人的资本"即指人所拥有的有效技能和知识。而"社会资本"则如科尔曼、普特南等学者所言，主要是指人们在特定组织或社群中基于共同目标而进行社会合作的能力。福山强调指出："社会资本的积累是复杂的，它往往是一种文化过程"。在此文化过程中，作为"工作伦理"重要组织部分的"社会美德"及"信任"又是至关重要的。福山将社会美德看作是个人美德形成的前提条件，他认为，作为"人的资本"的个人美德与作为"社会资本"基本要素的"社会美德"的合力作用，推动了现代资本主义的形成与发展。而科尔曼的实证研究，则采用了物质资本、人力资本及社会资本。他与布尔迪厄最重要的共通之处是，强调各种形式的资本可转换成另一个形式（transformability），并可世代相传（transferability）。

社会资本体现了企业内外人际、组织间，人们为了共同的目的在一起合作的能力。今天，资本不单纯以土地、工厂、工具和机器的形式来体现，而越来

---

① ［美］弗朗西斯·福山，信任—社会美德与创造经济繁荣，彭志华译，海口：海南出版社，2001.12

越表现在人类的知识和技能，以及人们互相联系的能力即社会资本的积累与运作上。在这个前提下，人力资本、社会资本的概念开始广泛地被经济学家所用、所理解。

作者认为，无论"资本"概念的历史变化如何，经济资本、人力资本、社会资本共同特征有两点可以基本确认的。第一，"资本"与社会生产的价值、利润、效益直接相关。"资本"具有价值再生的特质，意味着资本作为一种创造性资源的本性，资本的创造具有积极的社会资源的积累意义。第二，作为产生价值的价值（物），"资本"是一种"活的"资源。资本的这种"活性"决定了"资本"的动态本性，意味着人们只有在动态中才能理解其本质。

对特定企业来讲，企业经济资本是企业的有形资产，是可以独立存在的，如以物质形态或货币形态，具有相对稳定性。而企业的人力资本、社会资本则是企业的无形资产。人力资本、社会资本具有流动性或不稳定性。

20世纪末、21世纪初，以信息革命带动的新经济出现，使企业越来越依靠人力资本、社会资本以增强企业的创利能力和竞争优势。相对经济资本，企业人力资本、社会资本在企业运行和增值中发挥着越来越重要的作用。但是，我们同时看到的现象却是公司的雇员就业比任何时候都不稳定，公司人员关系、组织关系、社会信誉也表现出极大的不稳定性、不确定性。由于公司转型，转变它的主营业务，或由于结构调整、收购兼并，或是由于破产，以及一时的决策失误、一个突发的事件危机等，会导致人员流失即人力资本流失，也可以导致企业社会信誉丧失、社会关系的解体，即企业社会资本的消失。

企业社会资本与经济资本、人力资本一样具有积累性，但社会资本的积累是通过使用，经济资本一投入使用，其价值就被消耗掉，转移到产品或服务中。人力资本、社会资本在使用后其价值仍然保持着，并有可能得到提高。企业社会资本会由于信任而促进彼此的协作或相互支持，使得社会资本的存量增加。但社会资本的破坏或消蚀也是极为脆弱的，一个人、一件事会使整个企业的形象和社会信誉受到影响，而且很难恢复。

社会信任网络作为一种社会资本之所以引人注目，是因为它是一种基本运作方式与物质不同的精神资源。社会信任度与它的使用成正比，人们越多地使用信任，信任就会越牢固地树立起来。如果不被使用，信任就会枯竭。因此，信任一旦实行，它就可能变得坚固耐久。

企业社会资本与经济资本一样具有规模效应性，即社会资本的集中或集聚产生规模效应。规模大、成员多样化、开放型的社会信任网络相对于规模小、成员同质性、封闭的社会信任网络能够争取更多的、异质的社会资源，动态整合产生更大的能力，获取更多的机会，产生更大的经济效益，实现价值的增值。

如果说，人力资本具有个性和波动性，环境、条件会影响人的积极性及人之潜能的发挥，人力资本的管理需要激励和教育培训，那么社会资本则具有更为动态的特征。因为社会资本的积累和社会信任的培育依靠个人或组织间的广泛具体、特殊的、甚至情境化的长期交往与互动。社会资本的这一重要特性要求企业要保持社会信任网络的不断拓展、维护和更新，从而使其更具保值增殖的活力。

最后，企业社会资本是企业人力资本、经济资本运作的基础或条件。企业社会资本的力量不仅在它自身，更主要地是在于它可以转化为经济资本并影响人力资本的运作。企业社会资本向其他资本形式的转换是一个复杂的社会文化过程。企业社会资本存量多的企业，能够得到更多的物质资源，也能创造条件吸引更多优秀的人才并发挥他们的智慧和创造性。

3.2　企业社会资本的本质

企业社会资本作为企业内外的社会信任网络，本质上体现了经济价值与生活价值、现实需求与未来发展、个别努力与团队合作、个体行为与社会选择的有机平衡。这里，"平衡"一词，是借用美国当代管理学家亨利·明兹柏格（Henry Mintzberg）的管理理念①。他于2003年在西雅图召开的国际管理科学学会年会上发表题为"超越亚当·斯密和马克思：走向平衡社会"的演讲时指出，柏林墙的倒塌不是资本主义的胜利，而是"平衡"的结果。西方20世纪80年代以来注意在政府、公司和社会部门（包括互助协会、合作组织以及类似的团体等）各方力量之间保持平衡。这种平衡是西方的优势。他认为企业是社会机构，应该服务于社会，企业的管理模式及经营应该平衡各方面的因素，不能单纯以股东利益、价值为目标。所谓超越斯密和马克思，并不是指斯密和马克思本人，而是指他们的思想——自利经济人和集体主义在经济管理现实中所产生的实际影响。

①　[美]迈克尔·斯卡平克，明兹柏格：寻找平衡社会，http：//www1.chinadaily.com.cn/gb/doc/2003－09/17/content_265007.htm.

3.2.1 经济价值与生活价值的有机平衡

现代企业管理的重要趋势，是重视社会资本积累，注重人际关系、社会信任对企业创利能力、竞争能力的影响。管理中重视社会资本的积累和运作，它不仅仅是一个单独的政策，而是沟通经济领域和社会生活领域的纽带，并把企业成员及利益相关者多方面的生活价值与工作价值结合在一起的桥梁。

企业社会资本体现了企业内部、企业与外部环境丰富完整的关系。不像现代经济理论所描述的那样，经济活动仅限于经济关系以及完成特定经济交易和生产任务直接有关的那些联系及活动，这些关系或活动是用契约所规定。作者认为，社会资本所表现的整体联系，从最深层的价值、目标认同、互惠的默契、亲密敏感的人际联系延伸到受社会规范所规定的隐性契约关系。

也就是说，有着信任联系的共同体内，企业与企业之间，不仅仅是经济、工作上的联系，而且是类似于家庭那样有着整体的关系。当经济生活和社会生活融合为一个整体时，相互间的关系就不是单一的经济关系或工作关系，而是多种纽带的相互联系。由于共有的价值观，对同一目标或信念的认同，能在相互间形成密切的联系。这些亲密不仅是防止自私和不诚实，也限定了人们对问题做出一致性的反应方式，促进了相互间的协调。亲密无间的信任，带来了了解彼此需求和计划过程中所需要的高度"微妙性"，更是相互支持、步调一致等利群行为产生的重要根源。

美国学者威廉·大内①（William Ouchi）曾经指出，人与人之间关系具有信任及微妙性。信任和微妙性与生产效率不是孤立的，它们通过有效的协调提高了生产率，而且不可分割地联系在一起。企业社会资本积累较多的公司，其运作方式不同于等级制度及市场。社会信任网络是等级制度和市场以外的基本社会结构形态，是企业有效管理社会关系的方式。等级制度的运作机制是权力，市场的运作机制是价格，企业社会资本或社会信任网络的运作机制是植根于"是非善恶"的社会信任。"是非善恶"是与经济领域以外的传统文化、社会文化相联系的。社会资本的积累是长期的，人们的价值信念是持续稳定的，因而，相互信任和预期也是深切、稳定的。在企业中，通过价值观与经营模式的一致性所支持的长期信任关系，是团结性、内聚力的表现，而内聚力是在共同工作并共享其归属感的团体成员中表现出来的，成员的相互尊重和信任，有

---

① ［美］威廉·大内，Z理论，孙耀君、王祖融译校，北京：中国社会科学出版社，1984

益于增进坦率的信息交流和参与决策，有助于增进企业绩效。

历史上推动与制约企业及经济发展的力量，如环境保护、汽车安全、"道德多数"派都不是利用理性的力量或人的自利心。这些组织严明、目标单一的社群，都是依靠情感或激情。这些激情根源于对自然、生命、人的尊严的敬重与手足之情。情感在理性之外，即在预料、分析和逻辑推理之外。人的情感有它自己的深层根源。就像弗洛伊德指明，激情也有它的理由。而法国宗教哲学家布莱卡·帕斯卡（Pascal Blaise）的名言①"心有它的理由，而理性对此毫无所知。"情感与人的理性一样合理，它有自身的逻辑和机制。

企业是一个经济实体，也是一个社会实体。企业的经济活动与其他的社会活动、社会实体密不可分。如果企业内部社会关系和外部社会环境之间难以和谐，则企业的经济职能的发展就会受到制约。企业不只是经济的产物，也是社会的产物，正如任何社会系统一样，一个企业或组织内部、企业或组织之间存在着经济联系、工作关系，但也存在着一种受情感、信任支配的协作形式。这种情感联系、信任纽带，既满足了社会人际中声誉、尊重、归属、自我实现的需要，又促进了生产率的提高、整体目标的完成。实现个别的自我利益与整体目标的结合，这也是企业社会资本的功能。

相对来说，工业经济时代，单纯的利润目标、股东权益难以激发员工热情、社会认同和消费者忠诚。特别是在股权自由买卖、金融资本的稀缺性大大降低、物质产品高度丰富、知识交流及人的创造力至为重要的时代。企业社会资本的有效积聚，则通过提高"工作的生活质量"，有利于培养个人及组织间工作上、社交上的密切交流，这是组织信息、知识技术传播的有效手段，也是企业弹性和适应性的来源。信任不仅促进交流，也促进及时的反应和决策，有效平衡自由与集中的关系。

大内认为，一切企业的成功都离不开信任、敏感与亲密。他在其《Z理论》一书中研究指出，企业通过发展亲密、信任、微妙性的人际关系，改善工作时间的生活品质对提高管理效率有积极的作用。事实上，改善工作过程中的生活质量，有助于促进企业社会资本的积累，改善组织功能。因为，最好组织的特点常常是使人发挥最大的作用。要注意到所有这些特点都是同人际关系、团队关系有关的，而很少涉及工艺技术、经济考虑或产品。发展组织信任

---

① ［美］转引自彼得·F·德鲁克，面对未来的抉择—机会与成功，北京：工人出版社，1989，325

的焦点在于人的工作生活品质——人们如何以及为什么能在一起好好地工作。作者认为，在一个重视社会资本存量的组织中，倡导和支持最高的伦理和道德行为标准，对人们的精神提出挑战，鼓舞个人成长和发展，使工作任务获得成功。提高企业社会资本的意义在于，当人们成为这样一种组织的一个必要成员或与这种组织合作时，所有的人都处于最佳状态，工作效率得到极大的提高。

关于企业社会资本的众多研究与实践都显示，经济领域与生活领域、经济价值与生活价值是密不可分的，在社会资本与物质资本同样重要的年代，只有那些拥有较高信任度的社会，注意经济价值、生活价值的有机平衡，才有可能产生较高生产力与创利能力的企业组织，并在全球竞争中具有竞争力。

3.2.2 现实需求与未来发展的有机平衡

企业社会资本使我们更好地理解现实需求与未来发展的内在联系。经济活动，除了利益关系，除了对利润的现实追求，更重要的是对共同愿景、价值信念的目标认同。不仅在企业内，有着一整套宗旨、信念在激励和规范人们的行动，在企业与客户、消费者、政府之间也有某些共同的价值观念，它有效地凝聚多样性的组织和个人，将注意力和有限的资源集中到共同的目标上，促进组织目标、社会目标的实现。

企业内外组织间、人际间不同层次的了解、认同及其形成的不同水平的社会信任，也能够有效满足企业现实经济和未来发展的需要。最基本的信任如同布莱尔·谢泼德（Blair Shepard）和马拉·塔钦斯基（Marla Tuchinshy）所言的以防范为基础的信任[1]。这种信任关系就是确信相互间守信用，商业机密不能与不必要的人共享。知道对方是可信赖的最大好处在于，使当事人可以把注意力从监督转移到问题的解决和寻找别的商机。守信和保密的一个最初动机是防范，或留存防止意外行为的措施。由于自身不值得信任的商业实践往往被人把以口实，从而导致信誉扫地和商业损失，对于这种后果的担心可以起到非常有效的防范作用。公司、机构和个人之所以保持信用或产品质量，其目的是为了建立和维持一种诚实、高品质的良好信誉。一旦失信或频频发生质量问题，就会受到相关成员的惩罚，从而动摇企业长期的生存性网络。

更进一步的信任是以了解为基础的信任，即有能力预测其合伙人的行为。这一能力意味着针对合伙人制定计划、进行投资或其他非确定性决策是可能

---

[1]　[美] 罗德里克·M·克雷默、汤姆·R·泰勒编，组织中的信任，管兵、刘穗琴等译，北京：中国城市出版社，2003，190－192

的。这一信任提高了进行决策的速度，因为我们有可能知道其他组织或个人的反应和行为特点，因为他人的可预期反应能被整合为其行为。预测能力要求理解。有两种方法有助于理解和预测：重复性和多边性关系。当事人接触得越多，就越能理解和预见彼此行为。合伙人定期地交流和积极地揣摩对方也是有益的。有机会进行交流的公司、机构和个人能够促进彼此间的了解和信任。

最高层面的信任是以认同为基础的信任。信任的最高秩序假定了当事人的一方已经完全内化为另一方的偏好。导致相互认同的因素有很多，其中最重要的是存在共同的产品、目标和公司战略；拥有一个共享的声誉和合法的地位；邻近性；存在着长期合作交往的历史；共同的兴趣、爱好和价值观等。相对于建立以防范为基础的信任，建立以认同为基础的信任，更为重要。而且所得回报也更大。这一收益超出了由防范和了解所产生的产品数量、效率与灵活性。

由此可见，以防范为基础的信任和以了解为基础的信任，满足了企业经营活动的现实之需。而以认同为基础的信任则使合作各方致力更长远的发展目标。

这里需要强调的是，规范、契约、文化理想是企业社会资本赖以产生的社会基础。特别是在共同价值观念、宗旨基础上，形成共同愿景、信念等，对社会信任的形成、企业社会资本的积聚具有重要作用。企业社会资本体现组织和个人互相联系的能力，它的存量取决于共享规范和价值观程度的高低，以及企业、组织能否将个人利益融进群体利益。从这些共享的价值中产生了信任，而信任，创造了巨大的经济价值。国内外许多学者特别是经济学家（如博弈论）都非常强调互惠和奖惩机制对社会资本积累的作用，但对理想、信念、目标的价值认同，对相互信任、社会凝聚力的产生作用缺乏认识。通常企业的价值观或宗旨不仅包含利润目标、利益等现实领域，同时要包括企业成长及发展前景，企业和成员通过其创造性的努力对社会和经济做出的贡献，企业对雇员进行帮助并为他们提供前途的责任，以及企业对客户或消费者利益的郑重承诺。这些内容，能促进企业成员与合作伙伴对事业抱有共同的信念、理想，互相承担长期的义务，共享企业文化，对提高企业的社会合法性，争取各方力量的支持和认同具有重要意义。

在一家公司的创业初期，企业的价值观或宗旨肯定地存在于创建者的价值观或价值取向中。随着企业的成长，企业宗旨也包含更普遍性的内涵，企业文化或宗旨可以说，成为特殊社会和经济环境中明确表达出来的是非观念。这些价值或观念如果能够得到成员的认同并遵守，则有益于促进相互的信任，提高企业社会资本的存量。归根结底，企业社会资本的职能是要保证企业的成员、部门、企业与其他企业或组织（政府机构和社团），能在围绕整体目标所进行的经营活动、社会活动中彼此协调，实现社会利益与企业绩效之间的平衡。

3.2.3 个别努力与团队合作的有机平衡

社会资本给企业内外创造了一种环境，这种环境使部门高层获得高质量的经营信息，做出有效的营运决策，做到高效地经营管理。企业社会资本所创造的企业内外的社会信任网络使每个成员、部门和组织发挥全力，既保证了单一的企业或部门参与市场竞争的动力与活力，又促进了企业人际、团队之间，企业之间，企业与政府，企业与其他组织的相互支持，协调了个人、部门及组织的个别努力。

企业社会资本是平衡"团队合作"与"个别努力"的有效机制。近年来，西方社会所达成的共识是，若要实现经济增长，就必须在工人、小型企业、大型公司、大学及政府之间建立信任关系，积累社会资本。它能够消除劳资之间、政企之间、企业之间敌对关系。从铁路的铺设到太空计划的成功，国民经济、企业绩效一向都因为信任及合作而获益非浅，并且信任一直比"对抗"更具生产力。

从企业发展、区域经济或国家经济的角度看，企业的成功乃是借助内外信任网络拥有众多合作者的资源、政府的支持。一个地区或一个国家的经济成功，乃是在企业成员、部门之间、企业之间、企业与社会团体、企业与政府之间，有着信任和相互配合，能集中、整合多样化的资源与能力，从而获得竞争优势。社会资本犹如西方经济学家所言的"公共物品"或社会财富，如果企业、组织间缺乏信任，每个企业都为了自己的利益而不惜牺牲其他的利益，或过度使用社会公共财富，会耗尽这些共同财富或社会资本。

威廉·大内[1]指出，美国与较不发达的国家相比，其经济的成功归因于私有财产制、稳定诚实的政府和普及的教育。这些制度使每家公司及整个国家经济受惠。但与日本相比，日本已经发展出另一种社会财产，这种使每家日本公司受惠而美国公司却未享有的社会资本，就是在企业内部门之间、企业界、企业与社团、企业与政府之间的团队合作意识。这些有效的全国性的团队合作，是日本企业、日本经济竞争力的来源。这种社会资本，使日本经济在市场自由

---

① ［美］威廉·大内，M 型社会，黄宏义译，北京：中国友谊出版公司，1985.7

竞争与政府宏观调控上得到了平衡，使每个企业或组织的独自创业与相互间的团队协作结合起来，造就了日本在计算机、汽车等产业的国际领先地位。

企业内部成员、外部组织间缺乏信任，为了争取各自的利益，就会产生如奥尔森所言偷偷跑到公司高层或政府游说的行为，而其竞争对手则会溜进另一道门去阻止他们得逞。结果，会导致官僚机构膨胀，公司或国家的决策权集中。而企业高层管理者、政府的过度干预及各种措施过于僵硬，会使企业经营及整个国家经济全都陷入自己制造的"政经栅栏"里。

作者认为，企业社会资本的重要特征之一，是通过创造企业内部成员间及企业外部企业与企业、企业与政府、企业与其他组织间的信任关系，促进相互的沟通与协作，从而把"团队合作"与"个别努力"结合起来。

首先，企业社会资本在公司内部保证了个人、部门努力工作的积极性，又有益于个人之间、部门之间的协作，依靠这种竞争与合作的方式，增进了公司内部的互动、协调。

在企业内部，企业成员、部门或工作团队之间工作时间越长，沟通越多，相互理解越深，成员、部门之间积累的社会资本则较多。企业管理理论的研究表明，扁平式、网络化的企业比起垂直型、金字塔式的企业更有效率和效益。在这种组织里，企业社会资本对企业制定决策和资源分配至关重要。

由于信任及授权，企业总经理可放心让各事业部独立经营，部门则全心致力于本身利润的扩大。每个部门都有相当的自主权，可以按营业额、费用、利润等进行独立核算。公司高层不必费心干预部门或分公司销售、产品开发、人才使用等方面的细节。只要从财务角度衡量每位经理的成绩就可以了。相互信任保证部门或分公司的努力不受总部牵制，也保证部门或分公司追求自己目标时，注意与整体目标、其他部门的平衡，不与其他部门发生敌对或冲突。此外，以合作的方式为总公司、其他部门提供支持。

在制定决定的过程中，存在相互信任的部门经理、部门成员会就签约事宜、产品开发、市场营销、发展战略等具体问题坐下来相互交流信息、意见，并从有利于公司的角度坦诚提出建议。而缺乏信任的成员，则会相互对抗，对解决办法的提议，也可能会偏重于有利于自己部门的方面，而不是从大局出发，甚至有可能背后专门到公司高层游说。在一个社会资本积累不足，缺乏团队精神的企业，每一个部门的经理都会各自去面见公司总经理或其他的高级幕僚人员，希望最终决策能够有利于自己部门。在这种情况下，公司总部的权力会增强或变得更加中央集权化。整个机构会作风官僚、缺乏弹性，并且整个公司都因而深受其害。

在企业资源分配中，有着相互信任的公司成员、部门经理一方面会尽力的完成自己的职能或实现自身利润指标，另一方面，把自己作为公司整体的一部分，会增进与其他部门、成员的共同利益、公共资源，如技术开发、市场等。当然，企业作为一个整体会提供"免费的"公司资源供各部门取用。这种资源可能是公司实验室进行的研究，也可能是专业人员提供的服务。假如公司内部社会资本积累不足，各部门就会一味扩充自己的事业，设法多使用企业公共资源，并且不愿意为这种资源"付税"，这些"共有的资源"便会消耗殆尽。

作者认为，社会资本的作用，在于能成功地激励各事业部门分别努力奋斗，并以分权的方式保持组织弹性和适应性。更为重要的是，社会资本有效地维持了部门之间、成员之间的团队合作，而不是彼此对立。这种基于信任的有机合作或"有机团结"既不妨碍个人或部门的"独立自主"，又不至使"个人主义"成为整体利益阻碍。部门的独立自主与相互间的有机团结也有效地防止了整个企业成为缺乏弹性、活力的官僚体制。

事实上，企业内部部门间、部门与总部间的关系是整个社会企业之间、组织之间、政企之间关系的缩影。就整个社会来说，不同的企业是追求利润的经济实体，他们在一个复杂的社会环境下，要求保持反应能力和维持工作效率。这些企业的中、高层管理人员都有独立自主权。一方面，在市场，这些企业都是自主决策的经营实体和竞争主体，有着在市场中一争高低的雄心壮志。另一方面，企业之间、企业与政府之间必须相互信任、有团队合作的精神。特别是经营活动、社会活动联系密切的企业与组织之间，在重大决策或资源分配的紧要关头，能够通过对话和合理的方式，找到合作共赢的途径，并能对政府提出有利于行业、整个社会经济发展的建议。企业之间、政企之间及企业与其他组织之间的这种相互信任同样是整个国家、社会平衡"团队合作"与"个别努力"的有效机制。如果各种组织间缺乏最基本的信任与合作精神，各自为了自己的利益不惜牺牲其他企业或整个社会的利益，势必会导致整个市场及社会秩序的混乱，经济发展的停滞。

3.2.4 个体行为与社会选择的有机平衡

企业社会资本有效地将单个企业、组织或个人行为与社会选择结合起来，使企业站在社会文化、历史传统与现实资源交汇的枢纽上，拥有前所未有的发展契机。

企业社会资本的积累需要一个连续的过程，不能像物质资本一样在市场上通过即时的买卖得到。过去的交往经验、交往历史，形成了企业内部成员、企业与政府、企业与企业相互信任的深度与范围，从而也制约了企业获得现实资源的可能。

企业社会资本是人际或组织间经过长期交往而形成的相互间稳定的预期。按照经济学家的分析，是重复博弈的结果。依照大内①的观念，企业社会资本积累的过程，是根据"社会记忆力"所进行的"社会选择过程"。简单地讲，所谓社会记忆力，就是一个国家、社会或组织，能够记得哪些个人有贡献、哪些组织有弹性、哪些企业又表现出不合理的自私行为。社会资本则反映了有社会记忆的成员间，遵循互惠准则而进行相互支持的"社会选择过程"。

威廉·大内认为，社会记忆力就是"社区意识"、"责任意识"，以及"公民意识"。这种意识与利他主义没有什么关系。相反地，它落实在一项事实上，就是特定区域或群体内，市场中的每一个人、企业或组织都确知自己今天的行动会被记住，然后在明天得到适当的回报。

企业社会资本有赖相对稳定的社会结构和社会关系，能够长久记住是否滥用资源、诚实守信或不守信用的个人或组织，并在以后的资源分配中予以有效的公平报偿。

社会资本的影响力来源于个人、企业、政府团体所构成的持久的信任网络。如前所述，这种信任网络的作用是贯穿于从现实到理想的各个层面。"博弈论"和"社会记忆力"的观念强调了人际、组织间的互惠及相互规范。规范及互惠准则只是强调了基于长期博弈，对利益得失、奖惩理性计算的服从倾向。社会资本通过社会记忆与互惠原则对值得帮助的利益集团给予合作、支持，对应受惩罚的利益集团撤回合作。事实上，企业社会资本中，更富有影响力的是源于归属于同一共同体或社群所产生的休戚相关、息息相通的价值认同与共同愿景。后者饱含着非理性的情感，是一种"利群主义"或"社群主义"倾向。企业社会信任网络所激发的共同愿景，促使个人及组织将有限的资源用来集中支持部门、企业或国家选择发展的事业或产业上，促进经济的发展。

这种有顺序的发展过程，也是一项"社会选择过程"。这种社会选择保证个人、企业或组织集中力量和资源，选择发展共同的利益和目标。从国家宏观角度上看，是通过社会选择过程，将一国的注意力、立法、财务及教育资源，集中在几项最有前景的产业上。如果一个国家能够把其他问题摆在一边，在往

---

① ［美］威廉·大内，M型社会，黄宏义译，北京：中国友谊出版公司，1985.10

后十年内利用政府的立法、财务和教育资源去解决二、三项新技术产业所遇到的问题，就能使这几项工业迅速具有世界竞争力。

事实上每一个社会都有一套受社会记忆制约的"互惠准则"。这套准则是植根于社会文化中的"是非善恶"①，是隐藏在社会关系结构中社会成员间的隐含契约或协议：如果你不以同等的价值来回报你接收的价值，别人就会惩罚你。如果缺少了这种维持公司的社会契约，人们就会因为彼此不信任而不能进行交易。信任是社会分工、经济交换的前提条件，缺少社会信任，人们只能自行解决衣食住行，而整个社会也就不能进步。

美国社会学家古尔德纳（Alvin Goulder）观察发现，"互惠准则"是全世界都通行的准则，只要保证公平的报偿，每个人都会勤奋工作。互惠准则是社会信任建立的基础。互惠包含对"回报"或"惩罚"的信念，对共同前景的展望或预期。基于对过去经验的社会记忆，对那些曾经在团体或组织中贡献多，付出多，有着突出表现的给予更多的报偿，对缺少贡献的则给予相应惩罚，因而，也发展出连续性的社会公平。社会资本的互惠与社会选择机制，有效地凝聚了全员的力量，有利于整体目标、共同目标的实现。一般来说，相互认识、了解的时间越长，越利于建立长期的期望和稳定的预期。

3.3　"看不见的手"与"无形的原则"

你无疑是在追求自己的理想，但……事实上你也正造福整个社会。万能的上帝冥冥中引导我们为社会谋福利。拥有财富的人，其实就是整个社会财富的受托人。

这是提尔顿（Samuel J. Tilden）——美国铁路和总统候选人律师一篇著名的致词。虽然它是赞扬大企业家约翰·摩根（John Morgan）父亲的，但它所获得的掌声，深刻反映了斯密经济思想的影响力②。斯密是西方特别是美国大企业家推崇的人物。"亚当·斯密使得商业的实践准则达到一种神学的境

---

① ［美］弗朗西斯·福山，信任——社会美德与创造经济繁荣，彭志华译，海口：海南出版社，2001，32

② ［美］W·E·哈拉尔，新资本主义，冯韵文等译，北京：社会科学文献出版社，1992，52 - 54，53 - 54

界①。"斯密的《国富论》发表于 1776 年，同年美国独立。这本书宣告重商主义时代结束，自由放任时代来临，并成为美国经济自由的大宪章。斯密最著名的论断是关于理性自利人及"看不见的手"：

一般地说，他并不企图增进公共福利，也不知道他所增进的公共福利是多少。在他使用他的资本来使其产出得到最大的价值的时候，他所追求的仅仅是个人的利益。在这样做时，有一只看不见的手引导他去促进一种目标，而这种目标绝对不是他个人所追求的东西。

斯密的自利心成为整个西方正统经济学的人性假设。而且，人性的自利比社会的关怀更重要。而美国人则一度坚信经济利益必须优先于社会关怀②。自利是人间一切事物的基本要素，人们应该选择自利而摒弃社会关怀。因为社会关怀或关心他人只是个人情感的一种表达方式，与利润、财富乃至整个社会福祉缺乏内在的联系。

斯密理性自利人与"看不见的手"，给西方经济及企业管理以深刻的影响，也受到来自学术界及企业界的批评。特别是 20 世纪 30 年代经济危机、环境问题、能源短缺以及消费者运动等，极大地动摇了这一理论的基础。"看不见的手"诚然给人类带来了前所未有的物质财富，但并没有带给现代人所需要的社会福祉。而且，值得注意的是，放任"看不见的手"追逐利润和自由竞争，其结果是经济走向不经济和经济危机，企业的生存和整个国家、社会的发展都受到严重阻碍。

对资本主义及财富创造实践的进一步研究表明，除了自利及利润，财富的创造还受制于更深层的非经济的因素。不同的国家、不同的文化蕴藏着不同的文化及价值体系，是影响财富创造最深层的"无形的原则"。由于现代经济学一向标榜价值中立，加上 40 年冷战时期所形成的两极化思想形态，也使得英、美、澳大利亚等英语系国家，误以为财富的创造仅仅归因于"经济人"的追求及"看不见的手"。殊不知，财富的创造还同时受制于社会诸多"无形的原则"。利己心、利润动机需要"无形的原则"的平衡，才能造就现代社会持续的繁荣和文明。

这里，"无形的原则"是作者借用日本企业家、管理学家山本七平的概

---

① ［美］W·E·哈拉尔，新资本主义，冯韵文等译，北京：社会科学文献出版社，1992，52 - 54，53 - 54

② 查尔斯·汉普登－特纳、阿尔方斯·特龙佩纳斯，国家竞争力创造财富的价值体系，徐联恩译，海口：海南出版社，1997，55

念。山本七平指出，日本的资本主义并不以西方经济学、管理学的基本原则运行。"看不见的手"及其相关的经济学理论属于西方工业社会特殊的社会结构和精神结构。现实的日本无视这些，而以某种"无形的原则"运行着①。

所谓"无形的原则"，是指对外部来说确实是无形的，但在内部则是不言而喻的，它毫无隐瞒地、公开地贯彻着自身。在日本，它只可意会而不可言传。不清楚贯穿于日本社会的无形的原则，就无以理解日本企业运行的基础。

困惑无数学者但却在日本企业界确确实实发挥作用的"无形的原则"，简单地讲，包括重协商轻契约、终身雇用制、年功序列制以及企业间的信任网络（序列）等。这些原则是维持日本企业内部、企业界乃至整个日本社会信任及相互关系的重要基础。日本的大企业也与中小企业一样遵循着同一"无形的原则"。作者认为，这些原则是日本企业内外社会关系的结构原理及运作方式，是企业内部及企业之间建立长期信任合作关系所共同遵循的原则，因此，是企业社会资本产生的社会根源。

经济领域的这些"无形的原则"，不仅仅是经济的问题，也是涉及整个社会的问题。日本的中小企业始终贯穿着一种正统经济学理论无法说明的经济原则，它具有某种合理性，如果对它听而不闻、视而不见，企业将没有立身之地。

占日本企业总数95％以上的中小企业对日本战后的复兴和经济增长有着不能忽视的重要影响。在那里工作的从业人员占就业人数的85％。这些中小企业主，是战后经营管理的主要承担者，他们和战前的高等教育及战后的新兴教育无缘，不知道现代经济学、马克思经济学和新兴的经营管理学。他们主要通过观察和体验，从"人间这部巨著②"里学到必要的知识，并运用于解决实际问题，从而建立了某种经验准则。这种经验准则在日本经济领域是被普遍尊重的。他们从人间这部巨著里懂得了日本的社会结构及与此相应的精神结构，通过切身的体验，掌握了处理实际问题的方法。这些人所经营企业的发展令人叹为观止。

山本七平亲眼目睹日本出版界两大具有象征意义的破产事件，一是代表战前日本水平的创造社破产，一是延续四代的日本最早的出版社内田老鹤圃破

---

① ［日］山本七平，日本资本主义精神，莽景石译，北京：生活·读书·新知三联书店，1995. 1
② ［日］山本七平，日本资本主义精神，莽景石译，北京：生活·读书·新知三联书店，1995. 7, 10

产。它们共同的地方是战争刚刚结束，他们的第二代、第四代赴美学习经济学、管理学，回国后则把学到的东西原封不动地应用于实际。创造社消失得踪迹全无，而内田老鹤圃则重新站立起来，成为一家新的出版社。出版社的老伙计们联合债权人发动政变，联合驱逐了从美国留学归来的年轻主人，由伙计自己进行经营，迅速扭转了出版社破产的局面。那位继任的伙计，只是根据经验领会了日本资本主义精神，却完全不懂什么经济学、管理学之类的学问。他所领会的是不折不扣的"无形的原则"。这个伙计，确实是支撑着日本经济高速增长的经营者中的一个典型。这一证据表明，日本的公司以和西方现代经济学、管理学无关的"无形的原则"运行着①。

事实上，除了日本，资本主义的外在形式遍布于全世界，但不同的社会自有其自身根深蒂固的传统和伦理，因此，都有自己独特的"无形的原则"。日本与欧美、华人社会各不相同。任何社会都有自己传统的社会结构，它们以和人们的精神结构相应的形式运动着，那里存在着不同的原则，它们是不同国家社会关系结构与运作的基本原理，也是社会信任或社会资本积累所遵循的文化价值原理。之所以将这些有益于促进社会资本积累、推动人们创造财富的文化价值观念称之为"无形的原则"，也由于任何社会的文化信念都是非常根深蒂固的，因此，人们尽管遵循着它，却一向忽略或根本没有意识到它的存在。

查尔斯·汉普顿－特纳（Charles Hamtden-Turner）和阿尔方斯·特龙佩纳斯（Alfons Tromtenaars）在《国家竞争力——创造财富的价值体系》一书中，列举美国、英国、瑞典、法国、日本、荷兰和德国七个创造国家财富方面表现卓越的资本主义国家。这些国家虽然都自称是资本主义国家，崇尚自由、尊重市场机能、强调自由经济制度，但这些国家企业的日常作业方式、赋予工作的意义、企业利益分配形态、员工管理风格等其实存在相当大的差异②。

汉普顿－特内和特龙佩纳斯的研究不仅证实，不同国家、不同的文化有着不同的创造财富的能力，如德国人基础建设做得最好，美国人擅长发明，日本人最会创新……"极端不同的做法都有成功的机会"，更重要的是，还发现各国文化所谓的"差异"，其实并没有多大的不同。本质上，财富与价值的创造基本上是一种受社会文化或"无形的原则"影响的道德活动。

---

① ［日］山本七平，日本资本主义精神，莽景石译，北京：生活·读书·新知三联书店，1995.7，10

② 查尔斯·汉普登－特纳、阿尔方斯·特龙佩纳斯，国家竞争力创造财富的价值体系，徐联恩译，海口：海南出版社，1997.5

汉普顿－特内和特龙佩纳斯指出，在人们背后推动财富创造的道德价值观与那个社会的文化息息相关①。企业文化的来源是该企业的价值观，国家文化的来源则是该社会深层的信念结构，这些信念结构是规范一个社会经济活动的根本力量。什么是文化？"文化"这一概念本身是极富有活力的生产性、能动性，它与"生产"、"工作"紧密相联。汉普顿－特内和特龙佩纳斯指出"文化"（culture）一词的原意是"工作"（to work upon），譬如就农业社会而言，农业文化就代表在"土地上工作"。生产文化的来源是国家、教派、教友及现代企业。现代经济学经济理性的泛化将人的自利心和利润抬到至高无上的地位，不仅企业的生存目标，甚至人的生存目标、价值都无法超脱。而在人类的生存发展的历史中，有学者考证，在拉丁语中，"文化"（cultus）一词原本就具有敬神（cultus deorum）和"为神而耕作"（cultus agori）的意思②。当然，神并不是一般宗教意义上的"神明"或"神像"，而是带有某种超越性崇拜意味的理想精神象征。表现工作或劳动中蕴藏着理想追求的超越层面，对人类生活有着必要的崇高感和价值意义。

因此，作者认为，"经济领域"中发挥作用的"无形的原则"首先是与工作伦理相关系的价值体系。赋予工作以超越性的价值意义，在中西文化中都普遍存在，如韦伯在《新教伦理与资本主义精神》中指出，资本主义的世俗劳动及创造财富以神圣的意义，增加自身财富的积累是上帝赋予人的神圣使命，是人之天职。日本人企业中也视工作为"佛"，努力工作即敬佛。德国人认为工作的意义是造福社会。

文化传统或"无形的原则"对财富的推动作用，表现个人或企业在市场上追求财富的行为、获得认同的财货或劳务，首先受到各个社会的文化体系如宗教（新教）、意识形态等价值观念的赞扬与认同。例如，韦伯新教伦理认为，资本主义精神的实质，个人有增加自己资本的责任，而增加资本本身就是目的。在现代经济制度下能挣钱，只要挣得合法，就是长于、精于天职的结果和表现。个人对天职负有责任，乃是资产阶级文化的社会伦理中最具代表性的东西，是资产阶级文化的根本基础。汉普顿－特内和特龙佩纳斯认为任何市场上成功的产品或服务，都必须先在创造者身上见证成功，如果顾客相继鼓掌叫

---

① 查尔斯·汉普登－特纳、阿尔方斯·特龙佩纳斯，国家竞争力创造财富的价值体系，徐联恩译，海口：海南出版社，1997.5

② 万俊人，信仰危机的"现代性"根源及其文化解释，清华大学学报，2001，（1），24

好，便证实创业者的眼光与信任，在市场上和道德价值上都获得人们的认同。

企业家必须在顾客认同他们之前，创造一些"有价值"的财货或劳务。企业家受价值观或信念的推动创造财货或劳务，因信仰或信念坚定而受益，是一个普遍认同的现象：任何企业产品的品质，早先决定于创办人的价值观，后来则决定于整个企业的工作价值观。社会的文化偏好或价值观，是国家认同的基石，也是一国经济力量或弱点的根源[①]。当然，社会文化、企业文化也是企业认同、企业竞争力的根源。

"无形的原则"还体现为一整套人际、组织关系运行的习俗或原理。除了利润，企业在从事产品或服务的经济活动中，或者说，企业财富创造过程中还存在具有普遍意义的人际关系或社会关系原则。这些原则，是与企业经济资本、人力资本相对应的社会资本运作的逻辑或规律。社会资本是经济运行的基础。企业社会资本也是企业经济活动、企业经济资本、人力资本有效运行的前提条件。

其实所有交易活动、交易关系都决定于经济行动者或决策者的价值观或"无形的原则"。这些原则主导着经济活动，决定了经济活动者对待自然、社会、组织、自身的方式。事实上，正如许多经济学家所言，如果企业管理者能够"道德一点"的话，经济活动中的交易成本将可以降低。

企业如果要创造财富，除了必要的资金、设备、原材料，还必须成功地设计并推出产品。最重要的，公司所有的人都必须要能全心投入、全力以赴。企业活动，与人们带进工作现场的价值观有关，也与组织内外受社会结构影响的精神价值观念有关。这些观念，也是企业组织、管理运作的原理，它决定了企业经营活动的优先秩序。

不同的国家、不同的文化有着不同的社会结构，也就有不同的组织原理。他们分别在财富的创造过程中融合独特的价值原则。这些价值原则不但赋予企业不同的风貌，同时也赋予这些企业产品和服务不同的特色。的确，产品和服务能够反映出各个企业、各个国家的行事风格[②]。企业的活动不仅是一种物质生产过程，同时是一种价值创造过程。克服价值困境、解决价值冲突，协调企业内外的人际关系与组织关系，也是现代企业经营管理的重要使命。

---

① 查尔斯·汉普登－特纳、阿尔方斯·特龙佩纳斯，国家竞争力创造财富的价值体系，徐联恩译，海口：海南出版社，1997.6

② 查尔斯·汉普登－特纳、阿尔方斯·特龙佩纳斯，国家竞争力创造财富的价值体系，徐联恩译，海口：海南出版社，1997.8.5

　　查尔斯·汉普登－特纳和阿尔方斯·特龙佩纳斯的研究显示，除了利润，为顾客提供产品和服务本来就是企业存在的理由，而企业在生产产品的增值过程中，便忠实地反映出这种存在的本质和境界。寻求意义，并在任何具体形式中赋予价值意义，是人类内心最深沉的呼唤。只要人们能够有效地整合、组织、储存、交流其经验，人类的心灵或价值体系便能吸收更多的资讯，并创造更多的价值与财富。因此，如果我们能够不将企业看成各种物质资本的堆积站，或仅以表象来认识企业及其产品，而是更进一步从社会资本、企业内外关系上看待财富的创造及价值增值过程，则能看到经济活动与企业整体运作中更深层的机制和动因。

第四章

企业社会资本的有机构成及功能

企业社会资本是由企业微观信任网络、中观信任网络和宏观信任网络相互联系、相互平衡所构成的有机整体。从企业社会资本有机构成的视角看，企业作为共同体或共同体的组成部分，超越传统意义上单纯经济实体的运作逻辑，致力于利益相关者的共同利益、顾客满意度和有利于培育企业人才、竞争优势的"共同技术"及核心能力。企业社会资本对经济理论与实践的重要贡献，是揭示了基于信任、网络、商誉、品牌等无形资源所构建的"体系优势"、"动态柔性"和"盈利能力"对企业创新和持续竞争优势的独特价值，从而为全球化、信息经济背景下的企业经营管理提供了新的视角和发展方向。

4.1 企业社会资本的有机构成

企业社会资本体现企业作为经济活动的主体，通过建立内外社会信任网络而涉取稀缺资源的能力。企业社会资本存在相互影响、相互制约的不同层面。

西方学者迪尔凯姆、托克维尔、纽顿的社会资本模型揭示了社会资本的不同层面。他们的研究是从"自我"或个体而非组织的角度出发的。国内外学者对企业社会资本也有所涉猎，它们的成果，对我们研究企业社会资本有着重要的启示。

4.1.1 社会资本的传统模型

在西方，根据社会资本赖以产生的社会信任基础与特征，存在三种主导模型，它们构成社会资本相互关联的三个不同层面，即"深度（thick trust）"信任的迪尔凯姆模型；"浅度"信任与市民道德的托克维尔模型；"抽象"信任与社会资本的纽顿模型①。

---

① [1]［英］肯尼斯·纽顿，社会资本与现代欧洲民主，见：李惠斌、杨雪冬主编，社会资本与经济发展，北京：社会科学文献出版社，2000，398 - 408

（1）"深度"信任的迪尔凯姆模型

"深度"信任（威廉姆斯，1988）存在于小型的面对面的共同体中，是机械团结的基本组成部分。机械团结是由通常来自同一宗族、等级、种族或具有本地共同体渊源的人们在广泛的日常接触中产生的。此类群体、共同体或宗族不但具有社会同质性，而且它们倾向于把自己封闭起来。作为一种结果，社会控制也就强烈。此类共同体中的深度信任是由紧密的和内聚性的社会互动网络，以及在小型封闭社会（用科尔曼的话说就是"闭合"closure）中最为有效的、形形色色的社会制裁创造和支持的。迪尔凯姆关于机械团结的叙述以及滕尼斯关于"共同体"的著作提供了此类信任的经典分析。在当代西方社会也存在着一些相似的东西。两种类型值得一提：第一种，西方社会仍然存在小型的、相对同质的、封闭的共同体。它们典型地存在于乡村地区、岛屿社会或联结紧密的类似于犹太聚居区类型的城市共同体：矿山村落、工人阶级港口聚居区、渔人社区等。第二种，西方同样可能存在着形成于统制性机构（total institutions）内部的、"深度"信任的小群体，如小宗派、犹太人聚居区、教会和少数民族共同体。此类的小团体会在它们内部创造出信任，但对更广泛的社会则不信任。在较为有限的程度上，深度信任亦可由血亲、家族群体（如单亲子女、挨丈夫揍的妻子、残疾人）的相对内聚性的互动创造出来。最后，"替代性"类型（the "alternative" kind）的志愿性社团、新社会运动及其团体的其他方面也可能创造出深度信任。

（2）"浅度"信任与市民道德的托克维尔模型

现代西方大规模社会是以松散、不定型的社会接触为基础的，而不是由小型的、内聚性、排他性的，具有面对面特征的共同体构成的。这些社会接触是由工作、学校和地方性共同体及志愿性组织创造的。托克维尔、迪尔凯姆、约翰·斯图拉特·密尔（John Stuart Mill）、滕尼斯（F·Toennies）、韦伯、齐美尔（Simmel G.）以及普特南等人对志愿性社团作过大量论述。现代社会创造的不是机械团结的"深度"信任，而是有机团结的"浅度"信任。"浅度"信任是弱关系（weak ties）的产物。按照格兰诺维特（Mark Granovetter）的说法，弱关系为现代大规模社会中的社会整合奠定了强大而持久的基础。

根据这种浅度信任模型，正式组织化了的面对面互动，对于社会资本规范的产生是必不可少的。虽然核心家庭之外的社会接触远不如初民社会（primordial society）那样具有内聚性和包容性（all-embracing），但次级社团和志愿性组织具有重要的内部和外部效应。从内部来说，公民们学到了信任、谦虚、中庸、互惠的公民道德和进行民主式争论和组织的技能。此外，对那些知道他们将会在志愿性组织圈子里碰头的人来说，采取信得过的行为是强制性的。从外部来说，多种多样的相互交叠和相互连锁的社会联系，能在其内部自身发生分化的环境下把社会捆绑在一起。托克维尔模型的主要特征如下：

①正式组织和次级关系，它与机械团结中的人格化的非正式的关系相对应。

②多样化的组织成员身份，与宗族的或共同体社会（communal society）中单一的或者一小束相互嵌套的关系相对应。

③创造出一组纵横交错的纽带和义务的、相互交叠和相互连锁的组织。相对深度信任，一组封闭的、排他的社团会创造出累积性的断裂，从而更有可能在现代社会内部造成冲突和民主制度的不稳定。

④非人格化的浅度信任。

托克维尔模型的核心是这样一种思想：正式组织的成员身份创造出了节制、合作、信任和互惠的公民道德。正如普特南所说的："我们在参与中学习参与。"

托克维尔模型奠基于三个重要的假设之上：

第一个假设是志愿性团体承担着创造社会资本的信任和互惠的主要责任。但关于志愿性社团对社会资本的主导性作用，受到许多学者的质疑。理由是绝大多数人是将更多的时间、情感性精力和责任投入到学校、家庭和工作中，而不是松散的社会接触网络。科尔曼强调了家庭和学校在社会资本发育过程中的重要性。沃伯（Verb）等人观察到"工作场所为公民技能的应用提供了最多的机会，教堂则最少"。

第二个假设是由参与志愿性社团而产生的信任是普遍化的，因此它同时覆盖了相互之间的公民信任和对政客的公民信任。

第三个假设是，社会资本是一种自下而上的现象，它是由既能创造民主价值观又能从政治上动员个人基层参与和公民约束（civic engagement）创造出来的。

（3）"抽象"信任与社会资本的纽顿模型

英国学者肯尼斯·纽顿（Kenneth Newton）认为社会资本是建立在抽象信任之上的"想象的"、"移情的"或"反思性的"社群或共同体。深度信任存在于同一宗族成员之间，浅度信任存在于同一志愿性社团和共同体组织的成员之间，那么抽象信任就存在于更广阔类别如民族或国家（acquaintances）的成员之间。

三种信任的区分还在于深度信任是人格化类型的，浅度信任属于较为非人格化类型，抽象信任则源于"想象的"（安泰森，1983）、"移情的"或"反思性的"（甘德拉赫和托皮，1997）共同体。信任可以沿着从人格化到抽象这样一个序列连续性排列。

之所以是"想象的"、"移情的"或"反思性的"的共同体或社群，是因为它们是如此庞大，在地理上是如此分散，以致个体除了与一小撮其他成员外没有机会与任何事物发生互动。某些社群的成员如民族国家的公民，就在日常基础上发生着互动。但从总体上说，这些公民对其所代表的社群是没有代表性的。个体认同一个群体而不是另一个群体，即使观念线索异常纤细的时候也是如此。实验结果表明，个体用不着为了认同一个他属意的群体而去与它的成员直接互动。爱国主义等抽象信任显然不是基于公民同仁的面对面互动，而在很大程度上是来源于早期的社会化过程，以及人类希望认同于对其生命赋予意义的较大的象征性的强烈欲望。

现代流动的、时时变幻的社会，创生出越来越多的即时、短期接触型的社会关系，因此，作为一种结果，抽象信任具有越来越重要的意义。变化的规模、非人格化关系、复杂性、破碎性、分化性和速度，使依赖人格化的深度信任或次级的浅度信任日益困难。现代社会充满了复杂性、不确定性和风险。抽象信任使这一点变得容易处理。抽象信任既不建立在初民社会中内聚性的日常互动的基础上，也不是建立在发生于工业社会中，相互交叠的正式组织内部的较为有限，而且稀疏的社会接触的基础上。

深度信任起源于亲密的人格化关系，而浅度信任起源于志愿性组织中的次级关系。那么纽顿认为，抽象信任的来源：一个是教育，教育孩子们去理解和运用诸如信任、公正、平等和普遍主义等抽象原则。以更优雅文明的方式对待他人是社会资本的基本原则。教育也教授与他人合作的艺术。这种信任，不断超出由互相认识的个体和零星的接触而形成的直接的共同体之外，而延伸到更为广阔的当代国际社会范围的共同体。另一个是大众媒体，通过不断重复一套共同的社会价值观，有助于创造这种类型的抽象信任和社会团结。这里的假设是：媒体的作用在于通过间接、代理性（vicarious means）手段而不是社会亲自、直接的参与有助于创造社会资本。

事实上，抽象信任远远超出由互相认识的个体和零星的接触而形成的直接的共同体之外，而延伸到更为广阔的当代国际社会范围，如对其他国家、种族、社团组织的接纳与认同。作者认为，抽象信任也可以说是一种超越社群的社会团结。

4.1.2 企业社会资本的有机构成

近年来，一些学者也从企业或组织角度对企业社会资本进行了一系列开创性的研究。无论中外学者，在他们的研究中，都将企业社会资本划分为不同层面。但他们在分析企业社会资本构成时所进行的分类和方法又各具特色。

西方一些研究者将企业社会资本分为结构性（structural）社会资本和认知性（cognitive）社会资本①。认知性社会资本指影响相互信赖的规范、价值、观点和信念，主要指企业与供应商、客户、政府机构及其他组织、个人之间的社会信任。结构性社会资本指有益于合作效果、产生互惠期望、降低交易费用的社会关系网络，可细分为：

①网络资产：主要有商业网络、信息网络和研究网络等。商业网络包括客户、竞争者、供应商、顾问公司、合作网络里的关系公司。信息网络包括商贸交易会和展览、行业洽谈会、会议和出版物、互联网或计算机信息网络、专利文献。研究网络包括政府研究院、技术转移组织、大学和社区学院。

②关系资产：企业与相关的企业家、政府官员、大学研究人员、客户及供应商之间的关系及其与企业联系的密切程度。

③参与资产：主要是企业参与会议、联盟及公司生产经营网络频率及参与水平（区域级、省级、国家级、全球性）。

中国学者边燕杰、丘海雄将企业与外部的联系视为企业社会资本②。他们将企业的联系分为纵向联系、横向联系、社会联系三种。纵向联系是指企业与上级领导机关、当地政府部门以及下属企业、部门的联系。横向联系是指企业与企业的联系。社会联系是企业经营者的社会交往和联系。

他们研究企业社会资本，主要强调企业作为经济活动的主体，不是孤立的行动个体，而是在各种各样的联系中运行的。企业是与经济领域的各个方面发生种种联系的网络上的纽节。企业社会资本是企业作为行动主体通过社会联系而涉取稀缺资源的能力。

本文从作用范围和功能的角度，将企业社会资本分为有机联系的三个不同

① Rejean Landry, Nabil Amara, Moktar Lamari. Does social capital determine innovation? To what extent? Technological Forecasting and Social Change, Volume 69, Issue 7, September 2002. 131 – 152.
② 边燕杰、丘海雄，企业社会资本的功能，中国社会科学，2000，（2），66－73

层面：微观信任网络、中观信任网络和宏观信任网络。企业微观信任网络是指企业内部的社会信任网络；中观信任网络是指企业与外部经济交易、合作对象之间的社会信任网络；宏观信任网络是指企业与公众、社区、政府等组织或群体之间的社会信任网络。

从组织的角度来看，企业社会资本与以人际关系为主体的个体社会资本既存在内在联系又有着本质的不同。企业社会资本受其成员社会资本的影响，个体社会资本是企业社会资本的重要组成部分，但绝不是其个体社会资本的简单总和。企业社会资本包含企业成员（特别是其所有者、管理者）的人际信任网络，更主要的是企业与企业，企业与社区、政府或公众等组织性的与非组织性的、紧密的与松散的、实体的与抽象的相互信任关系，企业社会资本是联结公私领域、正式和非正式领域，动态、复合性的社会信任网络。

（1）微观信任网络

作为企业社会资本的企业微观信任网络，主要指存在于企业内部以管理层为核心的、紧密联系的社会网络。微观信任网络存在于企业内部，以成员间人格化的深度信任及非人格化的抽象信任关系而存在。这种社会资本有着较高的利群性，这个"群"指企业作为一个整体，个体是其组成的成员。在企业建立的初期，微观层面的信任网络很可能起源于地缘、血缘关系为纽带的亲缘关系。如家族企业建立之初，主要是家庭成员及扩展的家族成员、亲朋好友。他们组成一个企业，情同手足，风雨同舟，共担风险，为初创的企业无私地奉献。在企业成长过程中，不断有新成员加入到这个网络中，即除了现有的创立者和企业管理者，创立者个人网络中的成员，其他非亲缘关系的、多样化的雇员也会进入，形成企业的微观信任网络。

在微观信任网络中，构成企业人际关系的少部分是类似于丹尼尔·贝尔所言的起源于血缘或地缘关系的小群体①。如家族企业内家族成员间的深度信任关系。小群体（Gemeinschaft，［德］礼俗社会）是一种亲密无间，相濡以沫的本地社群或亲缘社群，如家族企业。这是一个忠诚度较高、很少或不易进行社会流动的群体。在这个生于斯、长于斯的群体里，个人与社群利益休戚与共，利害相关。理想的小群体静止不变、条理井然，并且具有根深蒂固的社群观念。在这种社群里，人们只是承担并执行群体赋予的任务。其成员被束缚在

---

① ［美］丹尼尔·贝尔，社群主义及其批评者，李琨译，北京：生活·读书·新知三联书店，2002，80-82

固定的模式以及地位和权力的等级制度之中，他们的行为受到直觉的、无条件的对集体忠诚的限制。

但是，这种紧密的小群体在现代企业里是很少见的。现代企业人员的非血缘化，经理人员、职业人员的社会化，员工流动的频繁及企业大规模和集中，使得长久闭合的人际联系不断被打破及分崩离析。因此，现代企业中更多的是在日常面对面互动中形成的非人格的浅度信任。

现代企业内，构成它的独立个体之间存在一种利益或功利基础上的契约关系，即彼此间的关系，不管是赞同、意愿或契约，皆取决于法律与理性的概念。但在经济利益和理性契约的同时，还存在一种共同的对企业的忠诚感及相互的信赖感。这种关系给个人以身份上的认同及确认，使人产生归属感、安全感，并且满足彼此尊重、理解等更高级的心理需要。这种微观信任的重要功能，是给工作于其中的个人提供心理上的支持，使人们对工作的成功充满信心，并自愿提供合作以服从于企业目标的实现。在企业里，正式的契约关系与非正式的默契或社会信任关系互为补充，相互支持，保持企业内部生产经营的稳定与有序。

企业微观信任网络为企业每个成员提供了表达建议、创意、传递资讯的环境。缺乏这一氛围，企业则无法利用这些现实的资源。企业成员潜力、智慧的表现发挥往往取决于受到管理者信任所提供的激励。企业沟通渠道、信息渠道的阻塞，会造成营运上可怕的瓶颈与决策的延误。

微观信任对企业的成功管理至关重要。由于有一个具有凝聚力、相互信任的核心经理集团，这些经理对他们的事业抱有共同的观念，分享共同的管理文化，互相承担长期的义务，从而保持企业的进取性、灵活性。

微观信任网络与传统信任模型中地缘、血缘社群中深度信任虽有关系，但更主要是根源于心理性社群中的浅度信任。在现代企业里，企业成员不是生活在自给自足的小村落，人我难分的血缘群体的成员，也不把自己看作是异化了的无所归属的纯契约关系中的一员。相反地，全体成员，存在对公司或集体的归属感、认同感。尽管企业员工多数人是同属于多个社群的，不同的家乡、家庭乃至民族、国家等，但由于种种相互纠结的历史原因，他们的忠诚都汇聚到同一个实体，同一个企业，从而形成对每一个成员息息相关的有机生命实体——企业共同体。在这个共同体里，个人、部门既有自己的生活及职能，又需与安身立命的集体契合无间，唇齿相依。每个个体、部门最重要的，不仅是关心构成自身属性的集体利益，又与构成自己特征的社群利益和社会紧密相联。

对于家族企业来说，最初总是依靠家庭及同伴的资源，但随后就会试图向外扩展，建立组织以外的更为自主的联系，以寻求更大的市场和更高级的要素投入。企业得到发展后，其成员与原来的家庭、家乡的联系并没有断开。

企业的微观信任网络是一个典型的心理性社群。企业成员参与共同的活动，并且在追求共同目标时感受到一种心理上的"共生共存感"①。在日积月累的面对面的交流中，有一种互相信任、合作和利他的原则支配着。企业成员把集体或公司的利益放在心上，并为其利益而行动。微观信任网络是建立在某个时间里，面对面的人与人的交流上面的。心理性社群就是成员的归属感很强烈。事实上，企业的一个部门、一个工作团队可形成一个心理性社群，其较高的社会资本存量能够带给其成员归属感。

（2）中观信任网络

中观信任网络主要是企业与经营业务有关联的交易对象、合作伙伴之间的信任网络。由与企业有信任关系的客户或消费者、供应商、合作伙伴等组成。这一组织群体影响企业完成生产、交易及其他组织目标。中观信任网络这一层面的社会资本对企业至关重要。比较制度主义者研究指出，决定一个国家经济发展的势头及建立建设性的反应速度的制度，有两个关键的组织因素，其一是组织的内部结构，决定组织的能力、可靠性及能否长久生存；其二是组织的委托人和委托代理人的外部联系②。当然，这两种因素对企业的绩效与长期发展也至关重要。组织内部的结构与企业内部微观信任网络相联系，而组织的委托人和委托代理人的外部联系则与企业中观信任网络密切相关。

在市场经济中，有着非常多的非人格性交易，美国经济学家肯尼斯·约瑟夫·阿罗（Kenneth J. Arrow）认为："事实上，每一个商品交易都内在地包含着信任的因素（Arrow，1972，357）"。对发展中的企业来说，加强企业内部整合的最初收益，必然让位于广阔的超社群链合，不断建立超社群的链接。在任何特定时刻，某个维度过多或过少都会削弱经济进步的基础。随着经济交换的日益复杂，社会关系在力量和方向上逐渐交替。企业组织要求实现超越其既定的社群链合，不仅是吸纳新的企业成员，而且要在公司外部寻求合作成员，

① ［美］丹尼尔·贝尔，社群主义及其批评者，李琨译，北京：生活·读书·新知三联书店，2002，176
② R. 柯林斯：《韦伯最后的资本主义理论：一种系统化》，美国社会学评论，1982.12（45）925－942，转引自李惠斌、杨雪冬主编：社会资本与社会发展，北京：社会科学文献出版社,2000，274

特别是非初级社群的成员，追求企业社会资本的多样性和异质性，保持企业的经济活力和发展状态；保证企业能够进入更为高级的要素和生产市场；使企业中具有卓越才能和雄心大志的人能够进入到更大、更复杂、更高级的社会网络中。

肯尼思·纽顿指出，在法理型的市场中，动员值得信任的社会关系的能力被看作是一种关键性的资源①。社会信任不仅对筹集金融资本有重要作用，而且是供给和需求的必要纽带。它将消费者和生产者相互连接起来，加快交易速度，它将理性的自利者变成有效率的合作者，并避免解决经济交换中任何事情都动用花钱费时，且必须在法律上无懈可击的合约的需要。

（3）宏观信任网络

企业宏观信任网络是指企业与直接生产、交换关系以外，但构成企业经营环境，对企业经营决策有重要影响的社区、政府、社会公众、协会团体等组织、群体之间的相互信任关系。

首先，企业宏观信任网络影响企业现实的经营层面。例如，商业环境的新威胁、新的竞争对手、贸易限制、市场转移或是竞争性的技术、政府新政策及争取政策性支持等。

大多数企业在经营生涯中都要遇到经营环境的重大变化。环境，构成影响公司行为的力量总和。无论是作为家族企业的成员，或是跨国公司的决策者，不仅要敏锐地探求技术、政治和社会方面相互影响的潮流，更重要的是，与这些影响力的发源者——政府、公众、社区以及社团协会等保持和谐的关系，敏锐地感触社会变化，对社会需求、社会情况及时做出反应，这是经济全球化、信息网络化大背景下公司的生存之道。

其次，企业宏观信任网络也体现企业的社会职能、社会价值、使命及社会意义。企业与有道德、社会意义及历史联系的群体所建立由信任、责任与利他主义支配的信任联系，是现代企业普遍采取的管理策略。企业宏观信任网络既包含互不相识的人，也包括长久的，以面对面互动为基础的人际交流、非人格的组织交流。这种关系，有共同的利益基础，如环境保护、安置就业等，也有超越物质利益的共同目标，受利润之上共同的家园感、同胞感以及对民族、国家的忠诚感所支配。宏观信任网络超越狭隘企业利润、物质利益的限制，而以

---

① ［英］肯尼斯·纽顿，社会资本与现代欧洲民主，见：李惠斌、杨雪冬主编，社会资本与经济发展，北京：社会科学文献出版社，2000，384

对广泛的社会需求及美好远景的关注，很好地防范了企业单纯追求经济绩效而置社会、公众、环境的要求于不顾的自利行为，避免了企业与外部社会的对立，并为集权所左右而沦为封闭的团体，从而丧失其长期生存的社会基础与不断改革创新的发展动力。

企业宏观信任网络保证企业从环境中迅速识别变化、机会或问题；始终保持对社会、经济、技术乃至文化变革的敏感性，及时动态调整经营策略。与此同时，也促使追求企业及个人更高、更深层次的社会价值、使命与责任。

除了具有面对面心理性社群的特点，企业宏观信任网络也综合了地区社群、想象的社群和记忆性社群的特质。所谓地区社群①简单地讲，就是企业及其成员生存、生活、经营的地点，是在物质、地理或空间意义上的社群。地区社群是企业及其成员叫做根或家的地方。不仅企业在此发展、运行，其成员也生于斯，长丁斯。企业的地点不可能迅速频繁地改变。否则，不仅是生活于其中的人们缺乏心理稳定性，也会导致企业经营丧失社会认同的根基。企业的空间、地点，与周围社区、政府、公众及协会团体的关系，会带给企业稳定的经营环境和忠诚的消费群体，是企业维持生命的最基本条件。

想象的社群是指这一群体或共同体是如此的庞大，在地理上是如此分散，以致个体除了与一小部分成员外没有机会与其他成员和任何事物发生互动。如民族、国家等。但是，这些社群，赋予人们更久远的历史，更普遍、更宏大的象征意义。

记忆性社群②的概念来源于 Berkeley 和 Calif《心灵的习性》一书（Berkeley，Calif：*Habit of The Heart. University of California Press*，1985）。Berkeley 和 Calif 认为，一种由过去构成的历史———一种可以追溯到几代人以前共有的历史———是记忆性社群最突出的特点。这是一群互不相识的人，他们的日常生活和思想里有一种共同的历史。这种社群提供了一种道德传统，有助于表述我们生活中的一致性，使我们有义务来促进我们的历史中所记忆和期望的理想，把我们的命运与我们的前辈同时代的人及后代连结在一起。记忆性社群缺失，个人会失掉他生活中的意义与希望的源泉，并严重地伤害他的自尊和个人能力感，也会造成社会道德传统的丢失。有着共同历史记忆的构成成员承认有共同

---

① ［美］丹尼尔·贝尔，社群主义及其批评者，李琨译，北京：生活·读书·新知三联书店，2002，122，124，176

② 同上

的过去，因之而产生对社区的某些道德责任。这些责任时常超越私人生活而延伸到公众事务中去。想象的社群与记忆性社群有可能是重合的。如华人、犹太人等。

对企业而言，企业特别是企业经营决策者与社区、政府、社团组织及个人错踪复杂的共同历史传统，以及个人或组织交往过程中而产生价值认同、目标认同，会增强相互信任。企业在面对现实及将来的种种追求中，会努力争取实现那些深远联系的历史和现实中所存在的理想和愿望，把企业对利润的追求与更广泛的社会需求、社区目标、民族利益、国家、社会共同利益结合起来。建立宏观信任不仅能提高企业经济行为的社会合法性，拓展生存空间及盈利空间，还能够提升企业形象、信誉和社会影响力。

在工业社会中，大多数情况下，公司的技能、生产范围和劳动力关系与外部世界是和谐的。公司组织完善、训练有素、准备充足，经理们不需要培养和贯彻新的概念。这意味着只要把资本和人才引导到组织系统中，就能从和谐的环境中获益，而公司获得的回报就会使企业变得规模更大、更稳固和强有力。

然而，当公司相当成功地调整自我以适应稳定的环境时，商业环境改变了。公众对环境污染、自由贸易的态度等发生了改变，以及妇女地位的改变、闲暇时间的增长、交通方式、消费者品味的改变；旧的市场消退、经济指数大幅涨落，如国际货币汇率、通货膨胀率、利率和产品生命周期、股东的态度的改变等。在一个动荡、外部世界飞速变化的环境下，企业不可能不关心政治和社会。如果企业以内向的形式只专注于自身业务，那么它会有灭顶之灾。事实上，企业必须借助自己的宏观信任网络，及时捕捉变化的信息、影响政府政策及公众态度，获得变革所需的资源，同时不断调整目标与战略，在谋求与外部世界需求相一致的前提下求得开拓发展。

4.2　企业不同层面社会资本的功能及相互平衡

构成企业不同层面的社会资本，有着不同的功能和作用。微观信任网络是企业生存发展的基础，中观信任网络是企业组织边界上的生产能力、创利能力的源泉，而宏观信任网络是企业利润及可持续发展的社会根基。

对一个公司来说，一个合理、有效率的企业社会资本结构是保持其微观信任网络、中观信任网络和宏观信任网络之间的动态平衡。任何层面的社会资本太弱都会影响企业经营和生存发展。

4.2.1 微观信任网络的功能及企业内部资源的有限性

微观信任网络是企业生存发展的基础，也是企业内部凝聚力的来源。企业只有在保持内部团结的前提下，才能着手控制与处理外部关系与资源。但企业内部资源及竞争优势的有限性，使得企业管理的力量不应只放在内部。

（1）微观信任网络——企业生存发展的根基

从现代企业的起源来看，企业社会资本是企业存在的基础。因为，作为一种委托人——代理人关系，所有者与经营者之间不仅有着固有的利益冲突，而且两者间的信息不对称决定了所有者难以有效地消除代理人的败德行为。但是，所有权与经营权的分离客观上要求所有者必须给予经营者以信任；否则，所有者只能自己去经营。

企业社会资本中微观信任网络是企业内部合作的基础。企业管理者与被管理者之间、成员之间、部门之间的关系，不仅是正式契约规定的工作、利益关系，同时也是包含社会信任的社会关系。企业内部成员间社会性的互动及其所形成的相互信任，能够调动并有益于增强工作中的合作。社会关系中的相互信任转移到经营管理中能够促进企业的利益。社会信任的不足，即社会资本太少，则危及正式组织中的参与及合作。

管理一座传统金字塔式的等级组织，其原理是机械原则。美国"科学管理之父"费雷德里克·温斯洛·泰勒（Frederick Winslow Taylor）的"科学管理"为其提供了机械的管理模式。管理者的主要任务是做出关键性的决定来使企业这架机器运转。企业管理者要决定和控制经营决策、人员雇用、购买原材料，解决冲突、危机等方面面。但在一个计算机网络为基础的信息时代，这种金字塔式的机构解体了，代之以更多个人、团体、组织在社会网络中的各行其是。权力分散、决策多元、控制宽松，取代机械模式起作用的是有机模式。

有机模式里，企业内微观信任网络促成了部门与部门、团队与团队及其成员之间分享技术、信息、工艺和其他经济资源。企业管理者要致力加强两方面的重要力量[1]：一是由网络成员分享的技术、信息、工艺和其他"硬"资源的储存。二是那些使企业凝聚为一个整体的信念、价值观念和其他软件。实质上，"世纪末的管理挑战"使得人们意识到企业社会资本对企业经营管理的至

---

[1] ［美］W·E·哈拉尔，新资本主义，冯韵文等译，北京：社会科学文献出版社，1992，156－157

关重要性。要把公司团结成一个有凝聚力的整体，使公司与众不同并提供推动公司取得成功的动力，客观上要求有成就的管理人员从日常事务中解脱出来，以便集中精力满足成员的物质与精神需要，交流共同的信念，提供对未来的憧憬以鼓舞人心，信任并鼓励员工去实现他们自己的才能，从而有益于企业的整体绩效。

微观信任网络强调了企业内部的参与。这种参与有利于团队和企业组织建设。但是一个有价值的决策过程还必须考虑到外部重大的利益相关者，诸如顾客、供货商、竞争者和消费者等。他们对企业成功有不可忽视的重要性。特别是在一个全球化、信息化的经济时代，企业内部竞争优势日趋削弱，企业若想取得持久的成功，关键在于能否在企业外部建立长期稳定的合作网络。

（2）企业内部资源的有限性

长期以来，传统经济理论都认为生产力是国家财富之源，也是企业财富之源。在一个经济短缺的时代确实如此。而在一个产品丰富的时代，作者认为，生产力并不单独构成企业的财富。生产力必须与市场占有率、社会支持率等相关创利能力结合才能创造社会财富和企业利润。由于技术、产品的同质性，导致来自企业内部及企业产品的竞争优势正在丧失，因此，单靠企业内部资源难以创造竞争优势。

19世纪，美国发明家伊莱·惠特尼（Eli Whitney）发明的可交换部件，同新的公司结构和分配体系一道，导致了批量生产系统的出现。当时，谁在机器化生产上投资，谁就能占据竞争优势，并且这种优势形成了一种集权机构，保证了机器的有效使用。20世纪50年代和60年代，产品的高质量和高性能，成为公司竞争的焦点。这种产品竞争方式，为顾客提供了竞争性价格，为产品生产线增加了新特点，并且在保证质量的同时降低了成本。但是，世界竞争的不断变化，导致唯产品竞争（只靠产品来竞争）手段的失灵。当今，高质量产品在世界各地到处可见并可生产，高质量、低成本生产不再成为有效的竞争手段。

从全球范围看，许多产业中产品的同质性愈来愈高，产品的外观愈来愈相似。工业与国家环境的变化，特别是全球经济一体化，导致了更加开阔的竞争领域。包括第三世界国家在内的教育水平已大幅度提高。机器及机器化生产成本显著下降，仪器生产能力在过去要花几十万美元才能达到，现在只需要花上几万美元就可达到。计算机辅助设计及生产性软件制作，提高了工作能力。全球信息高速公路的建成，方便了世界范围的通讯与信息交流。

全球化的市场与廉价、普及的信息和技术所带来的是产品同质趋向正在挤压差异化竞争优势创造的空间，甚至完全消弥商品或服务本身可能有的竞争优势。消费者可以用同样的价钱，从别人手中买到同样外形、质地的产品，甚至同样的营销通路。因此，只在产品本身下功夫或彼此竞争，只会面临一场激烈的、全盘皆输的战争。如果只专注于产品本身，企业所能挖掘的竞争优势会越来越少。

过去，企业一度投资在销售技巧的顾问咨询上，曾经产生了实际的效果。大约在过去 10～20 年间，顾客仍选择以客户为导向的供应商，并深为他们煽动的见解所吸引，这使得许多专业的销售主力公司拥有极大的竞争优势。但时至今日，许多公司都具备良好的专业销售技巧，在许多高科技或专业服务领域，销售人员看起来都更像严肃正经、道貌岸然且能力过人的事业顾问，而不是来向你推销产品的人。在这样的环境中，销售逐渐变成是一种具备高度技巧的专业。也因此，具备强势的销售主力只是个基本的要求，许多的竞争厂商都已能符合这项基本要求。

除了产品、销售能力的趋同，企业本身也愈来愈雷同。特别是西方社会，上个世纪末，历经 10 年之久的企业内部改造与重整，以及追求更高生产效率的过程，所剩下的改善空间已经寥寥无几。传统上，企业改善生产力的方法大抵不出削减费用、减少管理层级、重新设计流程、改善信息系统及例行事务的自动化等。这些行动的共同点在于，所有改变的重点都是在公司内部。直到不久之前，这还是多数组织改善生产力的唯一途径，很少会有组织地向外寻求改善之道。那些一心一意致力降低费用与削减劳动力成本的经理，把注意力固执地放在公司内部。然而在完成内部效率的改善之后，许多组织渐渐地了解到：经过大刀阔斧追求内部效率的结果，恰好只让企业和那些也经历过同样努力的竞争者不相上下而已。

由于产品关系的失灵，企业再造和全面质量管理及企业在其他许多方面对组织效益所作的改进，都无法使经营走向成功之路。究其原因，在于战术性调整不能适应全局性经济环境的变化。此时，任何再从内部修补、改造的企图，所能产生的效果愈来愈有限，而成本却节节上升。企业从内部已经挤不出油水了。再持续精简下去，会导致员工士气的不断下挫，进而危及企业的根本。因为，经过这么多年的内部改善，企业内部的生产力及成本节约的源泉也开始枯竭。诚如《财星》的杜立（Shawn Tully）在一篇文章中指出，今天企业的经常性开支都不会超过公司平均制造成本的3％，而劳动力成本通常也不会超过6％①。即使是最有效的费用削减，或者是将生产过程中劳动力密集的部分全面自动化，对总成本的改善还是微乎其微。向组织内部找寻有效的生产力提高、成本降低的来源是愈来愈难了，企业已经没有多大赘肉可减了。而且，一旦产业内的所有公司都达到一种效率的高原状态，此时，单凭内部的改造只能得到少之又少的利润。一旦过去视为竞争优势所在的内部效率逐渐变成既定的要求后，每个互相竞争的厂商都必须为此付出同样高昂的成本。由此可见，产品或服务的质量与价值、成本不再是影响竞争的唯一因素，而且单一企业的资金、设备、人力资源也不足以解决运作过程中所面临的种种难题。企业如果继续将重心摆在产品、效率、成本或其他内部优势来源上，将会面临相当大的危机。因此，客观上要求在企业之外寻求新的发展途径。

在过去数年间，这个问题的解答似乎集中于企业内部程序的改善，但现在，这座井正在逐渐枯竭。与公司内部人员费用、管理费用相比，公司平均有55％的收益会用到产品与服务上②。换句话说，超过大半的公司收益是花在对外采购上，而传统上被视为是生产力改善焦点所在的内部成本比例则不及一半。于是渐渐地，很多企业开始把思考的重点转向那55％的部分，并亟欲谋思对策，使自己从中获利。

廉价的科技、唾手可得的信息，以及全球市场的爆炸性成长和商品的普及，都促使竞争压力加剧而逐渐地侵蚀其利润基础；企业与竞争者之间的差异逐渐消弥，使前者开始察觉有必要寻找新的竞争优势来源。产品本身可以挖掘出的竞争优势愈来愈少，企业不得不转向其他可能找到的新生产力与竞争力层面。

4.2.2 中观信任网络——组织边界上的生产能力、创利能力之源

如前所述，传统管理所关注的焦点是企业内部关系及日常生产经营。但随着企业经营环境的改变，企业内部及企业产品的竞争优势正在丧失，企业面临的社会需求、承担的社会责任日益强烈、广泛，使得单纯注重内部管理必须让位于内部管理与外部管理并重，努力挖掘公司之外一个巨大的、尚未开采的、横跨在组织界限之间的生产能力、创利能力源泉或宝库，并保持内部微观信任网络与外部中观信任网络、宏观信任网络之间的平衡，促进企业生产经营。

---

① ［美］尼尔·瑞克曼，合作竞争大未来，苏怡仲译，北京：经济管理出版社，1998，6
② ［美］尼尔·瑞克曼，合作竞争大未来，苏怡仲译，北京：经济管理出版社，1998，6，4

但是，这个过程的开端，并不是基于互利的动机，而是对那 55% 部分的觊觎。然而，过度缩减、挤压供应商所产生的客户忠诚的丧失，使得企业开始寻求建立相互间长期的信任合作关系。

（1）缩减、压榨供应商与客户忠诚的丧失

当企业开始把视角转向企业外部时，他们快速地放弃传统上以交易为基础的买卖关系，并且大幅削减供应商的数目，企图以少量但能维持长久关系的供应商，取代原先庞大的家数。比起十几年前，与企业客户共事的供应商数目不到当时的 1/3，有些业界巨子更有过之而无不及。福特汽车公司将其供应商的数目由 5.2 万家减少到 0.5 万家，缩减比例高达 90%；公共电力与煤气服务公司，则是和 1500 家供应商解约。史考特航空公司的总裁林德曼（Glen unde M）则将公司供应商由 800 家缩减至不到 500 家，而且"预期目标要比这个数字更少①。"

公司采取强硬的措施，不再使用过去以数目取胜，将工作分散到数百个供应商的保险做法，而开始无情地削减供应商数目以强化供应基础；其后，再挟大额采购的优势，逼迫供应商必须大幅削减成本。最好的例子——通用汽车就以在汽车业界中向供应商施压而出名。它们以大额采购量为诱因，强迫要求供应商大幅降低价格。

起初，这种威吓手段似乎奏效，通用汽车确实以此为自己减少了近 40 亿美元的采购成本。表面上，这种强力压榨供应商而获得利益的方法还蛮管用的，但时间一久，通用汽车和其他采取相同策略的公司却发现，事情绝非如此简单。一方面，由于不成比例地榨取 55% 那块大饼的大部分，有些企业开始失去供应商的忠诚与信赖。在买方市场时这种流失的伤害可能还不明显，但一旦发生原料供给短缺、市场情势逆转时，通用汽车发现，许多供应商对旧恨竟然记忆犹新，稀少的原料转而流向通用汽车的竞争者如本田汽车（Honda）等，这些竞争者一向擅长掳获供应商的忠心。

这种压榨供应商以取得 55% 利益的做法，导致客户忠诚丧失，无形中助长了竞争对手的优势，削弱了自己。而且，频繁更换供应商也有许多隐藏成本，包括搜寻时间与品质等。这些弊端，使得企业改变与合作企业的关系模式，放弃与供应商你死我活、抢吃利益大饼的做法，致力于联手来把它做大，让双方都同时受益。因为就长期而言，长久地、公平地对待供应商更为合乎成

---

① ［美］尼尔·瑞克曼，合作竞争大未来，苏怡仲译，北京：经济管理出版社，1998.6，4

本效益的选择。

这种改善逐渐演变成一种企业与主要供应商合作方式的大变革。其核心在于超越交易关系，让双方间原本着重短利的关系转变得更有利，也更持久。这场变革以许多形式进行，企业与供应商跳出传统组织界限的想法，进一步将彼此公司内的程序，甚至公司内部的功能加以整合；企业会留意供应商的获利，而供应商也会婉拒与客户的竞争者做生意，以确保客户的最大利益；销售人员改变了原先对资料保密的规则，将成本信息向客户开诚布公；相应地，客户也愿意让供应商了解公司财务资料，这是在以前甚至连该企业内部其他部门也无法得知的部分。藉由新的信任网络的形成，供应商与客户间创造了数百万美元的新价值。这个新团队不仅代表新伙伴关系的形成，更为双方挖掘出潜在的提高生产能力、创利能力的源泉。

（2）中观信任网络——组织边界上的生产能力、创利能力之源

对于那些能超越传统组织界限概念的企业，中观信任网络给了他们优厚的奖赏；而对那些局限在传统交易关系想法中的公司则施予惩戒。信任关系使得供应商与客户都能在各自的市场中具备长期的竞争优势，无往不利；他们渐渐地固结于这种更具效率与效益的商业关系中，并且一步步地将竞争者排挤出去，客户得以将产品以更快、更便宜的方式销售出去，而供应商在获得长期合约的同时，也能以更灵通的渠道与地位来提供具竞争力的产品给客户。当结成信任网络的组织间能够持续地追求更低成本与更多新价值时，他们也创造了一种传统交易形态永远无法与之匹敌的优势。

曾经，销售成功的条件只需要好产品再加上有技巧的销售力就够了，但现在则必须完全做出改变。在今天，客户正加速地减少供应商的数量，他们只愿意与少数经过谨慎挑选出来的供应商建立长期的关系。尽管其他供应商产品齐全、销售能力极佳，且致力于经营客户，但他们无法为客户带来更佳的生产力或竞争力，所以并不符合挤身少数的理由。这些供应商会被伙伴供应商（Partner supplier）永远地取代；因为伙伴供应商知道要用任何可能的方法为顾客改善生产力，也知道要打造长期的伙伴关系。在愈来愈多的产业当中，差异化的竞争优势不再只是针对产品、销售技巧或内部效率而言，渐渐地，也来自于提高与其他企业创造恒久且具生产力关系的能力。而这也就是中观信任网络所要陈述的内涵。

企业之间的合作成为经济运行的重要方式，中观信任网络构成组织界限上的生产能力、创利能力宝库。中观信任网络即涵盖企业间交易关系，又超越单

纯的交易关系，为企业开启了组织边界上的生产能力、创利能力之源。

新的经济环境使得企业正在超越只提供产品或服务这一范围，超越客户或消费者是上帝，或让客户处于掌握之中这样的简单观念，朝着协调处理客户关系，与供应商一体化以及改变企业内部结构的方向发展。越来越多的企业响应新竞争环境的召唤，同客户、供应商等建立了动态、密切的关系，不但能解决彼此存在的经营或技术问题，而且还为合作各方寻求出乎意料的商业契机。在团队之间、公司或组织之间，企业社会资本发展了相互间紧密的合作关系，为企业在当今相互影响、急剧变化的环境中取得成功打下坚实的基础。

建立中观信任网络是一种区别于单纯交易关系的新的整体战略，不仅包括企业内部的关系和工作过程，而且包括企业与客户、企业与供应商之间的生产销售流程和社会关系，企业的经营管理已经深入到客户企业经营过程及生活过程之中。

新的经济环境中，企业与企业之间不再是单纯的交易关系，例如：很多时候，企业与其他企业或组织的关系更加动态而且复杂。如，日本工业公司NSK与通用汽车公司的联系[1]：

NSK是供应商，向通用汽车公司供应商品。

NSK是顾客，通用汽车公司向NSK供应商品。

NSK是合作伙伴，通用汽车公司与NSK形成战略联盟，或合资企业。

NSK是竞争对手，通用汽车公司与NSK在市场上展开竞争。

如此复杂的关系，在过去来说不可能发展，但当今的全球营业需要，推动着NSK和通用汽车公司寻求合作，取得这种多维性企业关系。企业间这种关系的运作，关系到双方经营的维持和发展，其成功主要不是依靠双方资金、技术、设备、人力的投入，关键的是社会资本的功能发挥和有效运作，即双方公司能否让对方相信自己。

何以信任？

企业、组织之间的信任，就是指企业行为能够让其他组织中的个人可以预见，能够产生稳定的预期，并且说到做到，信守诺言。在一个外部环境变化多端，不确定性因素增加的条件下，信任网络能有效减少不确定性，把握机会。

相互信任既需要法律、契约的制度保障，同时需要社会基础，即根源于社会通行的伦理道德规范、习俗、文化价值之上所达成的隐性契约。如NSK与

① 尼尔·瑞克曼，合作竞争大未来，苏怡仲译，北京：经济管理出版社，1998.9

通用汽车公司之间上述四种关系，什么样的行为是道德的、可接受的，什么样的行为是不道德、不可接受的，这些关系作为一个整体要获得成功，除了明确的规定或契约，还有相应的以价值认同和共同目标、愿景为基础所产生的更为深切、持久的信任。规范、契约等只是信任的前提条件之一，它是相互秩序、服从的基础。

在相互联系、相互作用的世界里，客户以信任关系为基础来选择供应商，如果企业不能维持社会信任，不想保持自己所承诺和应该坚持的立场，那么企业根本无法使客户价值得到丰富，并在市场上获得经营成功。企业信守诺言带来的声誉、赢得的信任，是当代企业和企业领导人取得成功的关键所在。企业行为不能有半点不道德的表现，否则就要为之付出代价，丧失机遇及合作伙伴，甚至连签定的合法协议也会被撕毁。

信任关系网络从传统的产品供应模式发展到新型价值增值模式的转变，企业与客户、供应商之间发展成分担风险、利益共享的合作伙伴。这种利益共享、风险分担并不是企业之间货币的流动发生大的变化，而是联合行动使分别的投入降低及总和利润增加而使各自的收益提高。

在中观信任网络中，孤立的交易转变为共同工作，寻求对双方都有利的紧密联系，更重要的是合作行为或创新改进能提高彼此的经营能力、市场地位，减少时间和成本。例如，当供应商发展成即时供应商，或供应商负责整个装配线而不是零部件，以及要不时增加或取消部分订单时，相互的信任能给这种合作提供支持和保护，缺乏信任这一社会资本，企业难以实现上述经营行为。相互信任保证了相互作用、信息共享的即时性、灵活性。

企业中观信任网络一旦形成，不仅会在企业之间形成更加开放、坦诚的信息交流，而且公司之间存在的长期关系，增加了机会去寻找大家共同追求的丰富客户价值的方法和途径。通过协调一致的经营运作，通过企业间的信息快速传递，时间和金钱都可以得到节省，而产品和服务的质量也可得到提高。

基于企业中观信任网络所形成的扩大的公司共同体，无疑在企业之外开启了位于企业与合作伙伴之间的大型生产能力、创利能力的源泉或宝库，为客户也为自己带来更高的成就与更多的价值。最普遍的是，借由消弥组织之间的重叠与浪费，可删减大幅的成本。更进一步，结合相关企业彼此的能力，能为客户带来更多更好的价值，而这是单一企业无法做到的。

简单地讲，中观信任网络为相关企业及市场贡献良多。而且，他们的交易关系会逐步转变成持续而长远的事业。中观信任网络的既定逻辑——从合作组织中挖掘潜在的生产能力和创利能力。当企业的其他差异优势来源都枯竭，这是唯一一个竞争优势之源。与正在大量消耗的其他资源相比如资金、技术等，企业最大的，尚未被运用的竞争优势蕴藏在组织之间，而非组织内部。这些潜在的，存在于组织之间的社会资本，乃是企业及其合作者应全力开拓、挖掘的。

如前所述，中观信任网络的核心指企业与客户或消费者、供应商之间的信任关系。按照经济学的传统描述，企业之间、企业与客户之间的关系是同行之间的竞争和简单销售者与消费者的交易关系。生产与消费、供应与需求主要由价格机制进行调节。

企业与同行、企业与客户的销售关系存在着两种现实误区：其一是销售关系非赢即输、针锋相对。不但同行之间是竞争关系，同行是冤家，企业与客户、供应商之间的关系，也只是利益竞争者，你多我少。虽然有的企业重视客户关系，但很多是利用销售技巧——操纵市场、施加压力等来争抢生意，或寻求价格上的小惠。其二客户是上帝的观念。完全听命于客户，一切按客户的意图行事。看起来比非输即赢的零和观念有所改善。但仍然不是一种平等、长效的合作关系。因为，顾客不是上帝。在对"上帝"的服务中没有任何平等关系可言，没有思想、知识、信息的自由交流，也没有掌握"上帝"的个人观点和真正需要。这种顾客或客户是上帝的论调，让企业努力拼搏，完全听从顾客的指挥，没有在顾客和企业之间形成对话，以达到相互理解和信任，在顾客需要和企业能力之间做出妥协和平衡。如果企业掌握客户或消费者的具体经营过程，或者了解客户的生产生活方式、经营方式，那么企业就可能做出比顾客或客户期望还要好，也能提供更加实际的价值内容，减少浪费，使客户和企业双方都得到好处。

在一个国内市场环境相对稳定、封闭，资源及产品稀缺，竞争者进入受到限制时，单凭价格机制就会对市场产生很大的作用，获得相应的市场份额。而在一个全球市场、物资产品丰富，技术、产品周期迅速缩短，投资风险、投资费用大幅提高，经济环境瞬息万变的大环境下，企业如果仅以一种孤立的、敌对的态度，对待竞争者、客户或供应商的话，单一的企业不仅无力抗拒如此众多的威胁与竞争，也不知道客户或市场需要什么。当然，企业培育与竞争者、客户、供应商之间的信任及合作关系，并不是一件平顺容易的事情。

拥有中观信任网络的企业，能够与其他企业将短期交易的利益放置一旁，而把注意力放在更大的合作目标，实现双赢及多赢。而且，社会资本存量较高，有着信任的企业间对长远及未来目标有着强烈的认同。依循着一般的销售模式、短期的利润目标，无法在企业或组织间培育出深切的信任、亲密的关系。当企业间跳出眼前单次交易的利益得失，对何去何从怀抱远景时，会将彼此的事业规划延伸至未来。远大的目标无法在一时间立即见成效，必须通过长期的互补、互利而非对立才能收获。跳出眼前的小利，把眼光放在未来发展的可能上，凝聚共同的目标，达成共识，能够给彼此带来更大的长期利益。

企业与竞争者、供应商、客户之间的信任，有可能隐含着整个产业发展商之间的合作与创意共享。这种合作，能使彼此的贡献融合成新的资源并产生综合效益。它所创造的市场价值，是自由经济时代所难以想象的。企业间的合作成果"足以改变整个世界"①。

当微软与英特尔结合力量共同发展微电脑晶片与作业系统时，他们一起改写了个人电脑工业的版图。在20世纪80年代晚期，整个服饰与食品配销业的供应链也在信任的基础上共谋合作，其快速反应完全改变了运送的品质与反应力。今日，许多零售供应连锁更是紧密地结合成高效率运用科技的伙伴关系，使得从剪羊毛到挂到衣架上的成衣只需要几个步骤，减少了大量不必要的程序与金钱损失。这些都是中观信任网络运作，企业之间彼此团结协作，共创新价值且攫取市场占有率的例证。

中观信任网络有助于发掘整合独特的能力，开发合作企业的潜在贡献，实现企业间共享的、有意义的目标。例如，身为公共电力与煤气服务公司的众多伙伴供应商之一的电缆制造商欧科奈，成功地让该公司的存货成本由2.076亿美元减少至1.6亿美元②。

还有很多类似的例子都显示企业社会资本中中观信任网络给企业所带来的贡献。在一个迥异于传统工业社会的经济环境中，价值或价值增值的源泉不在组织之内，不是金融资本、人力资本或设备技术投入的增加，而是位于组织之间。企业社会资本中观信任网络可谓是尼尔·瑞克曼（Neil Ra）所言的"组织界限上、巨大而从未使用的生产力宝库③"。但事实上，作者认为企业社会资本并不限于对生产能力的提高，更重要的，是对企业创利能力的发掘。赢得客户或消费者、公众的信任，同时也开启了组织边界上的创利能力之源。

---

① ［美］尼尔·瑞克曼，合作竞争大未来，苏怡伸译，经济管理出版社，1998，178，17

② ［美］法兰克·K·索能伯格，凭良心管理——如何通过正直、信任和全力以赴的精神来改进公司的运作，北京：中国经济出版社，1997

③ 同①

当企业能超越传统的交易关系结构，培育更深刻持久的相互信任时，能够明显且具体地提高生产力，这是传统的买卖或市场关系所望尘莫及的。它不仅带来了成本的节省、产品功能的增加或品质的改善，更重要的是带来了稳定的客户或消费者，及由此而来的销售业绩和经营利润的提升。

传统买卖关系所不能带来的，在新的社会关系状态下，借助企业间合作信任的形态，重新设计组织与组织的界限和纽带，中观信任网络挖掘、开启了企业及其合作伙伴更佳的创利能力和创新能力，使企业及合作各方实现了利润、价值的最大化。

在中观信任网络中，总的生产力提高了，创利能力也增加了，利润大饼更大了。而在传统单纯的交易关系中，供应商做了某些改变以提高附加价值时，总得有人牺牲一部分利润来负担改变的成本。通常，这些成本转嫁在供应商身上。而供应商也希望这些投资可以在顾客忠诚度、延长合约与更好的价格上得到回报（当然提高价格的前提是客户愿意从利润吐出一块）。

然而，当供应商希望从这块固定不变的利润大饼中冀求更多时，面临的则是一场危险的赌注。如今，顾客已经愈来愈不愿意为供应商所提供的附加价值支付费用了，他们要求更多的价值，但却希望花供应商的钱，如免费服务。产品品质曾经被认为是新的附加价值，而现在在许多产业中却被认为是基本服务的一部分。不论是一般的消费者或工业购买者、集团购买者，对供应商的期望都愈来愈多，但愿意付出的也愈来愈少。因此，销售通常是一场零和游戏。

有信任的合作网络能够消除恶性竞争、互不相让的讨价还价，创造共赢的局面。但企业间的信任网络则不是单方面的改变、提供产品或服务的附加价值，而是企业及其合作者愿意就提高生产力及利润目标重新思考与改变现有的组织结构、流程、经营管理方式，因而开启了一个新的价值增值源泉。

中观信任网络为相关企业带来了重要的、难以替代的价值增值和竞争优势，也使企业获得具有竞争力的坚实利益。

在传统的市场关系中，供应商不时有被竞争者取而代之的危机。竞争者能力上的些许改善，顾客需求与认知上的少许变动，或只是定价、折扣上的微小调整，就可能赔掉整个客户。买卖交易中客户关系充满变化且不堪一击。相对而言，企业的中观信任网络则提供了一种真正持久的竞争优势，竞争者很难将你取而代之。因为在企业间的中观信任网络中，企业为了强化彼此的连接关系，尽量提供独特的、为顾客量身定做的产品，以争取稳定的客户。传统的买卖关系中，可由单方面的变革为客户提供渐进式价值，将产品重新设计和改善，为顾客提供更大的附加价值与生产力。但在一个联系紧密的中观信任网络中，企业间不仅由单点接触营造出组织间的交易，而且还在技术与能力等多层面建立联系。这些非交易性的、事业导向层面的关系，培育了深层的信赖感，将共同利益和事业带进专业的领域。这是一种既有深度，又有广度的相互关联。相互间存在着各层面、全方位的信息共享。这些信息共享包括事业与策略规划、机密的成本与定价资料、产业与产品技术专利等。其共享信息超越单项的交易内容，而有可能逐渐延伸至长期的事业焦点，这意味着相互深入的了解并影响其事业的核心内容。深入的信息共享呈现出清晰的远景，也是彼此商业机会、竞争优势的来源。

4.2.3 宏观信任网络——企业利润及社会地位的合法性基础

企业是自主经营、自我管理的经济实体，是推动社会经济进步的主要动力。但企业的成就远不止是赢利。理由很简单，经济既是一种金融活动，也是一种社会活动：除了敌对的劳资关系、劣质的产品、服务等因素的影响，更广阔范围的环境问题、人类福利、社区、社会正义和一度是国家基础的其他理想等等，大量在工业社会与企业无关的社会因素，对企业利润及生存变得越来越重要，甚至超过了经济资本的影响。

信息时代的本性正在使社会、智力、知识等方面的资源变成决定企业成功与否的主要因素。因此，在过去20多年里，在经营生产领域改进产品与服务的同时，发展与政府、公众社区、协会等组织机构或社群的合作，保护稀有自然资源与环境，增加社会就业等日益成为企业管理中的重要内容。这些活动，已超出公益活动及社会责任的道德意义，构成企业利润及生存发展的社会根基。

企业经济活动的本质超越单纯地创造财务上的财富，而且还创造"社会财富"——满足社会需要。这两方面，构成企业社会地位的合理性、合法性。而且，作者认为，企业的社会功能与其传统的经济功能同样重要，企业社会功能构成经济功能的基础。企业的社会功能为增强企业实力、提高经济绩效创造了大量现实可能性的途径。假如企业完全无视社会需要，那么企业的生产力、利润将是无本之木，无源之水。

很多研究显示，企业的困境不是因为缺乏创造利润足够的经济资本或人力资本，而是缺少相应的社会资本。西方大多数企业危机时期，是其产品的使用价值不高、服务太差，因而对消费者而言缺乏吸引力；企业官僚主义和敌对的劳资关系妨碍了雇员提供增加生产力所必须的支持；并且，企业工业污染和其他外部因素激起了公众、社区及政府的不满。

因此，企业经济活力的关键在于，承认社会目标和利润不仅相互关联，而且互相依存。如果不把这两方面的考虑统一起来，公司就不可能取得成功。公司要通过履行相关社会义务，在政府、公众及社团等组织及群体中建立社会信任。在承担社会责任的同时，增加经济效益。企业在本质上，除了为投资者创造利润，还应该承认雇员、顾客和公众乃至民族国家的福利，而这些群体反过来会提供对企业保持成功来说必不可少的资源：感到满意的顾客的经常惠顾、承担责任的雇员的生产力、创造力和工作质量，政府的放宽限制和免税，等等。

在以利润为主要作用支配着的工业时代，促进更广泛的社会福利，曾经被认为是与经济无关的慈善事业。但是随着信息社会的到来，经济发展已经越过一条临界线，因为复杂的社会需要及公众要求成为管理取得成功所不能忽视的重要因素。企业管理被赋予了新的职责，不仅承担经济责任，而且要负责平衡各种不同的利益。

工业社会，企业只为股东赚钱。但是在一个丰裕的信息社会，在一个强大的利益集团首先关心改进生活质量的时代里，企业必须改变成涉及投资者、雇员、顾客、公众和政府的"多重目标"的开放体系。进步的公司正在致力于把自身的作用、联系扩大到这些群体里面。这样做的目的，不是为了利他主义的动机，也不仅是单纯追求高尚的社会责任，而是为了赢得更多的社会信任，有效地集聚企业社会资本，从而把满足社会需要和谋取更大利润结合起来，成为更强大的企业，以便在剧烈的竞争中生存下去。

当然，重视企业宏观信任网络，丝毫不能忽视企业有效地完成经济任务的实际需要。作者认为，忽视利润及经济绩效在任何时候都是一种不现实的观点。企业宏观信任网络的观点，正是着眼于企业利润目标与日益重要的社会价值之间冲突的解决。因为，企业管理中，企业宏观信任网络的思想，正在把企业的利润目标和社会需要都纳入强大的企业使命中。而且，在中外企业中，有很多公司已经发展出一种包括雇员、顾客、投资者、公众、政府及其他群体交叉利益所产生的"多重目的的企业"，不仅创造经济财富，而且创造社会财富。管理者不仅要为股东服务，而且要和公众在政府中的代表在协调、平衡各方利益及社会需求时起领导作用。

威廉·哈拉尔（William E. Halal）指出，企业多重目标的管理趋势，其结果"可能是一场经济学的革命①"。公众、政府、社团等方面的力量及其与企业的相互信任关系，构成的社会影响是企业环境固有的组成部分，也是企业社会资本不可缺少的内在要素，使社会利益体现在公司经营的实质中，从而使企业的利益与社会利益有机结合起来，由此，也导致理论与企业实践领域的重大变革。

4.3 经济"资本的逻辑"与"共同体"的逻辑

企业社会资本积累深厚并且其微观信任网络、中观信任网络、宏观信任网络均衡的组织是一个独立的共同体或是一个扩大了的共同体的成员。共同体遵循的逻辑超越单纯的经济"资本的逻辑"，前者关注于股东利益、利润最大化和盈利领域，而后者则致力于利益相关者的共同利益、顾客满意度和有利于培育员工及竞争优势的"共同技术"、核心能力。

4.3.1 共同体的概念

共同体（community）的概念作为对现代企业特性的描述，近年来，不但出现在各种文献里，阿里·德赫斯（Arie De Heus）对长寿公司或生命型公司的描述②以及哈拉尔对信息时代公司特性的定义中，都称企业或企业与股东、雇员、供应商、客户等基于社会信任网络所形成的组织机构为公司共同体或扩大的公司共同体。

公司共同体的概念表示企业不是一个单纯以契约关系规定的经济实体，不单纯以利润最大化为最高目标。公司与其成员、合作伙伴休戚与共，企业利益、企业发展与员工、合作伙伴利益及成长息息相关。共同体的概念并不否认公司的核心或其自然的本质是企业赖以生存的经济活动。经济是企业的基本职能，但另一方面，企业又作为一个持续完整的工作、生活整体而存在，这是一个有生命的社会有机体。公司作为一个生命有机体，一方面有自己独立的经济职能，另一方面企业要在一个多变的环境中生存和繁荣，必须对所处环境具有敏感性。特别是公司经营决策者应当关心所生活的世界，进而在这个外部世界中发挥积极作用。重视公司内部管理是必不可少的，但全球化、信息化时代，

---

① ［美］W·E·哈拉尔，新资本主义，冯韵文等译，北京：社会科学文献出版社，1992，231

② ［美］阿里·德赫斯，长寿公司——商业"竞争风暴"中的生存方式，冯韵文、黄育馥译，北京：经济日报出版社、哈佛商学院出版社，1998.5

影响公司远景的力量，很多时候来自于企业外部。阿里·德赫斯认为，信息时代，企业在财政上采取保守的态度，在管理上维持员工与公司齐心协力，内部环境保持宽松并且对周围环境保持敏感。

在一个联系越来越紧密，越来越相互依赖并且不断缩小的世界——地球村庄里，企业发展事业的空间不断扩大，企业超出国门，超越国家种族的界限进入广阔而陌生的环境中去，同时，也不断面临外部世界新的入侵者、竞争者。公司要对其外部环境保持强大的适应能力，首先，它必须是一个内部有凝聚力的组织。离开这一点，难于产生对外的影响力与控制力。

但共同体的意识并不限于公司内部，而且必须延伸到企业与顾客、供应商、银行、合作伙伴，甚至社区、政府的关系上。当一家公司开始在特定地点进行特定商业活动时，在它的工作范围内将聚集各种类型的人，包括供应商（提供原料、资源、人力及智力的各类供应商）、顾客、地方或国家的各种社会团体组织及股东等。公司与所有这些人都要维持一种和谐的状态。

所谓"扩大的公司共同体"即包括企业与消费者、客户、供应商、销售商、合作伙伴、社区、政府等。不同的关系所表现的信任类型也有所区别。事实上独立的企业及企业与其存在的区域、民族、国家等构成息息相关、荣辱与共的共同体的观念并不陌生。

作者认为，共同体概念意味着，首先，公司必须是一个内部有凝聚力的组织。公司内部的和谐一致是组织创造绩效的基本条件。因此，公司的全体成员都必须有着共同的价值体系，在企业内部，有着共同的价值观念、信念、礼仪和神话。成员之间分享明确的价值观念和思想意识。一方面公司需要员工努力达成组织的目标；另一方面，企业必须允许并帮助员工实现他们自己的目标。公司及其成员有着共同的基本驱动力：维持经济效益及生存。一旦生存条件满足后，他们希望实现并扩展自身的潜能。企业和其成员达成的契约是帮助所有成员发挥他们的潜力。这个契约也完全符合公司自身的利益。因为企业利益的实现来源于其成员潜力的发挥。

其次，企业与其中观、宏观信任网络中的其他外部组织组成一个动态链结的组织联合体。在一个由企业中观、宏观信任网络构成的"扩大的公司共同体"内，价值观念上可能不像公司内部那样具有强烈一致性，但是仍存在着共同的利益基础和长远目标。尽管在短期内相关合作企业在某些经营方面可能有交替损益，但是在长期内完全可能为每一个群体创造较大的收益。现代社会，企业管理面临的最大的挑战是把这些不同的群体、组织结合成一个对大家都有利的联盟，即扩大了的公司共同体①。进步的公司之所以能够成功，就在于把多样的利益结合在一起，并善于不断平衡协调各方利益。

共同体的理念并不表示共同体的成员凝固不变。有时候，当公司成员或合作伙伴价值体系、目标不协调时，雇员将不得不离开公司，或者成为供应商、承建商，而企业或组织不再是共同体中联系紧密的一员。事实上，保持员工流动、合作伙伴的动态调整对维持企业机体的健康至关重要。企业保持一定员工流动及对合作组织的开放性是整个组织健康发展的条件。因为共同体的完整必须以一致和谐的价值或目标体系为基本前提。有时候，企业会进行裁员，去除那些"道不同，无以谋"的人，企业也会削减供应商或终止与其他组织的合作，并重新纳入那些是真正"志同道合"或带来更多价值、贡献的组织及个人。但无论是雇员或合作伙伴的过度流动，都会危害公司的社会信赖水平，因而不一定对公司有利。

共同体也表示企业是一个学习的机体。因为，企业是个有生命的发展实体。生命实体的一切决定都在不断的学习过程中做出。企业共同体能在企业内资料库、软件、研究室、报告和成员共享的人际经验中积累与传递知识，企业文化也是企业知识长期积聚的结果。企业从初期到发展，员工、合作伙伴由陌生到熟悉，彼此能够分工合作，共同完成任务，共同面对挑战，解决问题。而公司成员、合作伙伴间的角色分工与合作默契，正是共同体的特有知识特性。一般来讲，企业内外人际信任、组织交流，需要一段时间的累积，因此，员工任期、合作伙伴的稳定对公司有深远的影响，因为关系不稳定时，成员间相互了解便不够深入，无法累积迎接挑战的力量。

公司成员、合作伙伴在整个共同体中频繁联系、交流，他们相互间有着共同的信赖基础，相信彼此都是处事公正，坦诚相见，并且有益于相互的发展。因此，共同体的理念已经超越了纯粹经济学的术语，而具有了社会、心理、人类学等各方面的特征。

4.3.2 股东利益与共同利益

工业社会中企业经营管理的最高目的是遵循"经济资本的逻辑"，即利润最大化。准确地讲利润最大化是股东投入的经济资本的利益最大化。在这一时期，社会资本作为企业生产函数中的外生变量，无论在理论上、还是在实践中

---

① ［美］阿里·德赫斯，长寿公司——商业"竞争风暴"中的生存方式，冯韵文、黄育馥译，北京：经济日报出版社、哈佛商学院出版社，1998.5

都没有引起相应的关注。

利润在西方工业社会曾经具有神圣不可侵犯的地位，特别是对美国人来说，神圣利润动机的神话具有非常丰富的内涵，它可以与美国国旗、传统和母性这样一些神圣形象相匹敌①。亚当·斯密的自利最大化，被企业奉为信条，而那只"看不见的手"会自动服务于公众的福利。到了 20 世纪 80 年代，企业的自由虽然仍然受到肯定，但来自社会、雇员、政府、环境等各种群体、组织对企业形成了巨大的压力。这些新的社会需求成为企业经营管理中不可忽视的重要因素。资本、利润的实际作用和价值正在下降，成为一种更高级社会及复杂经济中的一种有限的力量。美国管理学家杰伊·福雷斯特（Jay Forrester）声称："资本的生产率在 60 年代中期达到了顶点②。"

传统的信念是，以利润、资本为中心的态度对于经济的兴旺发达来说是必要的。现在，对这种信念提出挑战的越来越多。在一些发达资本主义国家，如日本、奥地利、瑞典、德国、瑞士等，不仅利润和社会福利和谐共存，而且整个经济也很繁荣，社会目标已经和企业一体化，创造了世界上最高的生活水准和生活质量。大烟囱工业仍然在为生存而奋斗，尽管他们有很多资本。资本对经济增长的作用降低。

社会价值、社会需要对企业利润、经济价值的影响构成了重大影响。在美国，越来越多的人认为企业受利润支配的行为不再高于一切，利润目标不再是神圣的、重于社会利益的，有许多人甚至把利润看成是邪恶的东西。那些不顾大众利益，把利润作为最高的、唯一目标的企业，受到越来越多人的怀疑，甚至敌视。在过去 20~30 年里，几百年来成功地引导西方取得工业进步的经济资本的力量已经缓慢地衰退了。因为，强调利润妨碍生产上的合作和稀有资源的开发，增加社会成本，加剧通货膨胀，同时掩盖了对社会来说日益重要的共同利益的关心：人类福利，社区、社会正义和一度是国家基础的其他共同目标以及理想。

残酷的经济现实或经济危机告诉人们，单靠资本不可能解决信息时代的更加复杂的经济及企业经营问题。生产的关键因素改变了。地产所有权在农业社会受到重视，因为土地是农业经济的关键因素，但是在工业社会，利润极端重

---

① ［美］W. E. 哈拉尔，新资本主义，北京：社会科学文献出版社，冯韵文、黄育馥译，1999，210，229

② 同上

要，因为建立物质基础非常需要资本，所以利润成了企业的最高标准。在新的条件下，信息时代，社会、智力、知识等方面的资源变成决定企业成功与否的主要因素。资本投资的作用已经让位给对经济增长来说至关重要的"其他因素"——管理、质量、工艺、知识、雇员的参与，生产方法的改进和劳资合作。不仅利润的神话破灭了，而且货币的神圣性也消失了，货币对满足人类需要只有有限的作用，而不是目的本身。"新的要求是……企业和商人应该把关心社会作为企业本身的经营业务①。"

工业时代，企业是以利润为最高目标的经济实体，判断和衡量公司成功是通过经济标准：投资和资产报酬率。公司内部成员之间、股东之间，是基于法律条约所规定的契约关系，公司是独立法人。公司由股东所拥有，股东的利益高于一切，这些人有权卖掉它，收购者有权拆解它。工业时代公司发生危机时，最常用的管理手段是削减与人相关的经费、裁员。在这个条件下，企业内部的成员只顾追求自己的利益，缺乏共同利益感，社会各部门——政府、社区、企业、雇员、各种组织等也由于互相竞争的利益而不能有某种形式的统一合作。不顾自利行为可能带给共同利益的破坏而遭到报应……越来越多的人意识到，彼此的不信任和缺乏和衷共济的意识正给企业及人类生存其中的社会带来伤害。

"经济人"及利益最大化的假说是 19 世纪个人企业时代被普遍接受的思想。在个人企业家时代，或许有其妥当性、合理性，因为这个时期，企业规模较小，市场情况近乎于完全自由竞争，而且，社会处于短缺卖方市场，物质贫乏。但随着市场扩大化，生产技术发达，股份有限公司的发展，企业大规模化，市场竞争状态也由完全自由竞争转入不完全竞争或垄断竞争体制。由于企业规模的增大，企业实施了"所有权"与"经营权"的分离，相对的，担当出资的股东，与担当管理职能的经营者与管理者也日渐趋于分离。因此今日的企业决策者，不一定是股东或所有者，而是经营者。再加上工会发达，员工对企业决策也开始有相当重要的影响力。

以现代企业制度结构为背景，从行为科学的角度出发，企业是由股东、经营者、员工及消费者等组成的。构成集团的各成员都抱有不同的动机参与企业经营活动。甚至各集团成员之间动机与目标也存有冲突对立的现象。因此，明

---

① ［美］W. E. 哈拉尔，新资本主义，北京：社会科学文献出版社，冯韵文、黄育馥译，1999，210，229

智的管理人员正在发挥"经济政治家"这样的作用①，建立一种把相关利益者团结成一个政治联盟——扩大的公司共同体，不仅创造金融财富或公司利润，而且创造"社会财富"和共同利益。

随着一个知识社会的到来，公司逐渐转变为一种社会有机体，并且正在向更高级和更复杂的形式演化。公司正在经历一种从保守的，相当苛刻和以营利为主的机构到外向的，宽厚和更有效地为社会服务的体制演化。以营利为主的旧模式完全适合于过去的工业时代，但是现在，大企业集团迅速出现并扩大这种体制来满足更广泛的社会需要。

在新的经济世界中，一度至高无上的利润目标和日益重要的社会价值之间的冲突正在得到解决，越来越多的公司正在把这两种需要都纳入企业使命中。在扩大的公司共同体中，工业社会所存在的短缺经济、买方市场等资本运行的条件不再存在，旧的准则不再奏效，史无前例的巨大变革正在进行着。未来是属于少数优势者所有，而那些尚未准备充分的企业将被淘汰出局。社会资本的运作已使企业及合作各方脱离了传统的游戏规则。

工业时代，企业创业者、少数股东控制企业。因此，企业的存在为谋取股东的利益有其合理性。但信息时代，企业现代制度，使得企业与股东的关系有了很大改变，股东与公司之间的信任不再是至关重要的。因为一般企业股东既分散，又匿名，只是为了赚取差价而短期持有。很多股东根本连他投资哪家公司都不知道。因为那都是由保险公司、退休金、员工持股会，或其他专业投资者代为决定的。在这种情况下，股东不太可能会关心公司。而为股东谋利的思想，在员工看起来，缺乏说服力。相反，员工直接服务于直接客户，员工的生产、创造给企业及顾客带来了利润和便利。

企业不再是单为股东利益而存在，也同时为服务顾客的员工而存在。从这个意义上讲，企业不是股东谋利的工具，而是服务顾客的共同体。这种身份的转变会有效地激发员工的高度热诚与凝聚力。而员工对产品的热情，会在面对面中自然感染给顾客，顾客对企业也产生由衷的兴趣与感情。如果产品很复杂，这样的关系也有助于双方的沟通与成长。当企业的产品销路日广时，员工会感觉正在为社区、社会、国家贡献心力，自己是在造福社会人群，而不是被陌生人利用的工具。

---

① ［美］W·E·哈拉尔，新资本主义，北京：社会科学文献出版社，冯韵文、黄育馥译，1999，247

就整个社会而言，更大的共同体民族、区域、国家或社会是由政府领导，政府统治一切，每一种工业和每一家公司都有独立的利益。但是在共同体组织或社会中，部门、企业及行业间共同利益和目标至关重要。将国家经济目标与企业目标结合起来，有益于激发多方的力量和智慧，实现企业的兴盛和共同的繁荣。

4.3.3 利润最大化与顾客满意度

经济资本的逻辑是寻求利润最大化，而共同体的逻辑则是寻求顾客满意度或市场占有率。在资本的逻辑中，企业经济行为的目的是追求利润的最大化，即利润中心，也是为了使股东投入的经济资本获取最大的利润。企业经营决策者——理性经济人会搜集所有必要的信息，并在边际收益与边际成本相等点上决定生产量与价格。

相对而言共同体类型的企业以顾客满意度和市场占有率为指标，能使企业面对外部社会，利润则面对内部的股东。企业遵循共同体的逻辑，追求的不是利润最大化，而是受顾客满意度决定的市场占有率。股东虽然有权对公司经营发表意见，甚至在股权达到一定水准时，可以出售、合并或自己控制经营权。但一般来说，企业经营者由外来专业经理掌管，股东只能像顾客、供应商或投资者一样，表达对公司共同体的意见。

企业将确立顾客关系作为目标，而不是以利用顾客关系为取得利润的手段，只在有利可图的前提下，才肯为顾客服务。因此，利润并不见得都能反映顾客是否满意。从先后顺序而言，满足的顾客是企业获利的保障，利润则是顾客满足的结果。重视利润与投资报酬率是个人主义的具体表现，而企业对社会、社区、公众的贡献反映在其顾客满意度和市场占有率上，这也是共同体的精髓。

市场占有率或顾客满意度，是反应较快的经营指标。环境的变化首先反映在顾客的偏好转变，利润数字则较晚才会变动，因此，大多数经营者反应将较为迟缓。反之，倾听顾客的声音有助于企业进行长期策略规划。日本企业在其潜在需求分析中，与客户共聚一堂，一起预测技术进步与科学突破。类似问题可能涉及未来好几年，而利润则常诱使人们关心当季的结果，让人短视甚至放弃生产和发明，转向消费。

共同体内（包括公司及扩大的公司共同体）有着超出市场交易的逻辑。单纯的市场交易仅受价格的影响；共同体成员间长期稳定的合作，会牺牲短期利益，甚至以明显不同于市场的价格进行交换，特别是在环境大起大落的情况下，公司及其合作伙伴表现出牺牲利润争取生存的决定，显示着共同体的坚韧、稳定与和衷共济的特性。日本企业及欧美新兴的企业共同体表现出类似的品格。

在共同体内，企业的资金、资源是可以相互融通的，任何一家公司都可以借助集团的力量，与共同体外部的竞争者进行长期的对抗。换言之，表面上是马自达与克莱斯勒的竞争，但实际是整个住友集团透过马自达与克莱斯勒对抗。同时因为集团内企业相互联手对抗国外竞争者，美国人也无法推测马自达的真正成本是多少。正如日本消费者愿意以内销贴补外销一样，集团内企业也愿意牺牲利润来补贴出口厂商，这对国家社会和整个集团都有利。共同体的逻辑是不断开拓市场。

英国学者查尔斯·汉普顿－特纳和阿尔方斯·特龙佩纳斯（Charles Hamt-den－Turner & Alfons Tromtenaars）在《国家竞争力》一书中，曾对比美日企业，揭示日本企业奉行共同体逻辑，以市场占有率为目标，同遵循资本的逻辑，以利润最大化为目标的美国企业相比，在竞争优势上的涨落①。

美国企业最初由于社会没有肯定知识密集产品的潜在价格，股东们不肯牺牲短期利润，同时也缺乏战略眼光，不知以短期利润换取长期优势，企业只能在日本人放弃的低知识产业内获利。譬如美国的 RCA 公司和荷兰的飞利浦公司曾在录放机领域取得市场领先的地位，由于无法以牺牲利润等"自杀方式"与日本企业争夺市场，换取市场占有率，最终不得不从其利基（Niche）市场撤退，从而也成为企业在该领域全面崩溃的先声②。

美国厂商在开发新产品时常常索取高价，以作为创新的报酬。而日本企业则很快改善成精致、多样的产品，凭借规模和侵略性的低价进入市场，而美国或西方企业一旦发现毛利下降，情况日益恶化，便会放弃与之竞争。

顾客满意度、市场占有率策略也比利润极大化策略更有弹性，因为你的顾客较多，关心企业的人也较多。当产品或生产出现问题时，顾客会立即反映问题所在，尤其是企业过去关心他们，在企业发生危机或出现困境时，他们会给企业提供改善的机会。透过市场占有率的增加与规模的扩大化，可以降低成本、价格，阻止其他竞争者进入。企业拥有的规模、低成本与毛利，可以有效

① 查尔斯·汉普登－特纳、阿尔方斯·特龙佩纳斯，国家竞争力创造财富的价值体系，徐联恩译，海口：海南出版社，1997，189－191，179－182
② 同上

抵制其他厂商参与竞争。而利润最大化策略则会吸引新竞争者的加入，他们会利用你的价格，低价切入市场。

以市场占有率为目标的日本企业，与以利润极大化为目标的美国企业竞争时，美国企业因利润下降而退出，而日本企业在苦撑一段时间后，市场反而变得极为开阔。此外，日本企业集团倾全力发展未来的关键科技，将美国逐出消费性电子和光电电池业，为日本企业打开了许多出路。

共同体的优势还表现在，企业背后多伴有相互协作的企业集团支持，他们中有银行或大贸易商。比较典型的是日本企业，企业集团内部往来秉持互补的原则。以大贸易商为核心的企业集团，可以最低价格进口原料供关系企业使用，为其创造竞争优势。著名的企业集团包括住友商事（Sumitomo）、三井（Mitsui）、三菱（Mitsubishi）、三和（Sanwa）、福隆会（Fuyo）。这些企业集团联手与政府、学术机构和国外交涉，他们设置联合资讯和研究机构，如三菱资讯研究委员会、日本研究协会、三井情报系统研究会和福隆会情报中心。这些企业集团并未出现像19世纪美国托拉斯相互勾结或展现独占、寡占者的行径。因为，这些企业集团并不以利润最大化为目标。他们强调的是市场占有率。因此，以顾客满意度拓展市场的公司（譬如马自达）都尽可能压低价格，提供高品质的产品。同一集团的公司相互采购，但是价格会比市场上品质相同的产品更低。如果关系企业的品质或价格缺乏竞争力，并屡劝不听时，集团可能对其进行重组，同时货源也可以向集团外的企业购入，以便对其施加压力。

藉由共同体内的协助、支持乃至督促，企业将不断得到改善与提高，以符合或超越全球市场上同类产品的品质与成本标准。在传统的市场关系中，交易双方始终是一种讨价还价的关系，甚至是始终怀有敌意的。如果一方讨价还价实力相对大大削弱，那么就很可能被对方吃掉或抛弃。而共同体内组织或企业的合作，则相对要稳定一些，这是一种惠及消费者，更加成熟、长期的双胜双赢的关系。

4.3.4 盈利领域与"共同技术"、核心能力

工业社会中"资本的逻辑"是资本投资于能迅速获利的领域，而不管企业的技术层次。而共同体的逻辑，则重视与产业及企业发展密切相关的"共

同技术①"及核心能力。共同体企业或组织选择产业的尺度是技术应用的广泛性。他们的逻辑是：选择、重视"共同技术"。所谓"共同技术"即技术内涵高，与其他产品关系密切的技术，如电子学或材料学等。"共同技术"也是一种有助于其他技术的发展，而且对社会、人类最有益，最值得全力发展的技术。日本将这类技术称为"产业之米"。根据这样的逻辑，日本选择电子晶片作为优先技术。此外还有钢铁、金属陶瓷、数值控制工具机、半导体、产业机器人和污染防治设备。这些技术的共有特性是它们是"共同技术（Meta-technology）"，有益于提升核心能力，并有助于许多技术和事业的发展。

如日本共同文化在选择金属陶瓷，进而政府行政性援助或补贴的政策，是由于日本本土缺乏铁矿，炼钢时必须由外国进口矿砂，金属陶瓷则可以减少这类需要。金属陶瓷可以缩小传统引擎，淘汰耗油的旧式引擎，计所有日本企业可以运用比国外竞争者更有效率的引擎，也可以生产1加仑跑200里的汽车。预估日本的石油进口量因此可减少三分之二。

至于电子、半导体和微晶片技术，对所有的产品都密切相关，由这些技术所生产的零部件的应用，给一般产品都装上电脑，增加了产品的竞争优势。因此，日本人也将半导体称为"产业之米"。

数值控制工具机的选择也一样。它可以设定切削钻磨的各种尺寸和角度，而快速的换模速度，正是弹性制造系统的关键所在。它取代了传统制造商所使用的换模耗时长的加工生产工具，以相当于传统大批量生产的成本，生产各式各样的利基（Niche）市场产品，从而满足了市场区隔化、顾客个性化、多样化的消费需求。

美国的许多先进公司也相继采用发展"共同技术"的策略，提高了美国在很多产业领域的竞争能力。1985年，通用汽车公司宣布，其目标是成为适用于其核心业务的所有技术的行业领袖。这些技术跨越了产业线，除了包括汽车制造之外，还包括信息处理和机器人。新技术的互相渗透，使得一个产业技术的边界不断扩展。而一些新的技术比其所替代的传统技术，具有更广泛的用途，如激光盘既可以储存百科全书、音乐、邮件、定货广告、电影、图书目录，又可以存储电视节目、商务信息和私人信息。发展这些用途广泛的产业技

---

① 查尔斯·汉普登－特纳、阿尔方斯·特龙佩纳斯，国家竞争力创造财富的价值体系，徐联恩译，海口：海南出版社，1997，174－175

术或"共同技术"则是共同体的目标。如 1985 年，日本最大的钢铁公司——日本钢铁公司在其年度报告中将其产业重新定义为"基础工业材料"，其范围包括新的有机和无机材料以及钢材。

惠普公司（Hewlett-Packard）是一家近于重视和发展"共同技术"、核心能力的企业或共同体。它分成近 50 个半自主的事业部门：一个制造示波器，另一个制造医疗器材，第三个制造电脑，第四个制造袖珍式计算器等等。每一个事业部门的销售对象都稍有不同，每一个部门都采用不同的制造方法。可是它们的基础都是电子业，制造方法近似，都要不断从事研究发展。各事业部门既独立自主又相互依赖。每一个部门都会在利用公司共同资源如电子技术的同时，又要对这一资源的发展不断有所贡献。电子技术是惠普的"共同技术"和核心能力，一个部门的技术进步，会同时极大地促进其他部门技术的进步。因此，共同体组织的单一部门、单一技术的改进，会带来整个组织乃至整个行业的整体进步与突破。

按照利润极大化目标，企业选择的领域是能够获取利润的领域，而不管其技术知识内涵。由此导致的结果是企业往往选择或转入低知识产业，而由此产生的"低薪陷阱"，不仅企业无力吸引优秀人才，社会也不接受低薪且缺乏创造性的工作，从而最终不得不将企业转向海外。

就单个企业来说，没有与其他企业、组织共享的技术或财产，仅凭市场交易就可能取得经营的暂时成功。但在一个国家、行业的经济体中，缺乏共同资产、技术、社会信任则寸步难行。例如，成衣制造业如果不健全，整个纺织业都无法繁荣，半导体和电脑工业如果没有成功发展，工具机械和机器人工业就无法在世界市场竞争。而当教育制度不健全，以大学为基础的研究制度未受到妥善支持时，以上各项工业都不能成功。而当一个国家的国民不健康，少数民族未能充分参与民族过程的营运，法律制度又未得到适当维护时，没有一项工业可以繁荣。

威廉姆森强调利润中心的 H 型企业比共同体类型的 M 型企业交易成本高，盈利水平也不如后者。因为，交换表面资讯的做法代价高昂，只有深入沟通才能造成双赢，真诚和分享才能造福整个社会。所以，在低知识产业多以利润中心的 H 型企业为主，而高知识产业如电子、宇航、国防、通讯等，则以共同体企业类型居多。而欧美、日本人的共同体组织，与其知识密集的策略相结合，恰好发挥了相乘的效果。

事实上，不单是 M 型企业，后来随着信息技术、扁平化趋势发展起来的网络型组织，具有更强的共同体组织特征。

与重视经济资本的利润，将投入集中在盈利的领域中相比，共同体的逻辑更多地遵循生命原则，重视企业核心能力及共同技术的培育。维持共同体及公司的生命是重要的。因为，公司的死亡对员工、股东、社区、供应商等都会带来不利的影响。所以，企业着眼于长期的生存与发展，不惜牺牲暂时的利润，以求得较高的市场占有率及顾客满意度，而且重视发展核心生产能力、技术能力。

威廉·大内在其《M型社会》里描述日本与美国在选择经济领域、投资领域方面的重要区别①，日本企业是近似于共同体类型的企业，它们多半围绕着技术核心、能力，成立多事业部组织。这些事业部共用一组研究、发展和制造系统，譬如运用微电子零件，分别进入不同的市场。举例来说，松下有消费电子、工业设备、家电产品、照明设备、系统产品和电子零件事业部。这些事业共享一种技术，使得整个公司充满了电子迷的气氛。欧美企业如 IBM 也是共同体类型。共同体的文化中，体系化的成文知识与个人化的非成文资讯都能快速流动，不像以利润为中心的企业。市场文化下，从头交换的只有肤浅的成文资讯（譬如数字）。由于每个单位都希望独立营运，所以人人只传递上级规定的信息，内部共通的语言只有规定和数字，于是，只有律师和会计师才能掌握全局，工程专家和市场专家只能负责基层的实际作业。除了赚钱，H 型组织缺乏远景与共识。利益中心的企业各个部门之间，缺乏共同逻辑，唯一的伦理就是"争夺内部资金"。

日本企业成功的关键之一在于其卓越的工程能力，其次不顾投资回报如何缓慢，能够几十年坚持不断地大量投资于产品与制程的改善。而同一时期，许多美国企业陆续从消费者电子市场撤退，逐步放弃某些产品或功能给外国厂商，转而进入风险较低、获利较高，与其原来产业无关的租车业或财务金融业②。许多美国企业在初步的投资回收之后，就再也不肯也无力"坚守本行"，以维持其在技术上的领先地位，于是任由迂回前进的企业，特别是日本企业，逐步取得技术与市场的独占地位。日本企业率先进入大众市场，然后切入高毛利利基（Niche）市场的做法，在策略上显然比定价高昂、利润领先的美国企

---

① ［美］威廉·大内，M 型社会，黄宏义译，北京：中国友谊出版社，1985，105－166

② 查尔斯·汉普登－特纳、阿尔方斯·特龙佩纳斯，国家竞争力创造财富的价值体系，徐联恩译，海口：海南出版社，1997，182，304

业更富有竞争力，也利于员工、技术、能力的长期投资与培训。

共同体及其成员的相互学习，不断自我增强，随着整体的壮大而成长。查尔斯·汉普登－特纳和阿尔方斯·特龙佩纳斯指出这是共同体及其成员的循环运作，是产品品质、团体责任不断提高的"发展螺旋"，也是企业共同体的典型特征。在共同体内，企业主管结合体系化的通用或编码知识，以及亲身体验的微妙知识或非编码的隐性知识，创造资讯，进行管理。这也是一个创造力不断循环的观念架构。日本人创造力的五项要求是：再利用、搜寻、蕴育、突破和改善，不断在前人或他人发明的事物上增添特性，提高价值。

创造的过程，是整个共同体内部所有成员共同努力、共同提高的结果。在这个生命的共同体中，所有因素既是因，也是果，每个人或团体即是主体，又是客体。团体的"复眼"与成员数目成正比，每个人都能赋予企业及产品品质、创造力和价值；所有关系都是相互依赖的，没有任何变数是独立的。发展是螺旋式的相互增强，正如大自然的成长发育过程。

美国哈佛商学院教授迈克尔·波特（Michael Porter）认为资本主义国家须经过四个发展历程，即因素驱动、投资驱动、创新驱动及财富与金钱驱动。波特认为一旦经济体进入金钱驱动阶段便会开始衰退①。为何金钱驱动的资本主义经济体会开始衰退？作者认为，除了波特所提供的理由外，我们在前面提过的"企业为股东而存在"的观念，也是其原因。员工很少与股东见面，甚至不认识他们，对员工而言，股东对他们是没有意义，不能产生热情的股东，但高品质产品的生产却需要员工的热情与掌握尖端技术的人。以获利为前提，使得英美企业一度不太愿意降低价格，以求和日本企业争夺市场占有率，因为那不符合机构投资者的利益，后者的目标是短期的最大投资报酬率。同理，在产业活动中的金钱追逐者，也不愿意长期投资于所知甚少的人力资源发展与技术研究上。

美国企业的产品知识内涵即研发支出占产品总成本的比例，与日本及太平洋国家相比曾呈下降趋势。前者在低知识产业的部门比重增加，而后者在高知识内涵的产业上比重增加。如前所述，在高新技术领域内，美国由于受利润目标的支配，而放弃在需要较高投入的高新技术领域内的市场份额，转向风险低、技术简单的低层次盈利领域。其可能的代价是，由于社会无法淘汰单调乏

---

① 查尔斯·汉普登－特纳、阿尔方斯·特龙佩纳斯，国家竞争力创造财富的价值体系，徐联恩译，海口：海南出版社，1997，182.304

味的工作，并代之以更具挑战性的机会时，促使整个年轻一代逃避企业活动。这种结果对于企业和社会的伤害将是无以伦比。

企业都要选择参与某个行业的竞争。日本政府为共同体选定的逻辑之一是，加入知识密集性的竞争有助于培养国民。这个决定在市场机制运作前就已制定。当然，日本政府支持企业参与技术与知识层次高的市场，但并不偏袒任何一家高技术企业或行业，竞争仍然激烈，市场机能仍然顺利运行。知识密集的国家或企业策略，不但没有抵消市场力量，甚至是迎合了市场力量。在美国，企业选择投资领域，一度曾遵循自由的原则，以利润及投资回报率作为选择标准。"资本的逻辑"所代表的股东追求一时的股利，不支持企业成长与长期深耕，如果企业一时无法发放股利，就马上撤资掉头而去，从而影响企业及重要技术、核心能力的培育。

与追求顾客满意度或市场占有率相一致，企业不会因为利润的一时波动而转向其他投资领域。而是坚持本行，并将学习的焦点集中在重要技术与独特能力上。信息时代知识密集性企业会选择技术内涵高、产品与其他产品关系密切的技术，即"共同技术"，这样，可以让企业生产更多的相关产品。随着企业占有率的提高，企业在这些技术上的投入会越来越高。而追求利润则非常容易使企业不顾原来事业的性质，采取多角化策略进入缺乏联系的行业，如电影、财务与保险业，从而丧失了企业技术的一致性与整体性。

工业社会的经济策略受制于英国经济学家大卫·李嘉图（David Ricardo）自然优势理论的限制。而信息时代，作者认为，企业及国家的经济力量源自人们的知识在社会资本积累深厚的共同体内的传递、沟通。事实上，投资于知识密集的产业，并不完全是为了获利。知识密集的优势，可以更好地教育国民，提高人力资本、经济资本的功效。充满相互信任，社会资本发育完善的企业及其扩大的公司共同体，其内聚力、包容性也是国民财富、竞争优势的重要来源。

可见，共同体的逻辑超越单纯的经济资本的逻辑，有着显著的优势。美国学者罗伯·艾克斯罗德（Rober Exelrod）在其《合作的进化》[①] 中指出，资本主义的发展就是内部合作、外部竞争的演进史。譬如，资本主义的发展初期，个人与个人相互争夺顾客；20 世纪初期，竞争层次提高到公司与公司之间，内部成员则相互合作。同理，到了上个世纪末和本世纪初，财富的创造，将不

---

① ［美］罗贝尔·艾克斯罗德，合作的进化：对策中的制胜之道，上海：上海人民出版社，1996

再以单一的公司为主，而是由一组高度合作的企业集团或增值链网络所创造。作者认为，共同体的逻辑起源于模仿市场，并逐渐改变西方古典的市场机制。他们以紧密的关系、绵密的互动与相互了解，取代市场供需双方的利益冲突与残酷竞争，从而使众多企业、行业，乃至一个国家地区的主导产业形成一个紧密联系，息息相关的整体。

4.4　企业社会资本视角下企业经营管理的新方向

社会资本理论将关系、网络、商誉、品牌等无形资产纳入了经济发展分析的框架之中，使经济学跳出了传统的土地、劳动和资本的巢窠。这些无形因素是经济运行的基础，并对经济活动有着持久、独立的影响。企业社会资本的重要价值，不是重新发现了无形要素的经济功能，而是揭示了无形资源所构建的"体系优势"、"动态柔性"和"盈利能力"对企业创新和持续竞争优势的独特贡献，从而为全球化、信息经济时代的企业经营管理提供了新的视角和发展方向。

4.4.1　从塑造"区位优势"转向建构"体系优势"*

企业社会资本给企业创造了重要的"体系优势"[注]。"体系优势（system-based advantage）"是企业借助关系、品牌、商誉等无形资源在全球架构网络体系的能力，包括企业跨国经营能力、国内外母子公司（网点）和合作伙伴的协调能力。"区位优势（location-based advantage）"是指企业以某国或地区为发展基地，因区域具有特殊的战略意义、市场地位或制度环境而产生的优势。

在传统大工业时代的车间经济中，价值创造的基本单元是单个企业。企业的主要优势是凭借特定区域或国家的独特资源（人才或其他要素）具有成本优势，或在产品、技术等方面的差异化优势。但信息经济时代，价值创造的基本单元，超出孤立的单一企业，它是以最终产品价值实现序列为单元的产业链或价值网络。单一企业的绩效与创新能力根源于企业参与其中的全球性社会信任网络，它包括企业内部的价值链，企业根植其中的价值体系——供应商、营销渠道和最终客户或消费者价值链，乃至区域、国家宏观制度体系。企业竞争

＊　注："体系优势"是借用波特的概念。

优势是在整合并组织企业内外各种活动的过程中得以展现。企业价值体系是由许多"结点"居间连结相互依赖的系统。结点的作用影响企业各种活动的成本高低或效益大小。企业针对这些互动现象发展自己的策略，建立竞争优势。"体系优势"以"区位优势"为基础，如跨国公司母国市场优势、海外网点的特殊功能与其全球营运网络互为依赖，缺一不可。体系优势是其他企业难以模仿、复制的竞争优势。

企业社会资本所构建的"体系优势"以其重要的外部性、演化的特征区别于区位优势。"体系优势"不是单一企业的绩效与创新，企业与竞争者、供应商、客户之间的信任，有可能隐含着整个产业发展商之间的合作与创意共享，它所创造的市场价值"足以改变整个世界"，而这是自由经济时代所难以想象的：当微软与英特尔结合力量共同发展微电脑晶片与作业系统时，他们一起改写了个人电脑工业的版图。因此，体系优势所促成的企业持续创新与绩效实际映证了整个网络系统乃至一个产业、区域的整体经济增长与创新生态的演化进程。

4.4.2 从关注静态资源转向重视"动态柔性"

静态资源是企业在人力资源、自然资源、知识技术资源、资本（经济）、基础设施等要素禀赋方面所拥有的竞争优势。而动态柔性（dynamic flexibility）则是企业利用关系、商誉、品牌、网络、专有技术等动态整合全球范围资源能力所产生的回应、变革能力及竞争优势。工业社会中，公司是一个独立封闭的体系，公司技能、生产范围和劳动力关系与外部世界是和谐的。经理们只要把资本和人才引入到组织系统中，单凭价格机制和生产能力就能获利。然而，在信息化、网络化的时代，公众对环保意识增强，妇女收入地位的提高，休闲社会来临，全球便利的通讯和交通，消费者偏好多样。旧的市场消退，经济指数大幅涨落，如国际货币汇率、通货膨胀率、利率和产品生命周期、股东态度的改变等。在一个动荡、外部环境飞速变化的环境下，企业不可能不关心政治和社会。

信息社会中，企业成本降低、效益提高依赖企业社会资本的积累和运作，依赖企业内外信任网络中知识信息的实时沟通交流与资源能力的全球动态整合。从静态的观点看，特定企业内部资源和生产要素是相对固定、有限的，因而，优势也是相对固定的。在全球化、信息经济背景下，生产要素在企业组织、区域、国家之间是可以流动的。而且，成本、资源等带给企业的相对静态优势是最容易被新的生产方式、技术、产品设计或其他地区相同优势的企业所取代。因此，企业不能局限于固定的生产要素中部署资源，而要借助网络、关系、商誉、品牌、知识技术、管理技能等建构全球化的经济合作网络，开发资源与市场，推动生产要素流动及合理配置，领导或适应全球市场复杂动态及不断进化的竞争。

信息化、网络化、模块化生产背景下的企业优势是持续变革的企业"柔性"或动态优势，企业竞争力的来源不是单纯利用静态资源和生产要素获得最大的回报，而是通过企业根植其中的全球性社会信任网络，改变固定的限制条件或超越现有生产要素、生产能力的局限，不断创造新的生产要素和经营能力。企业的动态优势是企业通过社会资本积累与运作产生的。社会信任网络作为企业独特的价值创造体系，它增强企业"动态柔性"，使企业参与全球互动，分享知识信息，对企业在环境快速变迁中控制复杂性、不确定性，实现产品和生产流程、组织机构、组织目标、经营领域、利益关系的实时改进与调整有着重要作用。

4.4.3 从发展生产能力转向提升"盈利能力"

生产能力是企业在生产规模、技术、产品开发和产品质量等方面的设计制造能力。"盈利能力（profitability）"是企业以网络、品牌、商誉、管理技能、技术等无形要素为纽带动态整合全球资源，提高市场占有率和企业绩效的能力。现代经济中，品牌、技术、知识、商标、管理体系、客户关系等，成为新的国际分工、价值分配里决定性的竞争力来源，商品与服务的知识部分，对提高产品的附加价值具有关键性。而工业时代的物质生产与价值创造越来越缺乏关联。以玩具产业链的价值增值曲线①为例：动漫（史努比、宠物小精灵）、主题娱乐（芭比）、高科技（SONY"机器狗"）为高附加值增值模式，而制造代工为低附加值模式。具有强大品牌、创意、科研、营销能力的日美厂商处在价值链的上游，它们之间产品相互渗透结合，获得了最大的行业价值；而下游是一群高度同质化为上游厂商加工的中国制造商，他们压低成本、拼杀价格，只能获得微薄的制造利润。国际贸易中发达和发展中经济体之间贸易不平衡产生的根源也由科技、知识含量、商誉、品牌所引起。2003 中国企业生产占世界 25% 的产品，在价值实现上仅占世界产值的 3.8%。而同年，美国用占其国内生产总值 20% 的实物性产品，实现了占世界 33% 的价

---

① 胡浩，解读玩具企业的盈利价值，http://www.cmmo.com.cn/magazine/42/4252.shtml/ 2003，6，27

值份额①。

网络经济时代，单一企业所表现的价值远超过其内部生产经营活动的总和。产业市场中单个企业的绩效是整个体系或链条环节中所有不同位置企业为单元二次价值分割的结果。但整个价值链中利润的分配是不平衡的，网络、知识、品牌、信誉、技术等决定了企业能否根据消费者或客户需求在全球范围内整合资源、选择有效的经营模式，获取、创造生产要素和营销渠道。开拓市场并赢得顾客忠诚，是企业盈利能力的关键。这是历史上第一次，人类智识成为一种直接的生产能力和价值创造能力，而不仅仅是生产经营体系中决定性的元素。

企业社会资本改变了企业盈利能力和生产函数，推动了企业、组织间无形资产（商誉、品牌、技术、许可证、渠道）与有形资产（设备、资金等）的结合。使企业绕开固有资源屏障、政策制度壁垒（关税、投资限制等）和游戏规则，形成新的生产能力、市场开拓能力和盈利能力。它在企业投入、边际成本递减或不变的前提下，创造了单一企业所不能产生的生产曲线，使相关企业生产能力提高，边际收益递增。

---

① 曹和平、林卫斌，企业与市场关系新释：产业链与市场构造，经济学动态，2004（10）

第五章

企业社会资本的运作

市场经济是信任经济。缺乏社会信任的市场和企业都不能正常运作。企业社会资本对企业获得机会利益、组织变革、危机管理、企业成长具有重要的促进作用。企业实力和竞争优势来自于共同体的环境生态。在此前提下强调企业社会资本，不单纯是一个研究视角转换的需要，也是产业结构形式、企业经营管理模式变革发展的客观需要。

5.1 企业社会资本与机会利益

机会利益是企业利用信息优势所提供的机会而取得的经济收益和竞争优势。机会利益的获取不是一个偶然的事件，而是企业社会资本长期积累的必然结果。企业通过不同层面的社会信任网络获得知识信息从而不断取得机会利益是现代企业经营的本质。

现代公司经营的实质是要保持公司利润、实力的持续增长，即捕捉商业机遇，源源不断开拓新的业务，开发新的利益来源。任何企业都随着其业务一项项地发展而成长起来。公司的使命在于能够而且必须比它们的单项业务寿命更长。但许多公司，经营的核心业务到了成熟期之后便难以持续增长。随着公司业务和收入来源渐渐成熟至老化，它一定要另辟蹊径。启动和加速增长的速度，在于把握契机，开拓新的经营领域，并将之转换成利润和竞争优势。

企业社会资本促进企业核心业务更新及开创新业务的功能，使企业具有发现和开拓机会利益的能力，适时保持企业业务的管道畅通，保证了企业财富创造的持续。企业社会资本不单是生产力的基础，还是一个独立的生产要素。

在一个全球化的经营环境中，行业或地理的界限打破了，企业随时面临新的竞争和挑战，坚守地盘，稳定在一个经营领域内的旧方法已经不再灵验了。企业的产品、技术和营销手段会被对手"克隆"，企业利润和市场份额随时会被潜在的竞争对手蚕食，最终的结果是企业的市场地位和收益迅速下降。防御的办法是裁员，对现有资产进行重组，与之相随的是资产的废弃甚至是技能和人力资源的减少。从长期来看，对预算大刀阔斧的消减暂时会有帮助，但最终将无计可施。因此，避免企业业务衰退的根本途径，是注意发展和不断发掘机会利益，适合新的经营环境和现实。如果企业不能开发源源不断的盈利机会，就会陷入险恶的衰退循环，失去顾客和财富。

5.1.1 前人的研究与不足

机会利益这个概念是由复旦大学金伯富博士在《机会利益：一个新的理论视角》[①] 一文中提出来的。他认为机会利益是在不对称信息条件下经济主体利用相对信息优势所提供的机会而获得的经济净收益。不对称信息是现实经济活动的基本特征，经济主体之间的竞争在很大程度上是一种获取相对信息优势的竞争。企业间的竞争已不仅仅是生产技术能力的竞争，还有信息获取能力的竞争；提高企业信息需求满足率正成为企业增强竞争力的突出问题。而企业广泛的社会关系网络，恰恰可以发挥信息收集和传递功能，从而为企业获取机会利益提供有利条件。金伯富还指出，由于现实中多数交易是变和博弈，因此交易双方能够形成有效的合作关系，在不对称信息条件下，人际关系往往能够提供一种信任机制，使经济交易融入一些情感因素，为"关系网"内成员的合作，获取更大的机会利益奠定了坚实的基础[②]。

金伯富曾对机会利益进行了界定和研究。他认为，人的经济活动包括两个层面，一是个人与自然之间发生的关系，一是人与人、人与社会层面发生的关系。后者对机会利益的获取和利用有着密切关系[③]。他从人追逐经济利益的自利性和博弈的角度，研究了机会利益与人际关系、情感关系的联系。认为，人际关系、人际情感大大提高了信息的利用效率，增加了获得机会利益的机会，因此，人际关系是一种"生产力"。

因此，经济利益既可以从人与自然之间的关系入手，通过提高征服自然与改造自然的能力，提高资源配置效率来实现；也可以通过改变人与人之间的社会关系来实现。金伯富的研究限于个人之间的经济利益关系，同时涉及人与自然之间的资源配置过程。他将人与人之间的机会利益分为分配性机会利益和生

① 金伯富，机会利益：一个新的理论视角，中国社会科学，2000，(2)．66－73
② 金伯富，人际关系与机会利益，生产力研究，1999，(3)．43－45
③ 同上

产性机会利益。分配性机会利益，指人与人之间的经济利益关系是对立的，总得益是给定的，一方多得意味着另一方少得或损失。在这种博弈中获得的机会利益是利益再分配的结果。生产性机会利益，是指机会利益同时影响人与人之间的利益关系和人与自然之间的配置关系，那可能是一种变和博弈，博弈的总得益在很大程度上取决于相互作用的各博弈方的策略组合。如果各博弈方均采取合作战略，则博弈的总得益较大；如果各博弈方均采取不合作战略，则博弈的总得益较小。各博弈方的策略不仅影响社会总得益，也影响个人得益。这种机会利益伴随着社会财富的增加。

由于现实中多数交易是变和博弈，因此，交易双方能取得多大的机会利益，很大程度上取决于双方能否形成有效的合作关系。在不对称信息下，人际关系能提高一种信任机制，使经济交易融入情感的因素，从而为相互间建立合作性交易关系提供了可能。当然，经济主体在与他人做交易时并非都会采取合作性战略，通常会按交易者之间的亲疏关系不同、情感深浅不同，在不同的交易中采取不同的战略。

国外对企业如何捕获机会利益的关注由来已久。法国古典政治经济学家理查德·坎迪隆（Richard Cantillon）将那些充分利用未被他人认识的获利机会的人称为企业家。善用企业广泛的社会信任网络，发掘机会利益，是企业经营发展的本质。美籍奥国经济学家约瑟夫·熊彼特（Schumpeter, J. A.）认为企业就是一个不断创新的过程，而获得利益的机会是一个创新过程。所谓创新是企业家创造性地破坏市场均衡，出现获利机会。

以往对企业获利机会的研究将企业的这一能力集中在制度环境、企业战略、企业家先天素质及后天学习等因素。随着硅谷、东南亚等地区所表现出来的企业网络及产业集群现象，越来越多的研究者注意到了企业与环境的互动过程，并开始重视社会关系对企业机会利益获取的影响。

Siberian（1991）在对硅谷进行了深入研究后提出，不断扩展的企业间的网络蕴含着巨大的经营及创利机会，这些机会与较小的风险水平一起决定了该地区旺盛的企业经营行为，是硅谷发展的持续动力。尽管硅谷非常依赖于全球市场和供应，但集成商更倾向于与当地的供应商合作，并以地缘接近为优势建立起以信任为基础的合作关系。Brian Uzi（1999）的研究有助于理解中小企业获得贷款的机会和成本。他的研究结果也表明，当企业与外部环境的联系同时包含嵌入联系（embedded ties）和正常市场联系（arm's length ties）时，获得融资贷款的可能性最大且成本较低。嵌入联系是一种相互信任的社会关系。

Uzi 认为，正常的市场联系则充当了市场和公共信息桥的作用。嵌入联系决定了双方之间资源、信息流动的可能性，它们的作用是不同的。

　　国内学者边燕杰、丘海雄在研究企业社会资本时指出了企业内部社会关系与企业外部社会关系对组织的影响。他们认为企业内部团队、分支机构、人际之间的信任关系，有利于克服企业成员的机会主义行为，弥补正式制度安排的不足，保证契约关系的自我实现，从而尽量消除企业内耗现象，增强企业的凝聚力，充分发挥员工积极性和创造性。企业外部广泛的社会交往和联系，可以使之"获得价值连城的信息，捕捉令企业起死回生的机遇，摄取稀缺资源，争取风险小获利大的生产项目，从而在愈来愈激烈的竞争中扬长避短，立于不败之地[1]"。边燕杰、丘海雄将企业社会资本及机会利益归结为企业外部关系及其产生的结果，有失片面。事实上，作者认为，企业内部的员工信任、团队合作是企业商业机会利益的重要基础。缺乏凝聚力的企业，其成员的基本导向是指向相互防犯，而不是创造性地开展工作、把握契机。很多企业了解到机会对经营的重要性，建立了常规的机构与程序[2]，如机会评审小组开展机会评估、机会审议、机会稽查等常规性工作。但是，结果都表明，组织团队、成员间缺乏信任与交流，也很难将潜在的机会转换成现实的利益。

　　另一些对关系网络组织的研究也普遍认为，组织网络可以给企业提供的优势为信息和权力[3]。网络是一个重要的信息筛选工具。企业处在社会网络之中，有更多的机会接触大量有用信息可能出现的场合，而且这些信息流具有可信性和价值。企业信任在获得信息中是重要的，因为竞争是不完善的。在完全竞争条件下，你可以信任在充分竞争中形成的自然秩序，这只"看不见的手"会对你的投资给予公正的回报；当竞争不充分时，企业则避开或谨慎对待声誉不好或未知的人，选择社会声誉较好、值得信任的人作为交易或合作对象，以有效降低交易风险。

　　"经济人"的假设，是对个体及组织行为影响最为广泛、深刻的理论。在这一框架里，信息完全，个人或者经济主体都是自利的、理性的，每个人的行为都是为了追求各自利益的最大化。社会系统的活动便是这些个人行动的总和。作者认为，金伯富等人的研究，提出了机会利益的概念并且注意到人际关

① 边燕杰、丘海雄，企业的社会资本及其功效，中国社会科学，2000，(2)．87－99
② ［美］Edward De Bono，商业机会探索，广州：广州出版社，1998，99－104
③ 郑英隆，现代企业的信息经济性分析，广州：广东人民出版社，2000，26－27

系对机会利益的影响，在利用人际关系解释组织行为方面迈进了一步，一定程度上弥补了传统经济理论的局限与不足。但他的机会利益局限于企业的经济收益，而忽视了信息对企业其他优势的影响。他们的探索没有完全脱离理性选择范式的框架，没有涉猎人际之外的组织关系、组织文化对机会利益的影响，对企业社会资本与机会利益的本质联系也缺乏深入的研究。

作者认为，制定安排、宏观环境对企业经营有着重要影响，但经营机会、利益并不是制度设计的自然结果。良好的制度环境并不一定就能使企业获得丰厚的利益。相反，许多企业成长的制度环境并不一定良好，但一些企业经营管理者能够通过不同渠道，建立、扩展广泛的社会信任网络，把握环境中各种可能的获利机会，从而实现企业与环境的良性互动。

众多的案例也显示，机会利益不仅根源于人际间的关系，更主要的是组织互动的结果。在集体行为及个人选择方面，组织之间的关系、组织文化比人际关系的影响更为重要。企业或企业经营管理者可以利用内部与外部的社会信任网络及网络中共同的文化价值观念实现组织目标，获得机会利益。企业不同层面社会信任网络对产生价值认同、建立期望以及确定和实施目标有重要影响。更重要的是，企业社会资本中不同层面的社会信任网络所建构的共同体，是激发、产生与获取机会利益，促进共同体成员共同发展、进化的环境生态。

5.1.2 企业社会资本与机会利益

对企业而言，机会就像原料、劳动力或财力等商业元素一样重要。但机会及机会利益的产生，却不取决于金钱，而是取决于信任基础上所产生的信息和价值共享：

1972 年 7 月，美国商人奈德·库克拜访了抵达纽约的俄国谷物采购团领队，他的谦逊、诚挚和热情赢得了信任，结果，他卖给俄国大量的麦类和大豆。库克工业的税前营利，由当时的 400 万美元，激增到 1974 年的 7500 万美元①。

另一个类似的案例主角，是美国人亚历山大·格雷姆·贝尔（Bell, Alexander Graham）。他曾希望将他的电话专利卖给西方联合电信公司。他别无选择，因为他的支持者已经没钱了。但时，当时西方联合电信的总裁威廉·奥托恩毫不迟疑地拒绝了他的建议。现在，贝尔电话公司所赚取的利润，已和通用

---

① [美] Edward De Bono, 商业机会探索, 广州: 广州出版社, 1998, 1－2

汽车一样多①。

有些时候，机会利益开放给所有想要加入某个领域的人或企业，例如，在美国，速食市场惊人的成长潜力。但是，另有一些机会只有已经在这个领域中生根发芽的组织才能获得。对后种情形而言，作者的观点是，企业社会资本的存量对机会利益的发现、利益的大小具有重要影响。企业社会资本中不同层面的社会信任网络所构成的"共同体"，为企业创造了一个充满机会的环境。从这个意义上讲，机会和机会利益的发现和产生不是一个偶然的事件，而是一个企业与其内外社会信任网络中的成员频繁互动，分享信息、价值，建立并实现共同目标的社会过程。

（1）机会利益来自共同体的环境生态

企业的任何生产经营活动，都在一定的社会关系基础上进行。特别是在现代社会，单纯的，只与自然发生关系而不涉及公司内外社会关系所产生的机会利益几乎是不存在的。实力和机会来自共同体所建构的环境生态。

知识经济的来临提高了信息在经济领域的作用。随着技术及产出方面的专业化和多样化在不断强化，产品的多样化、复杂化及需求的动态变化要求企业在技术及生产经营能力上不断推陈出新。但是，没有企业可以将这些知识内化在组织内。因此，不断增长的信息和知识成为企业合作的推动力量。作者认为，在这种情况下强调企业社会资本，不单纯是一个研究视角转换的需要，也是一种新型产业结构形式发展的客观需要。

由于受到关税、法规保护，孤立、封闭的传统企业与行业，受到全球化的冲击，它们生存的生态环境和经济进程受到严重影响。全球方兴未艾的资金流动和大规模移民，越过撤销管制规定的桥梁，受到政府有关促进经济发展政策的鼓励，克服了大量技术和工艺方面的难题。面对巨大的外部力量和相互作用，尽管充满机会，也充满压力、矛盾和痛苦。作者认为，在这一过程中，企业社会资本——企业微观、中观、宏观层面的社会信任网络构成共同体内外紧密相联又相互开放的纽带。企业社会资本增强了不同的经济共同体以及整个国家经济的弹性、可变性和抵御危机的能力，它是企业成功的关键，也是促进单个企业与整个行业、国民经济整体发展和进化，逐步改善社会、经济环境生态的重要推动力量。

生态的概念是一个比竞争或合作更为重要的理念。传统经济中，企业经营

---

① ［美］Edward De Bono，商业机会探索，广州：广州出版社，1998，1 - 2

管理者将时间花在与直接竞争者有关的生产和服务层面的争斗中。但是，在一个以合作更为重要的时代里，加强与关键客户、供应商、政府的关系，甚至在某些情况下与直接的竞争者一道共创技术、生产标准、销售通道，不仅有益于企业自身的生存，而且有益于改善共同的生态环境。

在共同体中，企业与供应商、客户、行业主管或政府官员，甚至过去的竞争者，获得了观点的分享、和谐的关系以及顾客的热情，这些无形财富的力量远远超过公司原有的有形财产。这些无形的财富转换为有创造力的人和组织，通过改进产品价格及性能，集中资源生产、销售更好的产品，扩展公司影响，实现了企业与环境的共同进化。企业在这个和谐的生态环境中获得的实力远远超出依靠竞争所得。

世界上一些最有效率的公司，通过积累社会资本和学习领导经济共同进化，发展了新的经济优势。为自己，也为社会创造了一个丰富、动态的，充满机遇的生存环境。如英特尔公司、惠普公司、壳牌公司、沃尔玛公司①等，他们的高级管理人员的职责是建立社会信任，通过和谐地将网络成员各自的资源和贡献结合起来，给顾客和生产者们带来更大的利益和价值。他们不仅领导当前的合作、竞争和行业，而且还必须力争将无关的商业要素结合到新的经济共同体中去，形成新的商业、新的竞争与合作的规则和新的行业，从而促成经济生态的整体进化。

对共同体而言，外部激烈的竞争并没有消除。以英特尔公司为例②，整个半导体工业的平均利润不足它的四分之一。英特尔公司是个人计算机领域的微处理器的独家供应商。尽管许多半导体制造商也能提供运行客户软件的微处理器，但这些竞争对手或克隆者们在提供更强的微处理器方面总是比英特尔慢一步。英特尔公司必须顽强拼搏，巩固它的领导地位。但是，加入一个社会信任网络，确实又给企业在经济生态环境中建立了一个被保护的地位。这个生态对企业积累资本和组织机会环境方面有很大的优势。因为，将公司从这个共同体的角色中驱逐出去是极端困难的。就像英特尔公司，它为众多的计算机购买者提供了高性能的微处理器，并为世界上每一个经济部门提供了关键性的利润。该角色赋予公司足够的成交能力去实现有吸引力的利润。这种获利能力，打破

---

① ［美］詹姆斯·弗·穆尔，竞争的衰亡——商业生态系统时代的领导与战略，北京：北京出版社，1999.6，48
② 同上

了行业界限，它存在于动态的贡献之中，而非静态的屏障。共同体中的安全不是来自规则或传统，而是来自于有竞争力的市场领导地位和对生态中其他企业、组织或个人的新贡献。

在作者看来，企业社会资本及其建立的共同体与生物有机共同体不同的是，后者趋利避害，躯体的保存及物质利益是决定其"行为"的唯一逻辑。而前者是社会有机体，其经济决策是由真实的组织和社会性的个人所组成，在不同于生物学的社会生态环境中得以发展。在经济领域，企业与其客户、供应商、雇员等，相互影响、相互作用，其行为的逻辑不是单纯的物质利益，还同时受社会文化价值——"无形的原则"的规范及影响。企业管理者、决策者、投资者等频繁交流与互动，花费大量的时间，有意识的选择在其中发挥着至关重要的作用。意识和情感构成这些关系的中心。利益与价值的平衡，同时制约了企业决策。由价值共享所促成的集体行为或共同行为构成社会有机体不同于生物有机体的重要区别。只有得到认同的目标才能付诸实践，这就是"志同道合"，是让参与其中的组织和个人相信并协助共同创造未来。

新的经济条件下，企业单枪匹马、独闯天下变得越来困难了。企业组织间的合作成为主要的经营运作方式。而源于价值、信息共享所产生的信任则是企业发现机遇，协同开拓，获取机会利益的基本因素。

但对于一个企业来说，信任，需要有态度上的巨大转变。与客户，甚至是与竞争者建立信任，不仅需要勇气，而且十分复杂。IBM直到20世纪80年代还是自成一统的体系，自我封闭、独立、疆界明确，自给自足，不与其他公司分享技术；与竞争对手会晤就是犯了大错，要遭开除。后来，为了制造个人计算机，它选择与英特尔公司合作，实行开放系统。80年代剩下的年份到90年代，IBM与客户和供应商，与摩托罗拉、苹果公司，与国外的东芝和西门子公司，与Sematech这样的大财团形成了极其复杂的新的关系网。

在类似上述的合作中，共同体成员相互深入到彼此工作、生活过程之中，熟悉掌握客户企业的经营流程，消费者的真实需求，使得企业不仅保持内部结构、经营过程适应多变的环境，学习新的知识，抓住震撼企业环境的作用力所带来的新机遇；而且能够站在客户或消费者的立场上，以专业的眼光，为其设计出符合客户需求、增加客户价值的产品或服务。按照顾客的特殊方式满足顾客的特殊需要，给企业带来了许多机会。企业之间的关系需要信任、知识来促进和加强，相互提供有意义的竞争优势。只有信任与亲密的关系，才能保证相互间知识、信息的不断交流。企业之间利用知识、信息、能力和先进技术，能够达成共同的目标。因此，相互信任和沟通，为彼此创造了财富资源，提供给参与者更多的发展机会，并培养了发掘潜在机会的条件与能力。

（2）企业社会资本与机会利益的类型

企业社会资本带给企业的机会利益，伴随着社会财富的同步增长，属于生产性机会利益。这种生产性机会利益又可分为聚敛型机会利益和扩张型机会利益。前者涉及到企业生产流程的削减、经营成本的降低，而后者则是产量增加和市场的拓展。

聚敛型机会利益是企业社会资本所带来的重要利益。企业社会资本有利于降低企业交易成本。交易成本即随着交易行为的发生所产生的信息搜集、谈判、签约、监督实施及对策等方面的费用，交易成本是完成一笔交易所付出的代价。企业之间一旦积累了一定的社会资本，双方沟通、谈判或协约的成本会大幅降低。此外，现代企业环境的复杂性，风险比过去要高得多。单一企业面对诡谲多变的市场，其挑战性及复杂性都较高，因而，企业之间通过信任纽带建立的合作，可以降低风险，减少环境的不确定性。企业社会资本还能够通过不同企业与组织间信息、资源、能力的整合，节约企业在研究、资本、能力等方面的投入。在技术、产品、市场变化频繁，单一企业资源有限的情况下，这方面的聚敛型机会利益的比重日趋增加。

例如，产品研究方面，随着产品生命周期的缩短，研究与开发成本节节攀升。现在，开发新一代记忆芯片至少要10亿美元，研制一种新车型需20亿美元以上。单个企业往往难以负担如此巨大的成本。但是，通过企业间社会资本纽带，可以克服这一障碍。例如，麦道飞机公司在开发MD－95飞机时，与哈勒工程公司及韩国重工结盟开发飞机的机翼，并且与BMW及劳斯莱斯共同开发引擎。结果，麦道公司仅投资2亿美元，不到飞机整体开发成本的1/3[①]。

麦道飞机公司与其他公司联合所带来的机会利益，是企业研发支出的节约。有些时候，社会资本产生的聚敛型机会利益还在于双方取消敌对的竞争行为，转变为联合性的合作伙伴。这种转变也能为企业节约大量成本。例如：空中客车公司与波音公司之间，曾经存在着激烈的竞争。20世纪80、90年代，空中客车着手开发乘载600名旅客的超级巨无霸飞机，波音公司因而陷入一个进退两难的境地。尽管超级巨无霸的市场绝对存在，但是，市场需求可能只容许一家公司回收高达150亿美元以上的庞大开发投资。如果波音公司开发，空

① 李忠鹏，企业联盟，杭州：天地出版社，1998，24，25

中客车一定会跟进，因为它不愿把这个市场让给主要对手；同样，如果空中客车先投入这个市场，波音也必须跟进。其结果，是两家公司的双输。于是，两家公司通过对话、沟通，达成相互信任的伙伴关系，停止自行开发的行动，转而更密切地研究超级巨无霸客机的可行性，一场代价高昂的竞赛得以避免[1]。

通过上面的案例可以看到，企业社会资本的有效运作使企业从"你死我活、势不两立"的圈子中跳出来，创造了有益于企业实现共赢的社会生态环境，实现从"双输"到"双赢"或"多赢"。

扩张型机会利益，是企业由于规模扩大、市场拓展或进入新的经营领域所带来的机会利益。通常，机会利益产生于个人、企业、组织之间在相互作用中形成的企业相对于他人或其他企业的信息优势。利用信息优势获取机会利益往往需要多种资源投入。这些资源包括资金、设备、人力等。单个企业进行这些投入往往有很大风险。企业之间社会信任网络，保证了共享信息、商业机会发现、开发及利用，有利于合作各方理解彼此的资源、技术、核心优势，发现互补的优势并相互支持，从而将信息优势转变为机会利益。

资源在企业之间的配置是绝不均衡的。通过企业信任网络，推动企业间的合作，整合不同企业或组织间既有的资源、能力，使相关企业围绕共同目标，发挥各自的优势，弥补各自的劣势，开发新的经营项目或领域，可以产生 1 + 1 > 2 的相乘累积效应，使企业能够以小量成本或不增加资金、设备、技术投入即可获得独立经营时所无法获得的利润。企业获得机会利益的实质，在于把发现的契机同相关公司的综合能力整合起来，创建新业务，并且免受竞争的损害。

如福特—马自达的成功结盟[2]，即是利用双方所擅长的不同价值活动，创造新的竞争优势。福特长于国际营销、财务，马自达则在制造技术及研发上拥有雄厚的本钱，双方各取所需，各尽其职。同样的合作是欧洲客车公司与欧洲各国的合作。为了与美国波音公司竞争，欧洲客车公司把欧洲各国制造飞机的智慧和优势结合在一起，A300 和 A310 飞机在法国总装，德国负责生产机身，英国负责生产机翼，西班牙负责生产尾翼，这种联合，充分利用了各自的优势，增强了整体竞争力[3]。

---

① 李忠鹏，企业联盟，杭州：天地出版社，1998，24，25
② [美] 詹姆斯·弗·穆尔，竞争的衰亡——商业生态系统时代的领导与战略，北京：北京出版社，1999，95
③ 同①

大多数情况下，企业社会资本可带来成本降低和经营扩张的双重利益。如波音公司开发 777 喷气客机新产品线时，与联合航空公司成为亲密伙伴，由联合航空公司担任它的"上市顾客"。波音选择一家领航航空公司做伙伴，减少了产品失误的可能性，因为联合航空公司无疑会购买大批新飞机。而这层合作关系也不可避免地影响到联合航空公司的主要竞争对手，因为这些航空公司不希望联合航空公司独享设备优势，这样一来，波音公司有了更多的购买 777 喷气客机的顾客①。

由此可见，寻找机会利益，最吸引人的途径，是在不增加技术、设备投入的情况下，为现有的产品搜寻令人惊奇的新的技术用途。在这一过程中，企业将思想和机会转变成顾客的使用价值和投资者的利润。

从上面的案例也能看到，企业社会资本能带给公司超出直接经济收益以外的竞争优势，即改善经济生态、创造共赢的生态环境，有利于企业的共同成长和长远发展。

5.2　企业社会资本与组织变革

组织变革不是一个孤立的事件，而是企业与所有参与者之间以知识和信息资源的学习、交流、分享为内容的社会互动过程。在知识经济及信息化、全球化时代，变革成为企业或组织最为本质的特征。企业社会资本是企业分享知识信息、参与社会互动、推进组织变革最为深刻的根源和动力，对企业在内外环境快速变迁中控制复杂性、不确定性，把握变革契机，提高竞争能力，具有重要作用。

5.2.1 从技术变革理论到社会变革理论

在过去 50 年的时间里，以知识为基础的企业组织变革理论的形成、发展，依次经历了技术变革理论、变革的市场拉动理论、变革的链接理论、变革的技术网络理论和变革的社会网络理论五个相互联系的发展阶段②：变革从最早的被认为是源于单个发明者、研究者知识发明创造所形成的孤立事件和单纯技术解决方案的发展，发展到将变革视为是一个发生在企业与环境之间和企业内部

---

① 李忠鹏，企业联盟，杭州：天地出版社，1998，247，26

② Rejean Landry, Nabil Amara, Moktar Lamari. Does social capital determine innovation? To what extent? Technological Forecasting and Social Change, Volume 69, Issue 7, September 2002.

重在特殊问题解决的过程；组织变革的原因视为有形资本和无形资本的结合。

①技术变革理论（the engineering theories of innovation）：第一个基于知识的组织变革理论为技术变革理论。在这个理论中，变革是生产领域中一个工程技术问题的解决，吸收研究成果、专利技术改进产品和生产流程。基础研究和工业研发投入是新产品或改进产品与流程的动力源泉。在这一理论中，变革被孤立地解释为各种有形资本——技术资本、物理资本、人力资本和金融资本——的结合。

②变革的市场拉动理论（the market pull theories of innovation）：上个世纪60年代，变革的技术理论逐渐被变革的市场拉动理论所取代。这一理论中技术要素仍然被看成变革的必要因素，这一理论第一次嵌入社会因素以研究变革。组织变革被解释为有形资本和一个无形要素——市场数据的结合。

③变革的链接理论（the chain-link theories of innovation）：为了解决技术知识与市场的联动，以及克服技术变革理论和变革的市场拉动理论之间的分离，80年代，许多学者像 Mowery 和 Rosenberg①、Von Hippel② 等关注并研究市场、生产、技术和销售等因素之间的联动，强调公司和顾客、供应商之间的互动所形成的信息交流过程。在这一理论中，组织变革被解释为有形资本和一种无形资本——的协同。这种无形资本是：关于顾客和供应商的数据。

④变革的技术网络理论（the technological network theories of innovation）：20世纪80年代末和90年代，变革的技术网络理论被一些学者在"变革系统"③的标签下得到了发展。

这一理论的支持者提出：变革源于高度多样化的企业群集——客户、供应商、顾问公司、政府机构、政府研究室、大学研究机构等通过技术网络合作和信息交换，也就是说：组织变革由技术因素、市场因素和网络因素共同决定。变革的技术网络理论将变革解释为有形资本和无形资本协同作用的结果。这种无形资本是：以技术网络为工具获得和吸收的数据被转换成信息。

① D. C.. Mowery, N. Rsenberg, The influence of market demand upon innovation: A critical review of some recent empirical studies, Res. Policy 8 (2) (1978) 102－153.

② E. Von Hippel, The Sources of Innovation, Oxford Univ. Press, Oxford, 1988.

P. Dasgupta, I. Serageldin (Eds), Social Capital: A Multifaceted Perspected World Bank, Washington, DC, 2000.

③ R. R. Nelson (Ed), National Innovation Systems: A Comparative AnalysisOxford Uni. Press , 1993.

⑤变革的社会网络理论（the social network theories of innovation）①强调知识而不是技术网络作为决定性的无形要素。技术工具即获得和利用新信息的通信技术，但这些技术工具不产生竞争优势，因为它们很容易被其他竞争者获得。竞争优势的产生基于关系工具，即企业的社会合作网络。一些学者阐述：知识网络作为一个叠加、重合在技术网络之上并高于技术网络的新形式的合作网络，是第一形式的合作网络形式。作为生产要素和决定企业是否变革的原因，知识分享的重要性日益突出，被看成是受历史文化、社会价值和社会准则影响的、多样化的网络参与者之间的全球性、即时性互动和知识信息交流传播过程。

5.2.2 企业社会资本：企业变革的重要解释变量

在变革的社会网络理论里，组织变革是企业大量差异化、不同类型的参与者之间分享知识信息所取得的结果，是一个涉及公司和不同环境参与者之间的信任关系及社会互动的过程。相互依赖的参与者之间的知识学习与交换构成一个变革的社会系统或变革的组织集群。变革的社会网络理论强调了知识信息分享、网络关系两个方面对企业变革的影响，从而使社会资本成为组织变革理论的重要解释变量。

企业社会资本是企业变革的有力支持，是企业变革的社会维度。企业不同层面的信任网络构成企业变革的制度基础，对增进信息交换质量和企业社会开放程度并促成企业形成不同类型的组织变革战略密切相关。企业社会资本及其有机构成是企业潜在变革能力的指示仪。

（1）社会信任网络作为组织变革的制度基础

从企业社会资本的视角看，组织变革是企业大量差异化、不同类型的参与者之间分享知识信息所取得的结果，是一个涉及公司和不同环境参与者之间的信任关系及社会互动的过程。相互依赖的参与者之间的知识学习与交换构成一个变革的社会系统。企业社会资本是组织变革的重要解释变量。

在众多对网络的工业化作用的研究中，增进组织变革的制度性基础被认为是极为重要的。这些基础包括法律、习俗、常规和规范。社会互动有益于企业和产业内的学习和集体知识的创新。并且，随着企业社会资本的集聚，企业不同层面社会信任网络的扩展，它直接影响企业、组织间的关系结构和信息传

---

① P. Dasgupta, I. Serageldin (Eds), Social Capital: A Multifaceted Perspected World Bank, Washington, DC, 2000.

播，并对支持某一类的知识创新，或阻碍另一类知识创新有着直接影响。这些知识趋向于成为嵌入个人技术和组织的常规、程序，而且成为连接不同企业、组织间相互关系的、广泛的制度性内容，从而影响企业的社会互动及变革实践。

研究不同层面或维度的企业信任网络的本质、机制及其与组织变革的关系可能是极为复杂的，但信任网络的不同层面提供了一个更好地理解团队、企业、组织间信任产生和维持过程的有用的、富有启发的工具。这也为我们检验信任网络和变革过程之间关系提供了可能。

（2）企业社会资本的特征与组织变革的类型

为了更为准确地研究组织变革与企业社会资本之间的关系，本文参照詹姆斯·墨菲（James T Murphy）对企业变革类型所作的区分，将企业变革分为回应性变革和自主性变革两类[①]；并根据不同层面信任网络在企业社会资本中的比重，将企业分为三种类型，保守型企业、功用型企业和开放型企业。保守型企业是企业社会资本偏重于内部微观信任网络的企业。一些处于创建期的家族企业或民营企业属于这一类型；功用型企业指企业社会资本侧重于中观信任网络的企业，这类企业拥有稳定的业务往来关系，并且也是其他企业业务及重要资源的提供者，成长期的企业大多属于这一类型；开放型的企业指企业社会资本构成中不同层面的信任网络平衡，具有较强的组织凝聚力和外部影响力，其中观、宏观信任网络发育较为完善的企业，处于发展期的企业一般属于这一类型。当然，对企业及其变革类型所作的区分，只是基于一种思维的抽象。现实中，不同企业在不同（区域）环境条件下，同一企业在不同发展时期，其社会资本及封闭性、开放性会呈现复杂的形态，变革的产生也会由于复合的内外因素而促成。

所谓自主性变革[②]是企业的结构、技术、生产经营模式等方面的变革由企业家独立决策所引导，并通过企业内的工作所驱动。换句话说，自主性变革源起于企业内部资源基础，被采用变革措施绝大多数意味着致力于企业的长期发展。这种变革是企业家计划能力、创造性、发明能力的指示剂，这些能力从企业内部重新定位企业资源和利益，朝向新的活动、产品及经营方式。自主性变

---

① James T. Murphy. Networks，Trust，and Innovation in Tanzania's Manufacturing Sector. World Development Vol1No14：591－619，2002.

② 同上

革包括独立的生产技术改进、产品多样化，劳动生产力的提高，提高企业的劳动强度，改进企业大小和位置，利用分销商、使用正式的市场策略，在公司生产系统实施纵向联合策略等。变革过程视为在商业环境内通过长期运作或受所察觉机会驱动的提高公司效率、生产率和市场获利能力、规模，是企业既定战略的组成部分。自主型变革源于企业独立的行为。

回应性变革①是指企业结构、技术、生产经营模式的改革受商业环境中不可避免的短期变化所驱动的变革。如其他企业的模仿，受到外部支持等。这样的变革包括被迫（市政当局）移动或迁移，调整由于政府商业自由化政策所造成的损失等。这些调整尽管有益于企业的长期利益，但这些变革的做出，根源于企业所不能控制的短期环境的变化和需要。与自主性变革致力于创造企业的长期发展机会相比较，回应性变革更主要的是降低风险和解决短期问题。除了短期调整和适应，那些通过获得外部支持而产生的变革也被归于回应性变革的范畴。如家族金融机制、政府拨款、非政府组织支持。因为这些形式的支持与企业日常运作质量、内部资源、生产能力没有直接关系。企业所得到的外部资源支持，并不是企业自主变革的关键性因素。这种区分有可能混淆了企业得到资源的途径，即这些资源是来源于企业内部或产生于企业的社会、文化、政治、地理或经济环境。回应性变革源于企业不能控制的外部力量。

表　企业社会资本及企业变革倾向　（资料来源：作者整理）

社会资本特征	企业类型	变革倾向	管理取向
偏重于微观信任网络	保守型	自主性变革	内向
偏重于中观信任网络	功用型	回应性变革	外向
微观、中观、宏观平衡	开放型	自主性与回应性变革	内外兼重

根据不同的企业社会资本构成形成企业不同的开放或保守特征，企业变革水平及变革类型也呈现相应的特色。

①保守型企业与组织变革

保守型企业指一个企业的社会资本偏重微观信任网络，企业管理者与初级群体如家庭等保持紧密的联系，在公司和初级群体之外，与外部有很少的社会关系，缺乏广泛、密集的社会网络，特别是缺少中观、宏观信任网络的企业。

① James T. Murphy. Networks，Trust，and Innovation in Tanzania's Manufacturing Sector. World Development Vol1 No14：591－619，2002.

企业商业联系的范围明显限制了企业变革的类型及能力。与功用型、开放型企业相比，保守型企业在变革水平特别是自主性变革水平上有很大差距。

无疑，微观信任网络与自主性变革有着显著的相互一致性，它显示了长期的、面对面、密切的关系对变革过程有着重要影响。微观信任网络通过企业内部成员之间分享经验，面对面的互动而形成、发展。这一过程，在个人之间产生了一些积极的结果并在人际间形成联结。其积极的结果可能包括分享成功、相互尊重，友谊、知识，共同的理解或观察能力等。本质上，深度信任保证资源更易于在公司和个人之间以一种与关系密切程度相应的水平和速率流动。因而，有益于变革和发展有效的信任关系。

微观信任网络传递接收各种形式的信息，保证了企业未来行为的确定性、可预见性。这些信息范围包括连续的数据、价格、成本、设计及隐含在各种形式和常识中的隐性知识。特别是，微观信任网络对扩散、发展无形的或默会知识（tacit knowledge）的作用。因为这些知识只有通过关系密切、面对面的接触及经验分享才能获得。日益增长的信任，将激励非标准信息的流动，并有益于在公司内创造和积累知识。这种形式的知识和技能，包括难以表述的知识和企业能力，对企业长期技术变化和区域产业发展具有重要作用。

微观信任网络与变革的关系也反应了商业关系中的社会能力帮助企业取得高水平的自主性变革。社会能力指企业能够建立可信赖的社会关系能力。这种能力是企业管理者利用相互信任所产生的效果。分享经验、相互理解是评价商业伙伴技术能力及合法性的有效机制，一旦个人被认为是有能力的，在企业处于危机时刻，企业管理者将向其求助关于产品、市场、投入或技术等方面的建议。深植于企业微观信任网络的团队、部门、个人，对企业行为的感知能力、变革能力有重要影响。缺少这种强联带关系的企业，变革将受到阻碍或面临失败的风险。

但事实上，企业过度依赖微观信任网络，将使企业与更广泛的社会联系分离，而这些联系将使企业获得多样化的信息以更快、更有效地应对市场波动，是企业回应性变革产生的根源。本质上，微观信任网络的作用更主要地显示内部成员责任感、效率及降低风险上。微观信任网络提供给成员的归属感将简化决策过程或促进基础决策关系。但是，这种内部网络如果过于狭隘，将限制信息质量。单靠微观信任网络所提供的力量及资源对企业变革和取得商业利益都是不充分的。

保守型企业通常代表着创业期的家族企业或传统工业、手工业企业。这些企业与业内同行在资本需求较低的领域，保持着小范围的松散合作。总的来说，这些公司业绩平平，较少创新与变革，基本上维持生存导向。资金和产品投入主要用在普通的低品质产品或给特殊客户定制传统技艺领先的产品。假如需要额外的劳务，则寻求在本地以计件的形式转包给其他企业或个人。在这种合作形式内，传统型企业仍然保持独立运作，但参与这种合作可以降低风险成本，改善市场通路。按照信任、责任和义务感对形成传统保守企业的商业关系至关重要，特别是当牵涉到资金问题时，信任是稀缺产品。在这种企业里，企业所有者或管理者只信任少数人并避免把信任扩展到所有人，缺少开放度，自给自足被认为是最安全的商业途径。

相对来说，保守型企业在狭小的空间和产业领域内有较高的信用通途和商业信誉。而这些信用和信誉构成被视为企业关键的市场战略和维持生产的重要途径。企业缺乏广泛的信息渠道，积极的信息关系仅仅在经营危机发生时才被重视，被动地复制其他企业则成为开发新产品最常用的战略。传统保守型企业很少以长远的眼光看待商业发展，假如能得到稳定、公平的价格保障，这些企业情愿选择在一个常规的行业内经营。

尽管这类企业缺乏广泛的社会信任和社会网络相对薄弱，许多保守型企业正在向外寻求新的观念并建立更多的社会关系以有益于创新的商业联结。但是，因为它们社会关系质量尚不能使它们在一个充满竞争、变化无穷的市场内得到资本、资源，它们的生存导向、社会障碍阻止其与资源丰富的组织、个人建立联系，这些企业只能通过狭隘、高度责任感的社会关系维持生计。因而，这类企业总体变革水平、能力较低。

②功用型企业与组织变革

功用型企业主要是中观信任网络在其企业社会资本中占最大比重及主导地位的企业。这类企业善于利用其业务往来中的商业信用关系促进其产品及经营的改善。

对功用型企业来说，中观信任网络促进企业间交易方式、技术、产品设计。而当功用型企业通过模仿扩展其产品线时，这是一种回应性变革形式。通常，当区域外的新产品进入时，基于模仿的企业变革即会产生。但这种模仿所产生的回应性变革与企业社会资本并无太多关系，而是基于竞争和对潮流的跟进。一般来说，新观念的收集来源于二手资源（如产品目录、报纸广告、录像等）或复制其他国家、城市商店或陈列室里的新式样。国外设计之所以受到厂家偏爱，是因为模仿国外设计，被认为是新潮的，对消费者也有吸引力。

外国设计能带来销售的成功。

近年来，功用型企业变革类型主要为通过保持与客户、供应商的频繁互动，增进对彼此生产生活、经营流程的深入了解所进行的自主性变革。这种变革形式直接由企业中观信任网络所推动。

功用型企业在变革的总量上明显高于传统保守型，但少于开放型。特别是在回应性变革的数量上，功用型企业与开放型企业相去甚远。开放型企业的宏观信任网络明显高于功用型企业，但在中观、微观信任网络上，两者没有太大差异。

功用型企业并不一定意味着脱离传统保守向开放型企业过渡，在本文中，它被作者规定为利用具有战略意义和局限性的商业关系、信任关系以求取得具体的市场优势。因此，比保守型企业更注重经济、社会联系，更愿意建立社会声誉和信息联系。但除非利用关系存在明显的益处，功用型企业谨慎地避免社会关系的过于拓展。因此，在与社团协会、政府等宏观信任网络的培育上，不及开放型企业。其企业信任关系限于获得潜在的财经支持以及在本地市场上取得短期的优势等特别的经济功效。对功用型企业来说，它们已经与特定的企业或个人如供应商、分销商等，建立了良好稳定的信任关系，以确保它得到资源或资本。

在社会开放性程度方面，功用型企业要低于开放型企业，但是，它所建立的关系对于企业经营却非常富有实效。当它们倾力于低质量、低价格的产品，通过市场或批发商，在价格竞争和产品分布方面能建立高效的结构网络。一些功用型企业不愿意与陌生人或企业建立关系，它们更注重在公司内降低成本、改进产品，与涉及公司核心业务的企业保持联系，而与产品经营无直接关联的外部关系则显得不太重视。这种内聚倾向限制了企业获得多样化的信息资源，尤其是当这些信息适切于本地市场、政策变化及竞争者行为时，降低了企业行为对广泛的环境因素的敏感性与弹性。特别是与开放型企业相比，功用型企业缺少对环境的回应性变革能力。

③开放型企业与组织变革

总体上，利用企业社会资本与企业变革水平持正相关性。不同层面的社会信任网络通过提供更丰富、更多样化的信息及社会资源有益于企业变革进程。

开放型企业是企业社会资本构成中不同层面信任网络能够取得有机、动态平衡的企业。企业不仅具有较强的内部凝聚力，而且还表现了较强社会开放性。能够有效利用内、外部信任网络促进企业的自主性变革和回应性变革。这一类型企业的管理者对保持内部的自由、宽松及信息渠道的畅通，并对外来者和新观念持开放态度。企业家在建立商业联系时善于依靠正式或非正式的法规惯例、信赖政府政策制度和普遍美德。这类企业有很高的信任、多样性外部联结和变革活力。相对于保守型和功用型企业，这一类型的企业有很高变革水平。

与其他两类企业相比，开放型企业依靠广泛的社会关系，特别是更注重信息的收集及建立声誉。像功用型企业一样，开放型企业也利用声誉与潜在的投资者建立联系。比其他两类企业更善于利用广泛的社会信任关系特别是宏观信任网络与多样化的群体保持沟通与松散联系，以保证企业比竞争者更有效地追踪市场变化，获得最新信息，确认新的商业机会，保持企业对环境的适应能力与弹性。企业的外部联结对企业产品生产及创新尤为重要。

在企业社会资本方面，开放型企业采用的策略，是保持内部微观信任网络与外部中观、宏观信任网络的动态平衡，并全力拓展外部信任网络。中观、宏观信任网络使开放型企业与其他地区众多企业、机构保持广泛的经济联系和社会联系，这些联结能提供多样化的信息资源、新颖观念及保证企业更有效适应或回应商业环境、社会环境的变化。企业显著的回应性变革能力，与企业愿意拓展广泛的社会联系密切相关。

中观信任网络保持企业与核心商业网络的相互信赖，对消除风险、保证密集的社会互动、经济交换、经济合作以促进企业知识创新最为重要。与功用型企业使用中观信任网络策略相同，前者在这一层面显示了更高的社会信任水平。功用型企业与开放型企业的明显差异是开放型企业能在价值体系中占据更为有利的主导地位，并更好地利用不同信任网络的有机平衡。微观信任网络有益于自主性变革，而中、宏观信任网络有益于回应性变革，从而使开放型企业能灵活独立、高效积极地参与本地及全球市场竞争。

宏观信任网络对回应性变革有明显的积极影响。回应性变革主要被外在的因素所驱动，如政府对企业强制性的政策，与金融或商业市场无关的支持或资源的有效性，本地市场环境的短期波动等。这些变化可能涉及资源或投资的有效性、市场需求的突然改变、政策因素、政策力量直接影响商业活动等。在这些情况下，信息交换对判断形势、估计其他企业的战略调整是重要的。假如企业与政府之间以及在社区或产业内存在较高信任度，联系范围广泛，企业与其他组织之间将产生高频率信息交换，而且，针对特定问题将产生多样的反应或选择。新的产品设计、贸易技巧（如区域、全国、全球性的贸易洽谈会等）、技能或产品策划，跨地区、国界的经济共同体，合资、兼并与联合等可能通过这种广泛的社会信任网络而产生，而这些互惠合作能引导企业实现经营由渐进式向跨越式飞跃。

在国家政策或政府强制的时间里，宏观信任网络至关重要。特别是在政府或地方当局压制中小企业的时期，经常在缺少事前预警或信息时，一些行为即会产生（如警察突袭、税务检查等）。此时，关于政府活动的信息对企业来讲就变得非常有价值。这种关系的用途在非正式的小企业间非常通行。同样，在正式企业中，也用同样的方法应对官方的税务核查及年度调查。对它们来说，宏观信任网络对采取应变措施保护商业利益非常重要。

宏观信任网络是政府与企业、社会与企业之间的重要桥梁机制，也是企业潜在财经资源的重要途径。那些能够有效地应对全球化的企业及管理者，更愿意在一个宏观水平上信任他人、组织或政府。

政策也能促进变革的产生。更好的经济发展机构、法律制度、税务机构和工业政策将保证企业更愿意在这一地区进行风险投资。一旦企业、政府间分享经验，建立相互信任，变革的潜在可能将大大提高，特别是在低资本及非正式企业争取稀缺资源、谋求取得竞争优势时。对这些企业来说，与政府、公共组织保持松散的纽带和多样化联系被认为是建立声誉的建设性途径。它也带给企业所必需的投资项目、资金支持，更好的经营政策及社会环境。这也是回应性变革产生的重要动力。

尽管宏观信任网络有这些潜在利益，并不是所有公司都能够采用这种联接策略谋利。对保守型企业、功用型企业而言，建立与悉心维护宏观信任网络需要相当的时间及相关投入。特别是处于创建、成长初期的小企业，难以一下发展如此广泛的社会联系。因此，一些功用型企业不愿意在社区之外扩展社会关系，许多企业或许不愿牺牲它们的现有能力去独立地变革。特别是一些保守型企业依靠维持有限的外部联结获利，凭借企业仅有的、小范围内的强连带关系获得资本、理念及信息，这种社会策略受到偏爱是由于它限制了风险，有益于责任感的建立。但不幸的是，这种行为无益于处于不断变化环境中的企业对社会的适应能力。

通过以上分析可以得出的基本结论是：公司的变革能力与企业社会资本的存量及构成有关，不同类型企业其经济过程中社会资本的差异影响组织变革水平及类型。因此，对于企业而言，富有成效的管理战略是致力于在广泛的社会关系中建立有利于信息交换和集体知识创造的信任联结，特别是超越文化、政治、社会、空间界限，建立社会信任网络，提高组织变革能力，增强企业竞争实力。

5.2.3 企业社会资本与组织变革的实践

全球化、信息化背景下，企业生存环境瞬息万变。企业的社会资本，使单个企业融入全球性社会网络，与相关企业或组织形成组织功能集合的实体，获得集群优势。企业与群集内成员间频繁的交流互动、互惠预期和规范行为，能迅速实现与网络成员资源、能力的动态组合，促使企业的资源内合及任务外分，并保持对环境激变情形的不断变革和调整。

从中外企业成长、发展的现实中，我们可以看到，社会资本对企业产品及流程改进、组织机构、组织经营及目标的变革实践具有重要影响：

（1）促进产品及生产流程实时改进和再造

企业社会资本，包括企业网络的规模、性质，社会关系的参与程度特别是技术研究网络对企业产品及流程改造具有深刻影响。以美国纺织业为例①，以前一款产品从规划、推销到出货要 66 周，其结果是产品的三分之二会变成存货，要靠折扣来促销出清。米利根公司的"快速反应"模式，则利用企业社会资本促进产品及生产流程改进。该公司拥有广泛的顾客网络、信息网络，公司设计好放在电脑网络上，任由顾客挑，或由顾客参与产品的设计与改进，再由电脑网络传输给公司，制造商接到定单，即时生产，即时快递产品到顾客手上。此外，美国矽谷的高科技，英国剑桥的软体产业，德国巴登－符腾堡州的工具机械（Piore and Sabel，1984），意大利普拉托和莫德纳的时髦服饰（Lazerson，1993），都是利用社区人际网络、产业组织网络以及新知传播网络获得知识技术信息，改进产品和生产流程，赢得市场，累积财富的例子。

（2）促进企业组织结构的动态调整及变革

组织结构的变革取决于组织社会资本的驱动力量，即组织信任度的高低，组织网络、关系、参与资产的规模，开放性程度及侧重点等，对简化企业的组织结构、增强组织弹性，具有重要影响。

如果企业社会资本是一个在大规模、开放性、参与水平高、成员多样化、侧重于外部关系的社会关系网络上，则有益于企业依任务将各种内部作业整合成灵活、富有弹性的团队式的结构单位，能随时为了新的机会而将新的功能小

---

① http：//www.cnjp－trade.com/chinese/express/forum/2001/300－24.htm

组整合进组织内。米其林公司①是法国的一家大型工业公司，主业是轮胎，为克服庞大的官僚主义结构带来的弊端，开始倚重于工作小组。这种工作小组的组织结构，有效减少了组织层级，并将传统等级制、金字塔式的组织结构，改变成扁平的、网络化的、有机的体制，增强了对全球市场环境的复杂性、多变性和不确定性的适应能力。1994年，它的轮胎销售量占世界市场的20%。

组织社会信任度高，享有高度的影响力、号召力。一方面，有益于组织通过兼并、海外投资、承包等形式，将组织改造成具有半独立性质的内部网络。一些大的企业如通用汽车、耐克等，在全球都有自己的分公司或生产厂家，其内部联系是逐渐分散的内部网络，依国家、市场、制程和产品不同，以半自主的单位组织起来，而每个分公司又是附属中小企业网络的节点。这种网络系统生产过程包括不同地点、不同公司制造的各项组件，再以特定目的和市场需求来装配。这一模式适应了市场高度分散、差异化及变动频繁的趋势。另一方面，有益于企业吸引全球各地的企业、团体、协会等加入自己的外部网络，形成企业网络或虚拟企业，这是近年来企业组织结构变革的重要趋势。20世纪80年代，美国的通用电子（GE）、惠普公司（HP）和IBM等一些科层时代的大公司，相继利用社会网络的扩散，实施企业再造，使企业从官僚主义等级机构，迅速地转变成富有创新能力、变革能力的有机的企业联盟。

大型企业所建立的垂直性外部网络也是组织扁平化、弹性化的重要力量。例如丰田主义公司②与供料商之间的稳定与互补关系，使丰田在日本网络了数以千计不同规模的厂家。其中大多数厂商拥有的大部分市场都是掌握在丰田手中的市场。大部分供应商在财务、业务或技术上都受到母公司所覆盖的"系列"控制或影响。在这个模型中，最重要的是沿着厂商网络所进行的垂直解组，取代了在同一个公司结构里各个部门的垂直整合。

（3）促进企业快速捕捉市场机会，不断拓展经营领域

一个小规模、封闭性的，成员性质单一的，侧重于内部关系的企业社会资本，通常代表着由非常相似的人或组织组成的紧密关系网络。在这种网络里，企业有可能在小范围内得到以信任与合作为形式的社会资本，但组织的开拓契机比较少。以信任与合作为形式的社会资本，很擅长建立集体荣誉、组织个性

① http://www.cnjp-trade.com/chinese/express/forum/2001/300-24.htm
② ［美］曼纽尔·卡斯特，网络社会的兴起，夏铸九、王志弘等译，北京：社会科学文献出版社，2001，195

和共同目标意识，然而，这种社会关系网络不适于获得信息及其他资源，不利于影响企业社会网络之外的个人或企业，也难于捕捉到新的市场机会。波士顿128公路区，公司独立而保守，造成当地的社交活动以亲朋教友为主，话题自然是足球、篮球，东家长西家短，而不会是高科技的未来了。两地知识传播网络结构的不同，说明了为什么硅谷新知传播快速，市场敏锐度高，而128公路区却瞠乎落于其后了。中国江浙一带各县、或镇兴起的家户式的企业组织，多以同乡关系为纽带①，网络成员同质，相互价格竞争激烈。为解决这种组织社会资本的开拓性，由当地政府牵线，组织当地小企业通过扩大社会关系网络规模，多样性，特别是加强与其他省市、国外企业的联系而获得利益。如果组织网络规模小，成分多样性程度低，社会关系联系密集，高度重叠，即"冗余"，则意味着这种社会资本不是致力于向外部世界延伸，并在不同的组织和群体之间架设起沟通桥梁。在这种社会网络里，思想、信息、资源的传播流动时间长，速度慢，易于被困在某个组织或群体内无法继续流动，不利于企业生产经营及管理战略的实时动态调整。

洛杉矶地区的硅谷的公司，与世界各地有着广泛的联系，这种网络式组织的相互连带往往提供了新技术流通的传播网络，使得相关专业的人们，跨公司、地区而互相认识，有利于知识技术的交流与扩散。因为公司间联盟带来丰沛的同业间人脉，使得硅谷同业间的社交生活十分活络，造成了一个知识相当开放的环境。拥有大规模的、开放性的、成员多样化的、侧重于外部关系的社会关系网络，这种开拓性社会关系网络存在大量的、以沟通隔阂（也就是弥补人与人、组织与组织之间的结构空洞）并创造价值的机会为形式的社会资本，有利于企业与多国公司连接，彼此互惠转包业务，获得市场通路、科技、管理技术或品牌商标。但值得注意的是，由于这种社会资本类型过于差异化、多样化，不利于在成员之间形成共识和一致的目标，或者难于培养出共同使命感，企业面临错综复杂的信息，相互冲突的各种期望，不同的利益、目标和压力，容易形成紧张和冲突，这既是组织变革的驱动力量，也是组织变革的风险所在。

组织变革与稳定性之间最好的社会资本类型，是建立信任合作与开拓契机两种社会网络之间的平衡，使企业的生产、消费和管理既保持经济规模和组织

① 仇保兴，发展小企业集群要避免的陷阱——过度竞争所致的"柠檬市场"，http://www.cnjp-trade.com/chinese/express/forum/2001/300-24.htm

能力的深度，又具有更高的灵活性，及时发现机会和发掘资源。

组织信任度高的企业，更易于通过特许经营、许可证交易、资本投资、合资经营等办法染指雨后春笋般出现的新企业，快速取得在新兴行业里的竞争优势。

（4）促进企业组织目标和利益关系的调整转变

20世纪的70、80年代，包括通用汽车在内的欧美企业普遍受到资本集中优势下降、消费者运动、环境保护等多种力量冲击，它们在建构社会资本促进组织生产经营、组织机构变革的同时，也致力于使企业的责任和社会使命的重大调整和转变①，即从注重经济利益、经济目标发展到经济效益和社会效益并重。这些企业通过外向、合作型的社会资本将仅仅管理内部生产业务的组织转向涉及投资者、雇员、顾客、公众和政府的"多重目标"的开放体系，将孤立企业转变为共生地与环境结合在一起的适应性企业。企业要获得广泛的社会支持，必须放弃单纯追求利润的短期行为，兼顾各种外部合作参与者的利益和目标，包括政府机构、公益机构、消费者、雇员在内的各种社会团体，对产品质量、生活质量、公共服务、生态环境的内在要求，在自然生态环境、能源危机、社会公益、劳动生活质量等方面应承担的责任和义务。因此，不断调整利益关系，及时整合多重目标成为企业变革的一个重要内容。企业这种具有战略性和前瞻性的经营管理，把自然、社会及合作者看成维持企业生命的一切能量和资源的源泉，并把种种外部力量及企业生存环境中的不确定性、变化性转变为变革与创新的机遇和动力。

综上所述，企业社会资本通过企业不同层面的社会信任网络及互惠行为，使企业与参与者之间信息、知识、资源、能力的即时性、全球性的传递分享和动态整合，影响并制约企业产品和生产流程、组织机构、经营领域、组织目标及利益关系的不断实时改进与创新。

5.3　企业社会资本与危机管理

企业危机管理不是应对一个特殊的事件，而是利用公司内外的社会信任网络及时传递信息，把握趋势，并做出积极的防御或应对措施，预防危机和处理危机事件的社会过程。企业社会资本对企业危机防御和危机事件发生后的化

---

① ［美］W. E. 哈拉尔，新资本主义，冯韵文等译，北京：社会科学文献出版社，1999，229

解，提供危机管理所需要的信息、资源和社会支持，具有重要的作用。

5.3.1 危机与危机管理

企业危机是一种长期或短期企业行为或外部影响所导致的短期失衡现象。危机有可能导致经营的不稳定和混乱，也可能导致问题或困扰的解决，危机意味着转折点。从危机处理的角度讲，危机可以被定义为一种决策形势，此时关系到企业的重要利益或生存受到威胁。构成危机的意外事件或不确定前景造成高度的紧张和压力，严重的冲突形势有可能使公司经营管理失控，而做出重大决策和反应的时间相当有限。

企业危机是一贯存在的。如自然灾害、工厂爆炸、事故火灾等。但近年来，商业伦理的变化、环境保护运动的发展、顾客满足欲望的加强和人权意识的提高等，使企业危机出现了显著化、多样化趋势，以美日等国为代表的西方公司在企业管理中纷纷推行"危机管理"。西方管理学者对来自企业界的这股"危机管理"浪潮也采取了积极的态度，甚至有学者认为企业管理进入了"危机管理的时代①。"

危机管理的产生与当今国际政治经济和社会发展形势有着密切的联系。"二战"以后，由于暂时确立了新的国际经济和政治秩序，社会经济生活获得了平和安宁的环境，资本主义经济在此期间获得了较快的增长。西方企业界借机发展自己的业务，企业规模不断扩大，海外投资异常活跃。20世纪70年代，西方许多企业已经发展成为国际性经营公司。有些企业的经济实力，对世界某些领域起着重大的影响作用。进入70年代后，随着美国经济实力的相对下降，比较稳定的经济秩序开始走向局部动荡，国际经济摩擦进一步加深，利益冲突更加剧烈。一些局部的政治联盟和政治集团也开始向社会经济生活的各个方面渗透。可以说，跨国公司迅速增长所有利的纯经济环境在此期间向复杂化发展。国际政治、经济和社会因素的相互渗透，使得经营环境中的非经济因素的影响强有力地增长。在这种新的背景下，从事海外业务的跨国公司经常面临许多突发性事件的冲击，诸如政府权力干预、国际经济制裁等，此外产品掺毒、诱拐人质等恐怖活动在海外经营中普遍发生。80年代中期发生的东芝事件就是一个典型。

除了国际政治经济的原因，危机的发生日益同社会因素联系在一起。从前

---

① 孙明贵，日本企业管理新策略，北京：经济管理出版社，1996，209

　　企业的危机大多由于自然因素、产品因素等引起，如产品质量问题、爆炸事故、地震等。对类似这些事件的处理，逐渐发展了一套常规的应对措施，如产品质量问题通过替换、回收产品解决，另一些灾害性事件，则是保险投保的对象。但近来年，商业危机的发生，显示了社会性、非经济性的倾向，使企业经营管理不停地面临新的难题。特别是 20 世纪下半叶以来，组织危机越来越常见。事实上，在一定程度上来说，危机显然并非偶然发生，大部分是由于"人"的因素及逐渐积累引起的，可能是由于错误的决定，也可能是由于技术的复杂性，或者两者兼而有之。

　　首先，随着技术革新和价值观的变化，导致商业伦理标准的改变。如金融机构的"不良资产"和股份公司的"损失填补"等，长期以来曾被产业界视为理所当然的事，现在作为问题提出，被大众传媒曝光，引发为企业危机。

　　其次，环境保护运动就公害问题，提出严厉措施，引起威胁企业生存的事态。顾客满足需求和消费者保护运动，推动了 P/L 法的成立，以对付"欠缺商品"。还有人权意识的变化，特别是年轻一代观念意识的变化，降低了对企业的忠诚意识，成为"内部告发"的原因。究其原因是由于雇员从"职员意识"向"生活者意识"的转化，将"社会的常识"引入企业内部。于是有关企业"反生活者的商品"的信息，被提供给大众传媒。此外，"性骚扰"、"个人资料的披露"等问题也成为影响企业正常经营的危机事件。大众传媒对企业的信息披露、严厉批评，恶化了企业形象，增大了企业的危机。

　　经营环境的变化及危机事件的多样化、社会化趋势，使得企业危机管理的作用，变得至关重要。

　　通常，危机被定义为对于系统生存的主要威胁及在极短时间内发生，组织来不及反应，组织陷入病态结构的情况中，并且组织的资源不足以应付这样的情况。危机管理则是指企业在动荡的经营环境下，为了防止各种危机事件对企业产生的破坏作用，保证企业经营安全，通过采取一系列措施和手段对危害企业经营的突发事件进行管理。

　　尽管危机给企业生存带来了问题，但它对企业发展既有积极作用又有消极作用。一些学者认为，系统内部固有的危机会给系统内的个人提供学习和应付变化的机会，而使组织得到发展①。

---

　　① ［美］罗德里克·M·克雷默、汤姆·R·泰勒编，组织中的信任，管兵、刘穗琴等译，北京：中国城市出版社，2003，354，11

5.3.2 企业社会资本与企业危机管理

作者认为，危机管理的核心，是运作企业社会资本，保持与恢复公司内部成员和外部客户、公众及相关群体及机构对公司的信心，以获得相应的援助、合作和支持的社会过程。良好的相互关系是现今市场——乔治苏认为在绝大多数产品中存在着明显的制造能力过剩——巨大灾难的矫正器①。在企业危机管理中，企业社会资本对预防危机，化解危机并将危机事件转化成发展的契机，有着重要作用。

（1）企业社会资本与企业危机的预防管理

对危机管理来说，最重要的不是危机发生后的事后管理，而是预防危机发生的事先管理。危机的防御，最主要的是保持危机意识。企业危机的多样化，加大了事先对应的难度，使得危机管理的重点从危机发生后的应对转移到预防管理。在对危机的防御过程中，企业社会资本所提供的相互信任，有利于显性或隐性的危机信息的准确把握、快速传递，从而保证决策正确，措施得力和危机隐患的消除。

危机防御主要是防范那些可预防性危机。这类危机的原因存在于企业内部，危机的发生能够预测并制定对策。这些危机涉及经营者、股票、销售、人事劳务管理方面的权力争斗、合同纠纷、欺诈、劳动争议等方面的问题，投资风险、债权风险、破产倒闭、消费者运动、市民运动、海外经营中的民族问题、环境补偿责任以及各种突发事故、工程事故等。逃税、贪污、泄密等企业内犯罪也属预防类危机。这些危机，事先能设置危机发生之际的应对程序，做好将损失减少到最低限度的准备。有些危机并非单以企业为对象，难以预测，在应对危机之际，单靠自己努力不足以解决问题，此类危机也称突发性危机。它们包括经济和社会变异——石油冲击、汇率冲击、股价暴跌、大停电；国际国内政治变异——战争和内乱、政变、平息、贸易摩擦、对手国家的制约；自然灾害——地震、台风、火山爆发、气候异常等。此外，还有一类半预防类危机，其产生的部分原因在于企业。它们的发生虽能预测，但无法制定像"预防类危机"那样完备的对策，但事先可设置危机发生之际的应对程序，并做好将损失减小到最低限度的准备。半预防类危机包括胁迫——产品胁迫、毒物混入、企业胁迫、企业爆炸、飞机劫持、人质扣押、强盗；知识侵权；行政、

① ［美］罗德里克·M·克雷默、汤姆·R·泰勒编，组织中的信任，管兵、刘穗琴等译，北京：中国城市出版社，2003，354，11

行情、贸易等经营环境变动所引发的危机。

美国学者 Mishra① 考察了信任在出现危机时对组织参与者关键行为的影响。那些重要行为包括决策权的分散、不加歪曲地传播和合作。Mishra 认为，工人、管理者、顾客和提供者之间的信任，都对应对危机的这三个方面行为产生了积极的影响。信任促进了权力的分散，增进了真实的传播，并通过分配稀有资源实现合作。因而，拥有高度信任的组织更可能成功地度过危机。

危机管理并不是某个部门或某几个关键人物特有的职责。而是企业全体成员的共同课题。各个部门之间应该保持交流渠道的畅通，以求得危机信息的完整收集和集中处理。

日本公司在向海外扩张的过程中，推行人事当地化策略。聘请那些在本土拥有很强社会资本基础的个人，快速提高企业社会资本的存量，从而提高企业防御危机的能力②，如日本野村证券公司。这家公司曾以占欧洲债券市场六成的勇猛态势闻名欧美，但同时也使许多证券公司陷入国际金融摩擦的泥潭。然而，野村证券却对此持乐观态度。主要是因为野村证券有强大的社会资本支持。野村证券聘请原英国财政部长为公司董事长，聘请原法国财政部高级官员为副总经理，由这些国外著名人物担任经营首脑，大大削减了国际风险。

类似的案例还有日产公司。日产公司在美国设厂受到很大抵触，由于美籍经理在美国议会听证会上进行答辩而大大缓和了议会的反感，从而消除了有可能酿成危机的事件暴发。

此外，许多跨国企业广泛利用当地智囊机构，与海外律师、顾问团、会计事务所等机构加强联系。NTT 公司目前在欧洲有两家顾问团，美国顾问团由美国前总统咨询委员会委员长等 6 人组成，欧洲顾问团由原外长、原财政部长等意、法、德、荷兰、希腊五国代表组成，每年召开两次会议。这些智囊、顾问机构为企业防范、化解危机提供了广泛的社会支撑。

澳斯科斯比古斯（Oshkosh B'Gosh）公司③的例子，很好地证明了企业社会资本——企业良好的信誉、卓越的品牌和较高客户忠诚度能抑制重大危机的发生。

---

① ［美］罗德里克·M·克雷默、汤姆·R·泰勒编，组织中的信任，管兵、刘穗琴等译，北京：中国城市出版社，2003，354，11
② 孙明贵，日本企业管理新策略，北京：经济管理出版社，1996，209
③ ［美］Price Waterhouse 公司编，21 世纪 CEO 的经营理念，刘中晏、张建军等译，北京：华厦出版社，1998，328－358

澳斯科斯比古斯公司是美国顶尖的儿童品牌服装销售商，过去十几年中，其营业额增长了 10 倍。但该公司在 20 世纪 70 年代主要生产粗棉工作服，在美国中西部以北地区销售。80 年代，公司开始大举进军儿童服装领域。

当公司和产品的传统形象并不完全一致时，首席执行官将自己的主要职责定位于品牌管理。他从具体部门开始，参与产品营销策划、形象设计、广告的有关决策。还积极参与年报编写，甚至撰写许多人认为是别人写好送来的，描写澳斯科斯比古斯公司的通讯稿件。这些对形成与传播公司坚定、清晰的品牌形象起到了巨大作用。由于公司始终坚持以产品质量塑造品牌形象，就是在产品供不应求时也不改初衷，从而使这一品牌具有了与其他品牌所不同的特征。澳斯科斯比古斯公司成为高品质、坚固、耐久的代名词，品质和形象帮助企业跨越了性别和代际的鸿沟，赢得了消费者的忠诚和信任。

80 年代，澳斯科斯比古斯公司巨大的成功阻碍了其对行业发展趋势的正确判断，因而对 90 年代的发展产生了负面影响。由于对服装工业生产将向海外转移而降低生产成本的趋势不能做出快速反应，当竞争者开始在海外以澳斯科斯比古斯难以企及的低价生产高质量产品时，对澳斯科斯比古斯的产品构成了极大威胁。但这一时期，澳斯科斯比古斯公司品牌、产品质量与消费者的信任关系已经非常牢固，从而避免了重大生存危机的发生。尽管澳斯科斯比古斯公司在孕妇装、大学生时装等领域遭受很多挫折与失败，但其核心产品、品牌对公众所做的长期有效的承诺，及其与消费者之间的信任关系，使澳斯科斯比古斯公司依然能够保持一流的地位。

（2）企业社会资本与企业危机的应对及事后管理

企业社会资本可以确保企业在危机时，内部成员忠诚地尽责，合作者忠实地履行义务，以及在有机可乘时不过多地利用企业的弱势谋取暴利。信任是一种在反复互动中所形成的相互依赖关系，也是经过深思熟虑的、有合作和相互支持经验的长期关系，可以确保以最佳方式应付突发事件，在时间及成效方面都能确保最小的交易成本。

一些研究发现，在危机发生期间，信任作为重要的领导特性（Kirkpatric & Locke，1991；Weber，1987），有利于企业分散化决策，无曲解的沟通，组织内部或组织之间的功能区域或部门的合作。

学者 D'Aveni 发现与运转正常的公司相比，濒临倒闭的公司领导者更有集中控制的能力和应付现实的对策。而且，当面临外部危机时，濒临倒闭的公司的管理者会更注重资源的引入。例如，贷款和商品供应等（D'Aveni & MacMillan，1990）。研究表明，组织在面临危机时，组织会衰退和规模下降，组织内部松懈、士气下降、信任减少、上下级交流减少，集中控制和代人顶罪现象增多（Cameron，Whetten & Kim，1987）。

Mishra 等研究了信任在组织发生危机时，可以对组织行为从三个方面起到缓和剂的作用。其中两种反应行为：决策分散化、联系的直接性，即权威的集中性和组织联系的复杂性降低。另一种是组织内部和组织之间的合作。由于危机包含了资源匮乏这一特征，而组织信任则有可能和以上所提到的行为和资源的获得相关联。

大量调研和观察发现，危机发生时，信任网络的作用，首先是保证信息的畅通，提高企业对危机的快速、准确的反应能力。其次，企业内部与外部既存的信任有利于各种机构的支持和援助。当然，管理层要善用既存的企业社会资本，维护企业内外的社会信任。否则，很难平稳渡过危机。

危机发生之际的应对，首先是对职员充分提供有关事件全貌及公司对策的准确信息。同时要向大众传媒、政府和业界社团协会通报，求得他们的理解与支持。危机会由于大众传媒的报道被广泛知晓，从而进一步恶化。

危机发生后，企业最大的支持者是职员。企业领导者首先要赢得全体成员的信任和支持。企业领导要告知雇员事实真相、危机对策和经营方针。消除内部成员的不安心理，恢复信心；保持内部的凝聚力能有效地消除客户和外部有关各方人员的不安心理，维持或尽快恢复公司的正常经营。

危机时刻，保持与公司核心业务关系的客户之间的沟通渠道的畅通、维护相互信任也是至关重要的。公司负责业务和客户关系的部门应及时向客户通报信息，说明实际情况，取得客户的理解和支持。必要时，采取直接沟通并提供详尽的书面材料，以免信息、沟通不足影响客户合作信心。危机发生后，特别要注意流言对客户关系的影响。欠缺商品的出现、工厂灾害的发生、经营问题信息的流散等，容易造成客户的流失，并给竞争对手造成扩大流通渠道的机会，形成恶性循环。危机时刻，坚持信息公开的原则，对客户说明真相，提出具体对策，并谋求对方的援助，维护客户信心对保证公司业务的正常运作有着突出的作用。隐瞒事实，或一味申辩和解释，难免失去信任。此外，在出现商品质量问题的场合，应切实表明回收欠缺商品的态度和方法，承担相应损失和费用，以求得协助。在恰当危机对策的作用下，有可能进一步巩固与有关方面的贸易及信任关系。

企业危机发生之际，与当地警署、消防署等相关机构应密切合作，同时，要向企业所在地政府部门、工商、税务、社区等机构如实通报，以求得援助，将损失减小到最低限度。特别是有些灾害性事故，给周围居民和社区造成损害，取得他们的支持，使他们把握危机状况，能确保居民安心，这是获得他们协助、配合，处理危机事件的重要前提。

危机发生后，对危机中受害的当事人，企业应采取得力的救护或补偿措施。事后，对事件受害各方公司应致歉，并将危机发生原因、现状、防止危机再发生对策的具体措施和落实情况等通报政府主管部门、有关机构及传媒。同时表明企业重建的决心和今后期待各方支持、帮助的愿望。企业对大众传媒要诚恳、积极地应对，提供准确、可靠的信息。消极的态度，会造成传媒的不信任和疑惑。

综上所述，企业社会资本与企业危机的预防、应对及事后处理有着重要的关联。危机给企业带来了经济利益的损失，但是与经济损失相比，企业声誉、形象、企业社会资本的损害对企业的打击更为致命。因此，在危机前，企业社会资本的积累和运作能有效防止危机的发生，而在危机发生时的应对及事后管理中，除了想法弥补财务上的损失，就是恢复企业形象，提升企业社会信任水平，挽回企业社会资本方面的损失，从而为企业恢复正常经营创造条件。

5.4　企业社会资本与企业生命周期

企业社会资本在企业生命周期的不同阶段有着不同的特征，对企业生存发展发挥着重要作用。近年来，随着家庭企业、民营企业在国民经济中地位的提高，对家庭企业、民营企业的关注和研究逐渐成为一个重点。据统计，我国家族企业、民营企业平均寿命只有 5.7 年，80% 的企业的生命周期不超过 5 年①。而我国许多国有企业在经营上也存在不同的难题。从企业所处的生命周期来看，由于种种原因而夭折的企业大都处于创立期、成长初期以及从创立期向成长初期过渡的阶段。我国家族、民营企业不能跨过创立期、成长期而成长为成年期企业，国有企业经营绩效差，一个共同的原因，是企业缺乏与生命周期相应的社会资本积累，社会信任网络的有机构成存在局限，制约了企业对信息、资金、物资、技术、市场通道等稀缺资源的获取。

---

① 古月，民企的四个危机周期，http://www.ha.xinhuanet.com/yincang/2003 - 05/26/content_531135.htm.

企业社会资本状况制约了企业经营管理者面对重要挑战的应对方式和能力。它包括外部适应力和内部反应能力，即获取外部支持，合作与资源，解决生存问题，解决内部集成的方法，企业成员共同生活——组织管理模式、团队管理等。

企业内外环境特别是外部生存环境的复杂性导致企业在获取稀缺资源方面的不确定性，即资源需求在时间、地点、类别、方式、途径等方面的不可预测、不可预见性，日益构成企业日常经营中的问题和障碍，导致企业生存的风险性提高，增加了企业搜寻资源的成本和难度。不确定性贯穿了企业生命周期的所有阶段，企业社会资本是企业解决不确定性问题的制度性措施，而稀缺资源的不确定性也是构成企业社会积累或企业信任网络演变的催化剂。

处于不同生命周期阶段的企业具有各自的特点。相应的企业社会资本及有机构成具有不同的类型及特征。企业社会资本中信任网络构成的动态变化对企业从战略上适应环境，获得相应的社会资源和社会支持，具有重要意义。

5.4.1 微观信任网络与创立期的企业

当企业依法注册后，企业便进入创立期。创立期企业主要依靠创立者个人原有的社会资本，建立公司内外的社会信任网络。处于创立期的企业战略目标是确保企业在选定的市场领域内立足、生存下来。企业创立时，一方面资金、技术、人才等资源相当缺乏，营销通路也不畅通。因此，面对风险，刚刚诞生的企业能否在激烈的市场竞争中生存下来，这对处于创立期的企业来说，是一个极大的考验。处于创立期的企业没有适应外部环境的经验，缺少存活下来的外部资源、能力、声望及市场交易能力，因而具有高度的不确定性，如同新生婴儿一样脆弱。

处于创立期的企业社会资本主要是其企业所有者、经营管理者在此前以个人身份所建立的信任关系。此时，企业建立不久，还缺少以组织名义、组织身份建立的关系网络。而企业成员特别是其决策者、所有者所拥有的人际信任网络就可能成为企业的信任网络。创立期的企业社会资本主要表现为企业所有者或经营决策者以个人身份所建立的社会信任网络。与企业有业务交往的主要是企业所有者、经营决策者社会与家庭的或者历史上长期保持的可信赖的关系，这些关系在一个高度紧密相关的网络中形成的相互信任关系——也称嵌入式联系（embedded ties）。此时，企业与供应商、经销商、消费者建立起正常的市场联系（arm's length ties）相对缺乏。企业微观信任网络的成员关系密切、凝聚力强，而中观信任网络的规模及多样性还很有限，企业缺乏可信赖的稀缺资源提供者。因而，企业核心管理者个人的社会资本，对维持企业生命，获得资源，完成交易至关重要。

创业期企业微观信任网络对企业经济行为有决定作用。在此期间，企业与外部以互利的经济交换为目的的中观关系网络还没有完全建构起来。核心业务更多是建立在管理层私人的人际关系、社会关系之上，商业交易通过以往的社会关系发生。在企业创立期，微观信任网络在企业社会资本中占绝对优势的原因，在于企业相对有限的搜寻能力使企业不可能了解所有的潜在市场型节点。而更为主要的是，处在创立期的中小企业并不为其他企业所认同、信任，从而很少有机会与它们建立相互信任联系，这就意味着企业获取资源的能力受到限制。由于外界普遍认为初创企业具有高度不确定性，较低的回报能力和获利能力，使得企业只能通过有限的微观信任网络向外延伸，寻求相关稀缺资源，维持企业生存。

创建期企业的微观信任网络是一种内聚性网络。企业创业者与其个别成员的关系密切，所以，这也是一种联系稳定、稠密的强连带关系，成员之间有着紧密的相互联系。这种密切性来源于成员相互的认同感、社会义务，基于亲情、地缘的信任，相互关系是非契约型的。而这种关系对于创立期脆弱的企业来说至关重要。企业外部环境的不确定性越大，这种内聚型的信任网络的作用越大。微观信任网络中成员之间的相互责任、义务关系及高度的合作精神，能使企业顺利度过最初的艰难时期。

创立期的企业，无力进行开拓性探索，所以企业社会资本的运作拥有很高的路径依赖性。因而企业相对被局限在一个相近、稠密的关系网中，获得资源的稳定性较高、风险小，但由于企业社会资本缺乏相应的开放性或拓展性，信息的可能重复性较高，多样性不足。而对路径的高度依赖又可能限制企业的进一步发展。因此，企业经营发展到一定阶段，企业社会资本的构成则有可能成为企业成长的障碍。

5.4.2 中观信任网络与成长期的企业

在利润收入和经营活动达到某种程度的稳定后，企业便脱离创立期而进入生命周期的下一阶段——成长初期。从创立期进入成长初期，可以说是企业的一个飞跃，它意味着企业已经在激烈的竞争中初步站稳脚跟。与处于创立期时相比，此时的企业在各方面都取得一定进展，企业面临的战略任务是如何更好地稳步发展。

成长期企业要在个人化微观信任基础上依靠浅度信任、抽象信任机制拓展正常的市场交易网络，并尽可能将涉及核心业务、核心资源的交易者转变成相互信任的合作伙伴，即培育企业的中观信任网络，从而迈上市场化、正规化经营轨道，发展稳定、长效的核心业务网络。

假如说，创立期出于安全及客观环境的限制，企业社会资本趋向一个传统保守、闭合的信任网络结构，而进入成长期，企业已经具备了一定的基础信誉和经济实力，开始有条件借助其成员的浅度信任、抽象信任机制将其交易对象纳入中观信任网络。处于成长初期的企业侧重于其业务网络的拓展，即建立以经济交换为目标的信任网络。企业社会资本的构成，不像创立期那样侧重于公司内部核心层的人际信任，企业信任网络的结构开始向构成的多样性、能力的互补性发展。企业在这个时候，各方面能力虽有所增强，但仍然还很脆弱，特别是中观信任网络还很薄弱。由于此时企业的不确定性已经大大降低，短期回报能力也得到了加强，声望以及信誉正在逐步提高，所以潜在资源的提供者相信企业能够长久地生存下来，从而愿意与之建立相互交易关系。

值得注意的是，此时企业微观信任网络所联结的节点数与中观信任所建立的节点数达到某种平衡，并开始发展企业的宏观信任网络，这几种不同的社会资本能为企业提供不同的支持和资源。而随着企业与交易对象或合作伙伴建立的交往关系的持续，交易重复发生，彼此的相互依赖和信任会逐渐加深，这些关系会转为企业长期、稳定的合作伙伴。伴随这一过程，企业社会资本的存量也会逐渐提高。

由于外向型中观、宏观信任网络的作用，企业社会资本的拓展性会得到增强，内聚性和开放性会产生动态平衡。特别是，此时企业与很多正式组织建立了基于信任的业务关系，企业能够获得品种更多、数量更丰富的发展资源，又控制住其他企业发展所需的相关资源，从而提升了企业自身的价值和能力。但是，相对微观信任网络，中观信任网络缺乏彼此间强烈的责任和义务感，这种组织间的信任及联结更多地基于共同的利益，情感上的联系相对淡薄，因此，这种联结相对稀疏和脆弱，变化性更大。

因为这种联系的脆弱性，以及成长期企业网络构成的复杂性，而企业有限的能力与活动范围使得企业又增加了对网络的路径依赖。因此，此时企业应有意识积累社会资本，建构社会信任网络，既保证一定的开放性，克服网络内聚性的束缚，保持企业柔性和对资源及变化的适应能力；又不至使企业过于受到网络变化性的影响，使企业正常的经营业务缺乏稳定连续的支持基础。

我国企业大多数在创立、成长期及由创立期向成长期过渡时就夭折，主要原因就是企业社会资本中中观信任网络的积累不够，关键时候缺乏相应的社会支持和资源支持。对于创立期的企业而言，由于内部和外部的诸多限制，企业不得不依靠企业所有者及其经营管理者个人所建立的人际信任网络。我国及国外很多家族企业、民营企业的创立都是在企业家的家庭成员、亲戚朋友的帮助下建立的，而且相当多的企业第一笔生意或"第一桶金"也是在他们的帮助下才做成的。这种社会资本是安全的、可信赖的，但也是比较保守封闭的。在某种程度上，企业所有者及经营管理者的信任网络，决定了创立及成长初期企业的发展速度。当企业完成创业的过程，进入成长期时，企业应该有计划、有意识发展有助于市场交易的中观企业网络，向外拓展企业的活动范围及业务链接，争取获得大量的、多样性资源。此时企业如果能够找到关键的客户，并与之建立牢固的关系，并尽力将这些纳入企业中观信任网络，那么，企业很容易度过成长早期的困难，顺利发展。我国很多企业由于在转型期没有完成社会资本的积聚和积累，退出了竞争行列。

企业不同层面的社会资本及其有效积聚和运作，涉及到企业内外各方面关系。假如企业经营交往已经拓展外部，特别是对企业至为关键的核心资源及核心业务，却没有与之建立值得信赖的相互关系，或企业经营管理者仍然排斥这些企业，而把交易及信任限定在创立期拥有的信任网络中，企业的组织建设仍然停留在创立期，企业所有者、经营管理者决策的思维方式未能跟上相应的发展步伐，那么企业的发展将受到阻碍。所以，企业成长期面临的问题是在市场化、正规化过程中，建立、发展中观信任网络。

5.4.3 企业社会资本的有机平衡与发展期的企业

创立期和成长期，企业主要是谋求被认可市场地位和稀缺资源的获取。进入发展期或成年期的企业，要继续保持并巩固自己在选定竞争领域内所取得的市场地位。更重要的是，要建立有竞争力的市场优势。在这一期间，完善企业微观、中观信任网络，进一步建立拓展企业宏观信任网络，并保持企业不同层面信任网络之间的有机平衡，是维持企业可持续发展的重要基础。

进入发展期，企业不仅有愿意长期、稳定供给资源的合作伙伴，而且，企业已成为其他组织或个人有力的资源供给者。这一阶段，企业除了保持以前围绕核心业务及核心资源的内外信任网络，更重要的是，要与生存环境中影响重大的社会公众、社区、政府保持良好的沟通与合作。因为公众是企业产品潜在的消费者，也是企业未来的市场所在。而社区（包括各种社团）和政府的影响，也是制约企业发展的重要力量，特别是政府。每个政府都有自己的经济目标、社会目标，因而政府会采取一系列的政策和措施影响企业行为。所以企业保持与政府的相互信任关系，可以获得政府的政策支持，或者在一项政策制定、颁布之间，影响政府的政策导向，并及时调整经营战略，适应新政策下的新形势。企业也可以成为政府机构或其他组织的产品供货商。

企业与政府、公众及各种社会组织保持畅通的交流渠道，特别有助于企业建立卓越品牌和良好声誉。成年期，很多企业发展了跨地区乃至全球性的业务网络，而且企业之间以联盟、合作为基础的网络（例如欧美及东亚），超越了特定民族、国家疆界的认同与利益。由此产生了变化的消费者、分散的销售渠道、制造商、零售商、批发商、行业协会、媒体、政府等等，包罗万象、多重交叠汇聚的社会关系。市场更加难以琢磨，时有动荡。因此，注重从研究开发到售后服务、社会公益活动、公关宣传等各环节，强化与各方的合作并发展密切关系，将增强各界对企业及其品牌的认同，使企业及其产品系统得到更为有力的社会支持。

作者认为，企业社会资本的存量及有机平衡决定了企业的价值潜力和竞争基础。企业与各方在长期接触互动中，不断创造多层面关系区域、更深层次的合作。这些合作包括，从简单单线的取货、交货的交易关系，到多线的互动关系，即与员工、客户共同创造方案，使产品反映并体现客户的偏好和特征；与政府、社区共商社会及经济发展规划，使企业经营适应所在地区及政府的构想，也使企业提高产品及服务的弹性和自我组织能力。企业对外合作包括"召集"有共同兴趣的社团、科研院校和政府官员，通过交流共同解决技术问题、政策及立法问题、评价产品设计及产业发展方向，并在论坛或工作会议上一起讨论对话，达成共识。通过合作，激发各界对公司及品牌的关注，并建立强大、有特色的信任关系网络。这些，不仅能保证企业顺利实现所需资源的动态供给，而且增强了品牌被重复购买、经营管理得到广泛支持的坚固关系和信念支撑。

发展期企业建立关系的难度、复杂性，远远超过了创业期、成长期。为了实现交易内容和多方面的联系，企业必须超越单纯的交易动机，从对市场营销、社会公益活动的投入获得超额价值——建立不同层面的信任网络。

企业要追求与多方面建立高层次的信任关系，这种高层次关系的建成需要更长的时间。客户、供应商、消费者、公众、政府及社团等都需要花时间建立他们对于企业品牌、企业本身的信赖与忠诚。企业必须根据不同的交往对象采取情境性的组织关系策略：如提供个性化的产品服务，有关公司准确、具体的信息，以有利于合作伙伴或政府做出针对企业的个性化的决策等。这种信息交流，使各方了解到企业经营理念及发展方向，从而切实导向企业与相关组织更深切的交流与合作。只有这样，企业合作各方才能更加负责、更加富有想象力，视野更加开阔。

当企业创造条件使产品及经营活动符合客户、社区及政府的意愿时，这些深层次的关系能产生很强的社会亲和力。这会增加他们对关系的责任感，也能为企业赢得组织信誉和品牌形象，提高客户及社会各界对企业及其产品、服务的信心。这些信任网络能够创造重复的商务活动和社会关系并最终实现盈利。

综上所述，在获取资源及社会支持方面，企业社会资本中不同层面的信任网络在企业成长的不同阶段发挥着不同的作用。如果企业能够建立完善微观信任网络、中观信任网络和宏观信任网络并保持其相互平衡，就一定能够顺利地渡过生命的各个阶段，健康地发展、成长。

第六章

企业社会资本的自我积累

企业社会资本是来自企业各种外部和内部要素提供者对企业的信任。它促进企业内外个人、团队、组织之间的相互支持与合作，提高企业决策质量和经营管理绩效，也是家庭、家族、企业、企业集群乃至国家各种组织生存发展和强盛的基本前提条件。因此，从企业的角度，探索企业社会资本积累的有效途径，对企业的兴盛和社会经济、文化的繁荣具有重要意义。尤其在我国国有企业改革、民营企业现代化转轨的特殊阶段，企业社会资本的积累及运作对建立现代专业公司，造就一大批拥有现代企业制度的大型专业企业至关重要。

6.1 理论的历史考察

无论是在西方，还是中国，还缺少针对企业社会资本积累的系统理论论述。从更普遍意义上论述社会资本积累的基本观点一是博弈说，认为社会资本或组织信誉的建立和积累根源于理性个体、组织之间的重复博弈。人际、组织间建立社会信任、积累社会资本的重要前提是对利益共同性达成共识及博弈的长期性。另一种学说是文化说，比较典型的是美国学者福山的理论和西方企业文化、组织文化理论。福山在对社会资本起源、积累的论述中，指出了传统历史文化、宏观社会制度环境对一个国家社会资本的影响；组织文化理论指出了文化是组织凝聚力、影响力的重要变量。此外，管理思想史中对于企业内部团结、协作关系的研究对企业社会资本的认识，特别是企业内部信任网络的构建具有重要的启迪。

6.1.1 博弈说

博弈说的基本观念认为，社会资本是一个逐渐积累的过程。在无数次商业交易中，人们感觉到如果双方提供给对方以信任，交易就可以顺利完成，如果不提供信任，总的收益会减少或为零。

中西方许多经济学家利用博弈论解释企业社会资本的产生与积累过程。这一思想基本前提是人、个体（包括企业、组织）的理性自利的假说。依照博弈论关于"囚徒困境"的模型，无限次的重复博弈能够建立相互信任并出现美国斯坦福大学经济学教授戴维·克雷普斯（David Kreps）所言的"声誉市场"。一次博弈或有限次博弈的纳什均衡基本是以信用的破坏为结果，只有长期重复的博弈才能建立信任与合作。企业信誉、企业间的相互信任或企业社会资本是合作的前提。我国学者李向阳把企业信誉分析和现代企业理论结合起来①。现代企业理论把企业定义为不同个体之间一组复杂的明确契约和隐含契约的交汇（nexus）所构成的一种法律实体。而隐含契约实施的基础是签约各方之间的相互信任和信誉。隐含契约为信誉及企业社会资本在企业经营管理中的作用提供了广阔的天地。李向阳通过考察信誉在各类契约关系形成和实施过程中的作用，分析企业的行为特征及企业信誉建立的关系，他的分析，有助我们研究企业社会资本积累与集聚的有效途径。

中国学者张维迎也认为企业信誉根源于组织间将一次性博弈转变为重复性的博弈②。作者认为，这一过程也是企业社会资本的产生、组织间社会网络形成的过程。按照张维迎的观点，企业信誉的建立或企业社会资本的积累必然满足以下几个条件：

第一，博弈必须是重复的，即交易关系必须有足够高的概率持续下去。

第二，当事人必须有足够的耐心。当事人的不诚实行为能被及时观察到。

第三，当事人必须有足够的积极性和可能性对交易对手的欺骗行为进行惩罚。

按照张维迎的观点，信誉的建立、企业社会资本积累的基础是产权，即企业必须是真正的所有者；必须能被交易，即企业的所有权必须能有偿转让，并且，企业的进退必须自由。产权制度的基本功能是给人们提供一个追求长期利益的稳定预期和重复博弈的规则。因此，法律、制度对企业社会资本的积累具有重要作用。因为，法规对个人、企业及其产权给予了有效的保护，从而使人们有积极性诚信、守信，建立信誉。尊重产权，就是尊重人们的自由签约权。人们讲究信誉，合约就容易得到自觉执行。如产权得不到保护，所有人都进行

---

① 李向阳，企业信誉、企业行为与市场机制——日本企业制度模式研究，北京：经济科学出版社，1999，1-49

② 张维迎，企业信誉的发生机制，经济研究，2002（1）

一次性博弈，没有长期利益的观念，就会引发很多短期的失信行为，企业信誉、企业社会资本无从积累与积聚。产权不稳定、不清晰，人们没有遵守合约、建立信誉的积极性，企业社会资本积累不起来，不仅加大了法律的负荷，而且提高了交易成本。

6.1.2 文化说

主流经济学家很少重视文化因素对经济的影响，经济决定论的观点已经深深地植根于他们的信念之中。制度经济学家和企业文化理论作为一个例外，他们探讨不同文化及社会传统影响企业管理方式的内在机制，为非经济因素进入经济学创造了条件。

企业社会资本、社会信誉是一个社会经济、文化、历史综合作用的产物。企业社会资本的积累与企业信誉或社会信任的形成、维持和消亡不仅取决于人类社会的一些共有因素，如重复博弈、不完全信息等，同时还取决于特定社会的文化道德观念和历史传统。传统、历史、文化的差异，导致不同社会的信誉水平、社会资本的差异。

弗郎西斯·福山的社会资本理论从文化的角度出发，指出不同的文化传统，导致了不同国家社会资本的现状。福山认为[①]，社会资本是人们在一个组织中为了共同的目的去合作的能力，社会资本是从社会或社区中普遍存在的信任中产生的能力。信任则是从一个规矩、诚实、合作的行为组成的社区中产生的一种期待。但信任与社会资本不可以从理性的投资决策中获得，而是从宗教、传统、习俗等非理性中产生。一个社会的信任、自发社交性，对社会资本的积累至关重要。社会交往造就出发达的社会中间组织——教会、商会、工会、俱乐部、民间慈善团体、教育组织。社会中间组织是市民社会的基础。缺乏这类中间组织的社会，一边是强大的政府，另一边是原子化了的个人和家庭，无力营造超越家庭的社会信任，自然也不善于造就非血亲大型私营企业。因此，社会资本、信任与社会繁荣有不解之缘。福山指出，一个国家的传统文化决定了一个国家社会信任的高低，由此决定了一个国家社会资本积累的多少，以及不同国家各类企业组织及经济结构发展的状况。中国、法国、意大利和韩国等"家庭主义"社会，社会信任度较低，社会资本积累较少；而日本、德国、美国等国，属于高信任度国家，社会信任能够扩展到血缘关系以外，社

①　[美]弗郎西斯·福山，信任——社会美德与创造经济繁荣，彭志华译，海口：海南出版社，2001年版

会资本积累较为充分。低信任度国家经济结构的基本单位都是家庭，缺乏强有力的中介组织，它们要建立超越家庭以外的大型企业，都需要政府介入，需要政府采取措施促进长久的、制度化的有竞争力的企业发展。高信任度国家则能在家庭之外建立不以血缘为基础的大型企业，并较早地运用了现代专业管理，能够在工厂基层建立令人愉悦的工作关系。

福山把中国的港台、韩国与日本进行比较①，三者尽管都是儒家文化，但中国台湾、香港和改革开放后内地的企业结构，实质是家庭独一无二的地位。对陌生人普遍存在不信任，使中国难以积累庞大的财富，造成了发展大企业的社会障碍。韩国尽管有规模很大的企业，但仍然是家庭主义文化，在血亲关系之外，人与人之间的信任程度相对较低，所以骨子里仍然是中国式企业。两者都缺乏强有力的中间组织。日本企业很早就超越家族企业模式，他们的家元团体、长子继承制、领养规则等与中国、韩国迥然不同。福山认为法国缺乏面对面关系，意大利具有儒教成分，因而都属于家庭主义的低信任度文化。随着冷战的结束，意识形态与制度问题已经退居其次，"社会资本的保存与积累将成为关注的焦点"。在东亚将是日本与中国对立的经济文化。中国在建立私营大企业时将经历极大的困难，在转变家族企业为现代企业时将面临比美日更多的问题，中国很难移植日本的"序列模式"，因而必须寻找自己的现代化组织形式。

福山等人并没有指出中国文化条件下，企业社会资本积累、积聚的现实途径。他甚至认为，国家在积累社会资本、建立现代企业方面是无能为力的。但作者认为，企业社会资本的积累，需要一整套经济体制、文化道德观念作保证。一个社会的传统文化对整个社会及企业社会资本的积聚有着深刻影响。但文化、制度因素和企业社会资本并不是一成不变的，它是一个动态的概念和过程。人或企业、组织自主的制度、文化建设可以创造有利于企业社会资本积累的环境和条件，尽管这一过程是长期的、缓慢的，但肯定是会产生实际成效的。中外无数的企业及社会实践已经充分证明了这一点。随着某些内部和外部条件的变化，企业社会资本积累会上升、下降或消亡。因此，在承认文化的传统继承性的同时，认识社会文化、组织文化的变革性，致力于有利于企业社会信任水平提升的社会文化制度与企业文化建设，是当前条件下，中国企业资本

---

① [美] 弗郎西斯·福山，信任——社会美德与创造经济繁荣，彭志华译．海口：海南出版社，2001 年版

社会积累的有效途径。

除了福山等人的理论，企业文化、组织文化理论中也有一些值得借鉴的因素。企业文化建设作为一个富有成效的管理模式，对企业社会资本的积累有着建设性的作用。日本及西方国家最早进行企业文化方面的研究和实践。组织文化中的"文化实用主义者"①，信奉和积极提倡的是组织文化的管理和变革。这一开放的管理观点把文化视为是一个组织变量，可以对它进行操纵以最大程度地适合组织的需要———一般来说变革的理由是在效率、生产率和工人士气等方面。对组织文化的操纵被视为通向更有效管理的道路。这一理论认为，有效的领导及组织经营管理"从文化中获取收益，同时对文化中出现的与企业经营、组织和组织成员的需要不合拍的危险倾向保持警惕（Kropowski，Sathe，1983，22 页）"。

把文化作为组织变量的观点以组织的手段——目的、目的——合理性的理论为基础，该理论把重点放在对环境的控制上。这一对组织文化的控制被视为使经理人员对充斥公司生活的"社会潜流"保持警觉的一个重要手段。为了使组织保持士气、最佳的效率和生产率，需要经理人员识别出"人们赋予其社会环境的想当然的和共享的意义"（Wilkins，1983a，25 页），并且就这类共享的意义体系对组织气候的危害或有益的影响程度做出评估。

美国学者福里斯特（Forester）② 将组织视为通过知识（真理）、一致意见（正确性）、信任（真实性）和注意（可理解度）的关系而再现特定的社会关系的实际传播、相互作用的结构。这些关系中，每一个都必须以适当的控制以保证组织内外某些权力结构的再现。例如，公司必须经常对代表自身的公共形象予以仔细监控。为了这一目的，可能对某些或许与突出的公司形象不太吻合的组织特征进行掩盖。这主要通过对信息的流通采取控制来实现。后者支配着组织内和组织外的知识，而这两者可能是不大相同的。

例如，IBM 公司的广告宣传集中在其组织的人性化的特征方面。如对普通员工的关心帮助（在公司许多广告中可见的由卓别林饰演的形象所体现）。但是，这一形象的推出主要是为了促进公司外顾客的消费，是为了公司市场营销的需要。公司内部的知识则更集中在组织的效率和坚持严格的行为规范（由

---

① ［美］丹尼斯·K. 姆贝著，组织中的传播和权力：话语、意识形态和统治，陈德民、陶庆、薛梅译，北京：中国社会科学出版社，2000，12－13，41

② 同上

公司深蓝色和白衬衫的"一致性"所代表）上。

同样的，麦当劳也特别善于利用电视来传递其公司形象，它的重点是放在美国人传统价值观上，如家庭、友谊和辛勤踏实的劳动。尽管我们大多数人都承认，麦当劳在电视上所营造的现实与我们在公司的联营店里得到的实际体验是很不相同的，但这并没有完全否定其广告片力图造成的使我们心里感到温暖的符号现实的努力作用。

组织文化的这一实用主义观点看来有着很明确的市场投向，它向经理人提供了对付目前许多组织面临的多元气候的有效手段。在此意义上，"文化"问题并不是简单地自发产生的，它是一个特定的市场经济的产物。在这个市场经济中，许多公司受到来自不同方面的压力：外国的竞争、股东、心怀不满的劳工、技术变化、政府干预，等等。因此，对组织气候的管理使得经理人员对工作场所的"生活质量"问题引起更密切的注意，并设计出一种文化使之适应某一组织的需要（Sathe，1985）。

这样一种观点意味着，存在着一种把组织所有成员的活动构成一体的同质文化。很多学者认为通过管理文化改变一个组织的努力会产生积极的而不是强加的结果。但是，文化管理的后果是复杂的，甚至是有风险的。根据这一观点得出的结论是，不能为了管理旨趣的目的而对文化加以简单的操纵。组织文化中的"文化纯粹主义者①"则认为，组织和文化是不能区别开的，一个组织本身就是文化，组织文化是由社会构建的。组织被视为并不拥有独立于由组织成员所创造的共享的价值观和意义体系的存在。据此，他们认为，操纵和改变组织文化是不妥当的。

撇开这些争论，组织或企业文化管理战略因其对提升企业绩效和社会信任度的实际效用，而受到各家重视。作者认为，企业文化、组织文化理论对文化与组织关系的思考，是有理论价值和现实意义的。但是，组织、企业文化管理中通过传播对组织形象的过度人为的控制与操纵，很多时候，已经背离了文化的社会本质及人性基础，有着显著的功利主义的倾向。这是在企业社会资本积累过程中应该力求避免的。因为，功利性的操纵从根本上不能带来持久的信赖与信任。只有价值、利益及目标的真诚与真正分享，才能带来共同的发展与繁荣。

---

① ［美］丹尼斯·K. 姆贝著，组织中的传播和权力：话语、意识形态和统治，陈德民、陶庆、薛梅译，北京：中国社会科学出版社，2000，12－13，41

6.1.3 管理思想史中对企业内部社会资本积累的探索

在管理思想史上，对企业内部社会资本积累的重视和关注可谓是源远流长。在泰勒的科学管理理论中，泰勒强调管理者与被管理者之间对双方共同利益的认识及"心理革命"的思想中可以找到有效培育企业社会资本思想的萌芽。

古典组织管理理论的奠基人、开创者之一法国管理学家亨利·法约尔（Henri Fayol）将管理定义为实行计划、组织、指挥、协调和控制。法约尔的协调，是使企业各职能社会组织机构和物资设备之间保持一定比例，财政开支和收入保持平衡，以及生产与销售、成本与消费、生产设备规模与生产需要都有合适的比例。要协调好这一切，最关键的是信息沟通和交流。而每周的例会是各部门之间沟通，明确共同利益，解决共同关心的各种问题的好方式。

在法约尔著名的 14 项管理原则中，最后一项是人员的团结。他认为，全体人员的团结是企业的巨大力量，为了实现团结，管理人员应避免使用可能导致分裂的分而治之的方法。人员间的思想交流特别是面对面口头交流，有助于增强团结，因此，他认为应该鼓励进行口头交流，反对滥用书面的联系方式。

亨利·丹尼森（Henri Dennison）是一位著名的美国企业家和管理学家。美国机械学会和管理学会认为他是对管理科学和管理技巧的发展做出重大贡献的人。他在 1931 年写成的专著《组织工程学》被誉为"在美国文献中足以自豪的课题上作了最清楚和最基本表述的书之一"。在书中，他写道，能够揭高员工协作水平，激励组织成员的重要因素有四类：①对他本人及家属福利和地位的关心；②对工作本身的爱好；③对组织中一个或多个成员及其良好评价的关心，亦乐于同他们在一起工作；④对组织主要目标的尊重和关心。他在工厂中实行了一系列的管理措施，充分调动职工积极性。他认识到员工中存在一种非正式的组织，这种非正式的组织对生产效率有着极其重要的影响。丹尼森的研究使管理中经济因素同非经济的因素结合起来，以培养员工与管理者之间的信任，使得他们忠实于他们工作的企业。

在组织结构上，丹尼森主张自下而上的组织设计方式。他指出，组织就是使得集体生活成功，并自下而上地把人们组织起来，使他们在能干的领导之下解决他们之间的矛盾，并把他们的动机统一为一致的方向。

除了对组织内部协作的重视，丹尼森也开始关注企业间的相互交流。1924年，丹尼森创办了一个总部设在波士顿的"制造业者研究协会"。这是一个由一些非竞争性公司共同建立的研究机构，这个协会的宗旨在于为各个企业相互交流提供渠道。

当我们沿着历史上那些管理思想家的足迹，重新发掘、认识管理思想史中有关企业内部团结协作的观念，会发现，前人的研究，也涵盖企业社会资本的积累、积聚的现实途径。

6.2 企业社会资本积累的管理途径与实践意义

现代社会，整个国际化、网络化的价值体系而非单一的公司是实际运作的经济单位。而企业凭借社会信任网络所创造的速度与弹性，积极影响、回应日趋复杂的社会互动，以及源自这种互动所创造的不可预料的发展变革。网络经济体系遵循独特的运行规则：即商标、品牌、商誉、技术、管理技能等知识资产创造与操纵的社会过程，和生产、分配财富及服务的能力之间有了紧密的联系。公司由盈利能力而不是由生产能力所推动。盈利能力是创新、竞争力与经济增长背后真正决定性的因素。因此，通过价值管理、价值链扩展、关系营销和知识品牌管理参与全球经济合作，促进企业社会资本的积累和运作，是企业增进社会认同、增强体系优势、动态柔性和盈利能力的关键。

6.2.1 价值管理促进社会认同

企业价值管理是通过企业价值观念体系的构建，发展共享的组织目标和组织价值观，从而保证公司内外所有利益相关者、社会公众、政府对企业的信任与合作。价值管理是企业文化建设中的核心，也是企业社会认同的重要途径。价值管理之所以必须，乃是由于公司成员是由许多来自不同文化和伦理传统的个人组成的，这些人不可避免地会将不同的商业伦理看法和不同的伦理思考框架带入工作中。组织内部的这种差异在所有国家及企业中，都十分普遍和明显。因此，企业经营管理者必须通过价值管理，发展共享的目标和观念。利益、价值、目标认同是不同员工、不同部门、不同企业或组织之间相互信任进而发展有效协作的基础。

对组织业绩的研究结果一致表明[①]：一套良好的价值体系对于取得和维持卓越的组织业绩十分重要。一个普遍被接受的目标和一套完善的价值体系是组织力量的中心，也是组织个性（标识）的源泉，并且这样的组织个性能够带

---

① ［美］林恩·夏普·佩因，领导、伦理与组织信誉案例——战略的观点，韩经纶、王永贵、杨永恒主译，大连：东北财经大学出版社，MCGRAW - HILL 出版公司，1999.3 - 4.

来组织的自豪感和满足感，帮助公司适应环境，有利于公司的长期生存、繁荣和发展。在逆境中，一套合理的价值体系是抵抗短期诱惑的缓冲区，可以避免损伤长期利益。

企业价值管理要在企业内部形成完整的价值观念体系，如诚实、信赖、公平、尊重、敬业、开拓等。共同的价值能够提供组织所需要的所有利益相关者特别是公司雇员和其他处理公司日常工作的人员的持续信心和协作，保证经济业绩的取得。管理者提供给员工及合作伙伴以美好的愿景和共同的信念，能使利益相关者在充满信任、责任和抱负的环境中取得最出色、最富创造性的成果。

一套合理伦理准则基础上的组织价值体系是一种资产，它可以带来组织功效、市场关系和社会地位，并有助于企业社会资本积累。对于任何公司而言，具备一套共同的价值目标、组织理念，则能够呈现给它的成员或外部世界一个团结一致、责任感强的形象。而这些，正是企业社会信誉、社会信任的源泉。

目前，我国经济转型使企业员工的主人翁意识普遍削弱，极大地影响了企业内部社会资本的积累。特别是一些民营企业，企业家是"老板"，员工是"打工"。即使中层管理者中也普遍存在打工的临时性思想，缺乏归属与社会认同、价值认同，致使企业社会资本薄弱。因此，在国有企业、民营企业中建设企业文化，通过利益认同、价值认同、目标认同，培育员工忠诚、社会归属及集体荣誉感，是提高企业社会资本存量，构建企业核心能力的先决条件。

此外，组织成员及合作者定期、不定期沟通交流讨论会也能增加企业社会资本的存量。这些讨论会除了解释公司的根源和信条甚至公司名称的由来，还可讨论特定目标的意义、困难及解决方式，从中可以了解企业及合作者所秉持的价值观。

与微观信任网络一样，中观、宏观信任网络建立与运作的价值基础，是双赢和多赢的观念及共同的远景。"双赢"的理念意味着企业及其合作者没有一方将合作关系视作零和游戏，并真诚地相信利益相关者有权要求公平的报偿。同样，共同的愿景是企业社会信任网络得以建立及运作的前提条件。它意味着，企业与供应商、客户、合作伙伴（也可能是曾经的竞争者）、社区、政府等组织之间，受到共同的信念和目标所激励，能够放弃成本的短利，集中于追求长远目标。缺乏这些共同的价值观念或长远目标，虽然能够形成相互的交易关系，但一次性的交易和讨价还价，只能完成一时的赢利指标和短期的任务，难以在企业、组织间培育持久的信任，企业社会资本也无从积累。因此，企业、组织间持久的信任关系必须建立在特定且明确的目标、信念之上。企业及其合作伙伴必须对正在进行的或将要进行的达成共识,并让参与其中的成员及各合作企业的员工能够了解。这种共同目标的显著作用是树立期望、指引合作者参与集体行动,并促进彼此合作和相互信任。

公司的成功得益于公司利益相关者如公司员工、顾客、股东、债权人、供应商以及社会各界的认同与支持,而要赢得他们的支持和参与,伦理观念、价值体系是必不可少的。如果各界感触不到公司内部十足的信心,认为自己没有得到公正的待遇,没有从付出中得到相应的回报,他们就不可能以饱满的激情来支持和参与公司的经营,甚至可能会放弃对公司的支持,特别是当面临更富吸引力的选择时,更是如此。

6.2.2 价值链扩展建构企业"体系优势"

完整的价值链是由供应商、企业、销售渠道、消费者价值链及政府、公众、社区等组成的价值体系。企业进入或扩展价值体系既能方便资源信息的沟通交流,也可获取位置和优势。

基于信任与合作的全球网络具有特别的效果:企业不是被整合进价值体系,就是被排除在外。在网络内部,不断产生机会和利益,形成自我促进的良性循环。而网络之外,生存则越来越艰难。体系之中的企业,既独立自主,又相互依赖的,也可能是其他网络或体系的一部分。网络扩散时呈指数增加,置身其中的利益随网络扩展而呈指数增长。网络的价值会随网络里节点数目的乘方而增加:$V = n^{(n-1)}$(其中 n 代表网络中的节点数目)[①] (Robert Metcalfe, 2001)。

企业进入价值体系、扩展价值链的具体途径包括并购、直接投资,或外包、合同经营(许可证、特许、管理合约、合同制造)、战略联盟、共同研发等。针对大量补缺市场,中小公司可通过互联网络加入体系获得订单,建立品牌,并在国际市场上占有一席之地。

价值体系是动态的,它不断改变网络联结成员并向新结点延伸。促成企业进入价值体系、扩展价值链,获取合作、协同的主要因素是网络内部决策者之间的相互信任、互惠准则或开明的自我利益。企业价值链管理的实质,在于加强与产业链上下游合作者之间无障碍的信息沟通,达成目标、能力的互补与一

---

① 转引自〔美〕曼纽尔·卡斯特. 千年终结,夏铸九、王志弘等译,北京:社会科学文献出版社,2003

致。相关企业经营能力的关联性、价值目标的兼容性、资源信息的即时共享性和利益关系的协调一致性，是体系中企业及产业具有竞争实力的基础和象征。

6.2.3 关系营销增强企业"动态柔性"

关系营销是旨在建立、发展和维持长期经济社会关系的活动。关系营销的目的是使企业成为网络体系中一个可以信任的合作者，以快速影响并回应全球市场的变化与不确定性。作为 50 年来营销理论与实践重要的"范式转变"，关系营销是企业社会资本积累的重要途径。它以承诺和信任为核心，致力维持合作者之间的稳定关系，降低风险和成本，提高绩效。关系营销通过开放的、伸展全球的多边网络，连接众多的公司及产业，将全球市场、资源及各地最有效的投资区位组合起来，使企业敏锐感触社会愿望与需求，大幅提高其反应能力、赢得社会信任和支持。关系营销联结企业与顾客、中间商、供应商、企业内部机构、雇员及影响者（政府、社团），透过高度开放与适应性的全球触角及绵密的沟通互动，使企业实时调整方向并整合资源能力与市场。

企业在政府目标、社区规划等方面保持积极姿态，承担社会责任和义务，会赢得广泛的信任，提高反应能力。在某些行业，政府和公共组织的官员通过手中所掌握的产品许可权、执照发放权以及其他商业审批权来调控行业竞争态势。与他们真诚合作的公司，通常能够更快、更容易地协商处理商业上遭遇的障碍，获得优势和高额利润。那些涉嫌错误、甚至是危害社会行为的公司则容易成为从新闻媒体到法庭等各种场合的热门话题，并受到公共机构的制裁。发生这种情况，经济损失、诉讼费用自不言说，企业社会资本的存量也可能消耗殆尽。

6.2.4 知识品牌管理提升企业盈利能力

知识品牌管理是利用组织知识资产、积累与运作社会资本创造经济价值的过程。企业知识资产包括专利、商标、品牌、技术、管理体系等。纵观上个世纪以来的信息经济及全球化进程，企业的价值创造和分配在全球价值链是不平衡的。世界民族经济之间产品份额与价值份额的"大分流"源出于产业形态的变更。但这种失衡在相当程度上是跨国公司全球经营及战略选择的必然结果。跨国公司借助服务与产品相结合的全球品牌，外包它们的生产，变成了研发与营销并行的公司，附加值被转嫁到了品牌、知识上，例如耐克（Nike）、利维（Levis）、3M。

因此，企业要在市场中竞逐更高价值，就必须在商品与服务的品牌、形象、声誉、技术、管理技能等方面创新。企业可针对不同的产业环节、市场纵深程度和产业关联等条件，以品牌、专利、管理技能、技术、许可证等为先导，选择一个与竞争者不同的规模加以区隔获得差异优势或品牌优势。也可避开国内竞争，伸入国际市场塑造更完整的竞争优势。

此外，公司价值的获取，不单是生产和消费物质，而且要注重塑造精神形象和精神产品。产品或服务蕴含的文化价值、象征意义所带来的信任和消费者高级需求的满足对企业的盈利能力至为关键。企业借助信息网络等新技术媒体与报纸等传统媒介的结合，依托强有力的促销支持、高质量的产品和可预期的卓越表现、值得信赖的口碑等，不仅能传播企业行为、事件的方方面面，也可塑造品牌和形象，引导公众信心与期望，提高企业社会资本的存量。

第七章

政府作用与企业社会资本的积累

政府与企业社会资本积累的关系，主要是政府信任及政府经济功能的发挥两个方面。作为制度变迁的基本变量，清正廉洁高效的政府形象以及政府在制度建设，促进政企、组织间的沟通合作，有益于保持政府宏观调控、社会自组织功能与企业自由竞争之间的有机平衡，对企业社会资本的积累产生积极的作用。政府直接介入经济关系，过度干预企业经营活动将对企业社会资本的积累产生负面影响。

7.1 不同经济体制政府作用与企业社会资本

政府对企业社会资本的影响，在不同的经济体制下作用方式和内容是有区别的。在计划体制下国家信任取代企业信任，削弱了企业社会资本的功能及积累；在资本主义自由经济时期，欧美企业特别是美国企业，一方面，崇尚充分的市场竞争，拒绝政府调控与干预；另一方面，不同的利益集团之间通过游说等非公开的方式，影响政府决策，有可能导致"政经栅栏"，降低企业及整个国家社会资本的存量。完全的计划和完全的自由都不利于企业社会资本的积累及社会经济的持续发展。健康的政企关系，是通过沟通对话，发展政企、企业、组织间的相互信任（如日本），从而促进企业和整个国家的经济合力。

7.1.1 计划经济与企业社会资本

从历史上看，政府在不同的经济体制下对企业社会资本的积累有着显著的不同。在计划经济条件下，政府对企业的生产、销售进行全面控制监督，企业缺少自主，缺少积累社会资本的外在要求和主观愿望。这一体制下，企业与政府的关系完全属于领导与被领导的关系。政府的职能取代了市场对资源的调节与分配，政府的集中控制也窒息了企业的自主创新和经济活力。而且，政府信任或国家信用完全替代了企业信任和企业信用。这也是政企缺乏相互信任与有机合作的表现。

应该说，对经济的全盘计划源于一个至为完美、崇高的社会理想。计划经济得以推行是为了避免市场的盲目性、竞争的残酷性所导致的资源浪费。但从中外经济建设的实际看，计划并没有创造一个比市场更为合理的经济现实。"看不见的手"，带来了市场的失灵；而有限理性，也造成了计划的不完善性，一度造成整个国家社会经济发展的停滞和低效率。应当看到，我国的计划经济体制作为建国初期恢复国民经济，对当时复杂的国际政治经济环境下保持国家民族的自主能力，特别是维持有关国计民生的重要产业的稳定发展起到了积极的作用。但随着国民经济的恢复与发展，国际社会政治经济环境的变化，国家计划统得太死、管得太多，窒息了经济及企业的经营活力，使国民经济衰退、企业日益丧失了竞争力及发展动力。因为，当经济基本成为少数政府官员编制计划者的职能时，消费者的需求、生产者的创新都统统被排除在经济之外了。在计划经济条件下，企业与消费者之间的信任，企业内部管理者与被管理者的信任也变得微不足道。

因此，我国在经历一场大的浩劫之后，步入市场经济的轨道，其目的是走出计划经济的误区，把经济的基本职能还给企业，培育企业的经济活力，同时谋求重建政企、企业及各种社团组织之间的信任关系，保持企业自主竞争与政府宏观调控之间的平衡。

7.1.2 自由市场经济与企业社会资本

在欧美社会，由于受新自由经济主义思潮的影响，经济听任"看不见的手"左右。一方面，政企之间缺乏信任；另一方面，由各种不同利益集团或"分利集团"通过游说方式影响政府决策，甚至有可能形成奥尔森所言的"政经栅栏①"，从而降低整个国家及企业社会资本的存量，并且阻止国家集中有限的优势资源选择发展那些对国民经济有重大影响的产业或领域。

关于政府在经济发展过程中的作用问题，存在两大不同观点的学派；一是以亚当·斯密理论发展而来的新自由经济主义，主张完全靠市场调节，不主张政府对经济进行干预；一是以凯恩斯理论为基础的新凯恩斯主义，认为信息不对称的存在，使完全靠市场调节解决不了所有的经济问题，主张国家对经济的干预和调节。

---

① ［美］曼塞尔·奥尔森，集体行动的逻辑，陈郁等译，上海：上海人民出版社、上海三联出版社，1995，172－177

工业经济的繁荣时期，以美国为代表的西方自由企业制度和自由经济的发展，曾使人们相信，只要每家企业独立自由地追求自身最大的利益，整个国家经济就会有最佳的表现。企业的经济活动，不需要政府的干预。因此，许多西方国家，特别是美国，信奉自由竞争，对政府采取不信任或敌视的态度。资本主义国家特别是美国的百年繁荣和增长，更加助长了这种信念。

在资本主义发展的垄断时期，管理阶层可以怠慢，工人可以无效率，可是公司依然业务兴隆，利润滚滚而来。每一位有关的人都"认为"自己知道如何经营企业和如何赚钱，以致形成了一种完全与现实脱节的"经济迷信"。这种经济迷信一度成为美国社会占中心地位的理性信念，逐渐融入伦理和道德成份，从而使这些信念充分植根大众生活和大众信念之中。

作为一个国家，每家公司都是一个独立自主经营、追求自己目标的经济实体，公司为了达到利润的目的，还会利用自己的自由不惜侵犯其他企业或个人的利益。政府必须出面阻止这种自利，因此，企业与政府的关系是敌对的。因此，美国社会普遍对"大政府"怀有恐惧心态，他们甚至认为，要珍惜这种经济自由，就必须接受这种敌对关系，因为经过一百多年的工业成功，似乎已经证实这种方式有效。

但事实上，资本主义的成功并非完全归功于自由竞争和企业的创新能力、勤奋工作。在二战结束时，任何人如果想买飞机、轮船、牵引机或是示波器，都要来北美采购。德国、法国、英国和日本的工厂有许多都在大战期间摧毁。这些国家的重建时期，供应商人多选择美国企业，美国工业也因此繁荣。此外，美国电报公司与美国航空公司等也曾受惠于政府的调节政策，而垄断了这些行业。另外还有其他一些行业、公司在某些产品受到专利保障时，也常常享有垄断①。

与自由经济、敌视政府的信念相对应，是利益集团政治（interst-group politics）和"政经栅栏"。即特殊的利益集团通过扩大对政府的参与、游说，而非只是被动地以公民身份投票，来争取他们自己的利益。

美国马里兰大学政治学、经济学家奥尔森②认为，当政治稳定时，特殊利益集团会无法避免地出现。这些有共同利益的人物以类聚，为共同的目标而对

---

① ［美］威廉·大内，M 型社会，黄宏义译，北京：中国友谊出版社，1985，105－166
② ［美］曼塞尔·奥尔森，集体行动的逻辑，陈郁等译，上海：上海人民出版社、上海三联出版社，1995，172－177

政府施加压力。这种利益集团就如杂草一样，会逐渐在全国各地蔓延。由于每个集团都不愿意把自己的利益让给其他集团，他们会抵制"社会选择过程"（process of social choice），然而，这种过程是凝聚举国力量与促进经济发展所不可或缺的，其结果就造成了"政经栅栏"。根据奥尔森的说法，历史显示破除"政经栅栏"的唯一方式就是忍受一场革命，或是打了一次败仗，如欧洲国家。其结果，是每一个国家都能以较为公平的方式形成新的共同体，并且享受到几十年强劲的经济增长期。然后，在这段增长期间，利益集团政治逐渐恢复，"栅栏"再度出现。结果，经济活力逐渐丧失。

西方国家相信自己的多元民主体系，这种体系可以把政治影响力广泛分配到全国各角落。并且当国家出现危机时，如国外人造卫星技术、或其他尖端科技带来威胁时，或需要发展教育、科学研究时，敌对的利益集团能捐弃成见携手合作。但事实上，这种现象并没有自动出现。"政经栅栏"使得经济本身和整个社会的发展、大众的福利都受到了阻碍。

在西方人的眼中，企业界和政府的关系永远是敌对的，各国唯一的差别是谁站上风。但日本人在企业界和政府之间有着良好的对话和合作，日本企业对政府持信任态度。日本与欧美等国一样，是市场经济体制。许多人认为日本工业发展归因于中央规划，但日本经济仍然活力充沛地增长。但事实上，日本人并未从事中央规划，只是日本企业与政府之间发展了密切的关系，企业界与政府界成功依靠团队合作方式，将个别努力结合起来，从而实现了自由竞争与宏观调控的有机平衡，取代了"政经栅栏"。

根据福山、大内等人的研究，在日本，政府、企业和个人三个层面的信任都较高。特别是日本企业和个人在服从政府权威方面比美国企业和个人更驯服。美国人对政府极为不尊重和信任，尤其是讨厌"庞大的政府"。在日本，自1868年明治维新以来，政府在经济发展、指导信贷、保护民族工业、资助研究与开发工作等方面起了关键作用。主管国际贸易与工业的通产省因远见卓识地指导了战后日本经济的发展而享誉全球。

日本政府对经济、对企业的行为不是干预。与法国、墨西哥、巴西等国相比，日本政府对经济的指导作用要小的多。日本政府所办的企业在国内总产值中所占的比例多年来一直是经济合作与发展组织中最低的，甚至低于美国的政府企业。日本政府与大企业之间的沟通程度远高于美国企业与政府之间的沟通程度。日本官员有着对家庭、企业及民族的高度忠诚。因而，美国企业不具备日本企业所拥有的重要优势——良好的政企关系或企业社会资本。

完全的政府控制和完全的市场竞争都不利于一个国家及其企业社会资本的积累。社会经济发展最为合理有效的方式与途径，是保持企业、政府与各种社会组织（行业协会、社团）等各种力量的相互信任，提高整个国家社会资本及企业社会资本的存量，从而实现自由竞争、社会自我组织管理能力及政府宏观调控的有机平衡，促进企业与社会的繁荣昌盛。

7.2 政府对企业社会资本积累的促进作用

政府信任既是政府自身社会资本问题，又是企业社会资本积累的重要方面。企业社会资本中企业宏观信任网络，其核心的内容是企业与政府之间的沟通合作。它关系到自由企业制度与政府宏观调控之间的平衡。政府对企业社会资本的影响，在于政府信任或国家信任及政府作为制度变迁的基本变量，推动制度建设及政企、社团及各种组织之间的合作与交流，从而促进企业建立各个层面稳定的社会信任网络。

7.2.1 政府信任对企业社会资本积累的传导作用

政府信任是影响企业社会资本积累的原因之一。政府是市场规则的制订者，也是市场规则的执行者。政府信任对企业社会资本积累有导向、示范作用。政府带头遵守诺言、讲信用，则可给企业和社会带来良好的示范效应。反之，政府信任缺乏，市场主体也会加以效仿，失信行为将受到鼓励，会对整个社会产生恶劣的传导作用。

当前经济生活中不讲信用的行为存在，从一定意义上讲与一些地方政府部门的行为有关。地方政府在维护市场经济秩序方面有失公正，地方保护主义严重，默许制假贩假等违法违规活动。这些不规范的政府行为使国家为规范市场经济秩序所规定的一系列法律规范成为"白条"。前几年，我国80%以上的企业深受"三角债"的困扰，而且执法部门清收欠款的执法，往往在某些地方受阻，相互拖欠贷款高达上万亿元，其原因，是地方政府地方保护主义在作怪。

企业社会资本积累存在着经济、政治、文化和法律等多方面的因素。不稳定的社会结构、政企不分、政府寻租行为等等，都会影响企业社会资本的存量。"最终将一切进取心、创新精神、士气和美德丧失殆尽[①]"当前，我国各

[①] 迪屈奇，交易成本经济学，北京：经济科学出版社，1994，见陈传明、周小虎，关于企业家社会资本的若干思考，南京社会科学，2001，(11).3

级地方政府工作缺乏公开性，透明度不够，暗箱操作多，使这些地方政府的形象和公信力降低。政府工作缺乏稳定性和连续性，政策多变，政策的不确定性使企业作为经济主体对未来缺乏稳定的预期，自然就容易去追求眼前利益而不会为了不确定的长远利益讲求信誉，积累企业社会资本。

政府信任或政府社会资本对企业乃至整个社会的社会资本积累的影响极为重要。政府失信损害的不仅是部分人的利益或单纯的政府信任及形象，而是导致整个社会陷入信任、信用危机的恶性循环中，成为整个社会信用缺失的"催化剂"。此外，政府信任度降低，必然引起政府权力合法性的危机，从而动摇政府统治的基础，加大"政府失灵"。从这个意义上讲，政府信任水平的降低和政府信任缺失，乃是产生社会信任危机的根本因素之一。因此，政府在社会信任水平提升的过程中，应转变自己的经济职能，率先加强自身信任水平提升及社会资本积累，加强政府工作的公正、透明度，减少政策的不确定性，取信于民。

7.2.2 制度建设与企业社会资本积累

我国经济生活中尚存在一些不讲信用的行为，表面上是道德缺失，实际上是制度缺失。制度作为博弈的规则，是建立和维持组织、个人之间信任的关键。如果制度安排使得当事人履约比不履约更有利可图，则人们就有积极性为了交易带来的长远利益而抵制短期机会主义的诱惑，信任和社会资本即可产生并积累起来。

政府通过颁布法律法规和制定政策为企业社会资本积累提供制度保证。市场经济是经济主体间互利交换、社会分工协作的经济体系。交换行为的成立，都是以进入市场的各个主体之间达成某种共识，共同遵循某种制度规范为前提的。如果没有制度规范，交易的一方有可能运用强权优势、掠夺弱势一方的利益，形成不公平交易。此外，合理的制度安排，可以降低企业间交易成本，使交易活动顺利进行。

工业革命以及现代市场经济起源于法制比较发达的英国，应该不是一个历史的偶然。商品经济在各国的经济史上都曾有过一席之地，但是它成为主导的经济形式却源自西欧，逐渐扩张到北美。中国明清时际就已经产生了资本主义萌芽，但局部的商品经济和市场经济之所以没有办法扩张为全国性甚至世界性的市场，主要的原因在于没有一个完整的信用体系和法律体系、执法系统。信用可以在局部地区或者一个规模较小的经济中存在，但是要扩张到全国，就必须要有法律系统的支撑。中国自秦以后，就没有法制传统，靠儒家伦理治理国家，规范人们的行为。法律的本质是要做到公平、公正，法律面前人人平等。法律和理性客观上促进人们超越家庭，有利于个人在深度信任之外建立浅度信任和抽象信任，以及组织或企业在微观信任网络之上建立中观、宏观信任网络。而儒家伦理重视家族忠诚及亲情，依循家庭、血缘的亲疏长幼远近，尊卑有序，强调人伦的区分。因而，中国缺乏社会普遍信任的社会资本。这也是中国信用发展不起来，市场经济发展不起来的原因之一。

强调政府对企业社会资本积累的作用并不意味着干预企业经营行为。政府职能的正确发挥，在于为企业社会资本积累提供政策导向和制度环境。一方面，政府对交易过程中的各个环节都应该有健全的立法，制定有效的法规，以防患于未然。另一方面，必须严格执法。在市场经济条件下，政府不仅是立法者，而且还是经济活动的裁判员。在企业社会资本积累过程中，政府要加大对欺诈、制假等违法行为和违约者的打击力度，维护市场经济秩序。当前我国有关经济立法工作开展得有条不紊，但令人担忧的是，还是普遍存在极其严重的有法不依、执法不严的现象。只有对违反合约的行为进行惩罚，让玩弄欺骗伎俩受到严厉的处罚，使之付出应有的代价，使实施坑、蒙、拐、骗的行为成本远远高于收益，才能杜绝信用不足的普遍现象。由于我国司法体制和法院管理体制存在的弊端，如司法地方化和行政化，法院的人、财、物仍然把握在地方政府手中，一些地方的领导人存在任意干涉法院审判和执行工作的现象，造成有法难依的现实困难。法院打"白条"的现象盛行，致使许多企业的利益得不到法律的有效保护。执法不力，实际上是地方政府为谋取眼前利益和局部利益，人为干扰公共规则的结果，直接助长了信用缺失态势，最终不仅构成地方经济长远发展的制约因素，而且严重影响了全国统一、规范、开放有序的大市场形成，阻碍了我国经济的市场化进程。

对企业社会资本积累有重大影响的制度，首先是产权制度。没有明晰的产权，企业特别是国有企业不可能重视长远利益。只有产权清晰，企业才有必要考虑长远利益，才有积极性建立社会信誉、积累企业社会资本。产权制度直接决定着信誉的收益权，如果收益权归别人所有或不确定，没有人会为未来不确定的收益而牺牲自己的眼前利益。所以，企业积累社会资本、建立信誉的积极性根源于产权问题。因此，国有企业进行产权改革，实现产权明晰，是政府为企业社会资本积累必须提供的基础性条件之一。

产权是企业社会资本积累的基础。明晰的产权是企业追求长期利益、讲求信誉和道德、积累企业社会资本的动力。有经济学家对 29 个国家的统计分析表明①，一个社会，人们之间信任度与社会对产权和合约的保护制度密切相关，对产权和合约的保护越有效，社会信任度越高。作者认为，产权的破坏，是对经济冲动力与社会资本的双重损害。一个社会破坏了产权，也就破坏了社会制度基础，破坏了人们追求经济利益、建立长期信赖、长期生存的基础。在实践中，不仅要改革法律上的产权，让产权有比较完整的法律地位和得到真正的法律保护；同时，要改革经济上的产权，使产权的最终所有者对产权具有强烈的约束力，使企业在经营过程中实现责权利的内在统一。我国国有企业失信严重，关键在于企业产权不清晰。

因此，我国应尽快按照市场化要求完善出资人制度，形成人格化和社会化相统一的出资主体。针对国有企业改革，需要建立与之相适应的现代企业，改变出资主体过于单一集中的状况，与国有经济的进退格局相适应，在发挥市场决定作用的同时，政府通过必要的政策激励与推动，以及法律法规保障与规范功能，选择具有优质高效特征的出资主体，促使出资人到位，推动出资主体多元化。我国现阶段信用不足及由此导致的经济秩序失范现象，与我国处在由计划体制向市场体制转轨的制度背景有关。事实上，企业履行合约的内在机制和外在机制的有效作用，最终都依赖我国市场化改革的进程。由无序市场向有序市场的转变路径，离不开制度演变与变迁的基本参数。因此，必须借助政府力量，消除交易主体失信的制度基础，营建企业社会资本积累的制度环境与激励保障机制。

在当前制度、立法方面，除了着重于产权制度等方面的法规、体系建设，还应建立完善的全国性信用体系。

信用体系是一套市场的规则和法律规范、信用工具、全面便捷的信用系统（银行存借信用系统、职业经理人信用系统）、咨询、查询体系等。运行有效的信用系统、发达的信用关系，便利了交易，节约了交易的费用。目前，我国企业在经济活动中因为信用风险而采用现金交易，异地之间的现金交易既不安全，又增加了交易时间。

信用体系的培育是一个长期的过程。在这个过程中，市场的不完善性可能产生消极作用，因此，政府的作用尤为重要，特别是经济转轨时期。市场经济发达国家的经验表明，单纯依靠市场的力量难以建立完善的信用体系，因此，

---

① 张维迎，中国企业能长多大，http：//www.fktx.net/72/docc/zhg.htm.

必须借助政府的力量，建立并开放企业和个人信用、信息系统，促进信用中介服务机构的发展，为企业提供良好的信用、信息服务。

从某种意义上讲，政府的推动是构建和完善信用体系的核心动力。无论是信用评级体系、征信制度的建立，还是政府信息的披露、社会信用中介机构的培育等，都离不开政府的制度供给和积极推动。政府要依法对信用中介机构进行有效的监管，以保证信息的真实性和全面性。

我国企业社会资本中中观信任网络的缺乏、企业层面的信用缺失严重，一个重要原因，是信息不充分，即缺乏了解相关企业信用情况的正规渠道。目前我国信用体系不完善，企业也不具备利用相关信息技术迅速获取所需信息的能力，加之我国市场化的时间短，大量的新生企业层出不穷且变化大，企业选择集缺乏稳定性，这就进一步加大了企业间的信息不对称，于是在合作中产生信任危机。

重复博弈、社会声誉被经济学家们认为是企业社会资本积累、社会信用建立的重要机制。但是，基于自我约束的博弈机制、信誉机制存在不可忽视的局限性，其有效性需要一系列制约条件，如信息完全、市场选择集相对稳定、健全的信用体制、法律体制等。因此，政府公共制度设计与安排的重要性更加突出，政府在信用建设、信用管理方面的作用，是企业社会资本积累、积聚的重要变量。

如前所述，目前我国信用问题主要表现为企业层面的信用缺失。这种现象之所以存在，信用体系不完善是重要根源。守信者没有得到应有的收益，也没有得到相应的激励。失信者非但没有受到应有的惩治，反而得到了不应得的收益。因此，建立失信惩罚机制，对有不良信用记录的企业和个人进行惩治，是激励规范企业建立社会信誉、积累社会资本的重要环节。

除了完善银企、企业之间的信用体系，政府还要促进职业经理人信用体系建立，规范经理人员的行为。选好经理人必须要有完善的经理市场。加大经理人员背叛公司的惩罚力度，加大法律制裁力度。经理人员的忠诚和水平由市场评价，不忠诚的人将会被市场淘汰，市场只给他较低的价格。

中国法制基础薄弱，适应社会主义市场经济的法律、法令、监管以及执法系统尚在形成过程之中，全国性的信用体系建设要花十年甚至更长的时间。因此，对这一任务的艰巨性、复杂性和长期性更使政府的作用不容忽视。

7.2.3 政企、组织间的沟通与企业社会资本积累

政府促进企业社会资本积累的重要方式之一，就是利用自身优势，组织企

业、各种协会、机构、科研院校之间的沟通对话，举办论坛、经贸会等各种活动，促进企业、组织间的合作与交流。

制度与面对面的直接交流对企业社会资本积累有着不同的作用。福山①曾以法国为例，指出了政企之间、企业与组织间的平等交流、沟通对话，对企业社会资本乃至整个社会的信任水平及经济发展的影响。

法国企业社会资本较低，与政府也缺乏相应的沟通信任。法国企业中没有任何形式的社团或小组，既没有工作方面的，也没有消遣方面的。员工在组织内很少朋友关系，企业成员更愿意按照组织正规、等级分明的准则来公事公办地相处。法国在组织以外也缺乏相互信任，不同区域的法国人在有共同利益的项目中很难合作。换言之，法国文化对新型非正式组织所需要的非正式的、面对面的关系非常厌恶，而更喜欢法律明确定义的、集权的、等级式的权威。平等地位的法国人发现若无高一级的、更有力的权威，他们之间的关系就很难解决。

在法国的经济生活中，法国人对直接、面对面的关系的厌恶体现在许多方面。车间工人不愿意自发地组成团队，他们更愿意以由管理层或由管理层与劳工协商制定的正规准则为基础来合作。劳资关系也遭遇到同样的形式主义，工会不会为解决问题与管理层交涉，而是将问题转给上一级领导，最后推到巴黎政府那里。劳工和管理层之间一直存在鸿沟。法国在劳资关系上不会循序渐进地进行微调，而往往是周期性地暴发高度政治化的工人运动危机，运动的目的是在全国范围内达到工人的要求。

法国整个社会的等级差异导致在组织、企业内外缺乏沟通合作，在各个层面影响了现代法国的经济生活。法国是一个充满阶级的社会，等级、对正式制度的推崇以及面对面对话交流的缺乏，使得企业、组织内外的人们都难以合作，即使当他们有共同的重要利益时，情况亦如此。受此影响，法国企业缺乏规模，大众消费市场的发展也相对迟缓。

在法国经理阶级中，大资产阶级和小资产阶级，或者说法国的两种资本主义之间的关系一直比较紧张。第一种是天主教的、家族型的生产商，另一种则是由犹太人和新教徒统治的资本主义，他们主要涉足金融、银行业和投机领域。正如英国伦敦的投机商瞧不起曼彻斯特和利兹等北方城市的生产商一样，

---

① ［美］弗郎西斯·福山，信任——社会美德与创造经济繁荣，彭志华译，海口：海南出版社，2001，61－148

在法国，巴黎的金融资本家与外省的生产企业相互不信任。这一点，日本则大不相同。日本创建的以银行为中心的工业集团中，金融和生产是同等重要的左膀右臂，它们之间存在着高度的信任，而这种情况在法国工业集团中比较少见。法国早期曾尝试建立这样的集团，如信贷银行，结果在 1867 年以惨重的失败而告终。

法国私营经济缺乏活力，缺乏创造性和创业精神。法国政府通过制定科技发展计划，保护国内工业，津贴、牵线搭桥，完全国有化一部分高科技企业。其结果，航空工业蒸蒸日上，但法国高科技工业政策的整体成绩却一团糟。

相反，日本政府、企业、行业协会之间的沟通则比较频繁①。尽管许多日本企业在市场上相互竞争激烈，但在政府牵头下，各种企业、组织包括政府间的对话，使得他们在某些方面如技术开发、行业发展等方面达成一致，并形成合作伙伴关系。由于政企沟通和民族主义意识，使得日本的政府企业和私有企业没有非常明晰的界线。日本的企业将自己的利益与国家的利益合而为一，是他们提供了资本的积累、技术革新以及组织技巧，建立了现代经济。

应该特别指出的是，日本战后的发展，与企业界发展的合作密切相关。日本政府对促进这种合作起到了很大的作用。日本政府并不强行推进企业间的合并、合作，而是组织推行这些企业间的对话沟通，达成共识，在此基础上形成各方的自愿联合，如联合开发。这种由政府发起的对话，增进了企业之间、企业与政府之间的理解和信任。

以日本电脑业为例，日本电脑业的成功，极大地受惠于由政府、企业界以及其他团体，通过同业公会、审议会以及政治团体所结合成的整体信任网络所给予的支持。日本电脑公司第一次向日本开发银行提出的贷款申请之所以能成功，完全是因为通产省和大藏省内的技术和财务专家一致赞同的缘故。日本政府主要是通产省以明确的行动支持电脑的发展，但它扮演的角色只限于协助各公司达成共识。日本开发银行为这一隐含较大风险的新兴工业提供了低息贷款。

20 世纪 60 年代初期，美国 IBM 等五家公司对日本销售电脑并计划在日本设立制造工业。1975 年，日本取消电脑和辅助设备的进口配额限制，外国对日本电脑业的投资限制也解禁，对日本公司构成重大威胁。当时日立、NEC、松下、富士通等公司前往通产省，要求政府对加速发展国内电脑工业给予支

---

① ［美］威廉·大内，M 型社会，黄宏义译，北京：中国友谊出版公司，1985，123

持。通产省以展开对话作为回应。50－60 年代，日本政府与企业界已经达成共识，即未来发展的重点要从电视和晶体管收音机工业，转到新的电脑工业上。1966 年，通过日本电子工业振兴协会极力促成的政府和民间进行的对话，使国内各方都认识到日本应该发展电脑工业，必须尽一切力量使其成功，并且认为一定能成功。

日本在电脑领域之所以获得今天的成就，最主要的动力就是每一家日本电脑公司都具有冲劲。这比任何联合开发方案都重要，因为，只有靠这种冲劲才能把电脑工业提升到新的水平。在日本，市场力量发挥的显然很有秩序。日本电脑公司拒绝了通产省为重组电脑工业的努力，正是因为各公司极力想在市场上得到胜利，这种极欲要在市场上一决胜负的驱策力，使得各公司在二十年内都使出浑身解数去拼搏。

日本公司拒绝了政府重组的计划，组成集团，进行合作研究与发展，应对外国厂商的竞争。各个公司分别在各自的实验室里进行基本研究，研究结果送到由各家共同组成的研究协会，以便各方分享，而整个电脑工业也因之受惠。当然，各家公司也都曾想隐瞒重要研究，但有许多都被研究协会揭露出来[1]。日本成立大规模集成电路研究协会（VLSI）的背景是日本落在美国之后（特别是 IBM 给日本厂商的竞争压力），极欲迎头赶上。最开始，各大公司纷纷反对联合方案，各公司希望政府资助研究经费，各自独立进行研究。通产省认为这样不能给人同心协力的印象，会使社会大众很难支持政府的大幅度拨款计划。经过政府、日本社团、电脑厂商之间一年多的讨论，反复对话协商，最终，由日本五家公司和电子技术总合研究所负责甄选科学家，组建联合实验室。由官方资助研究协会（VLSI），大藏省编列预算。

最初，实验室不同公司的科学家之间很少合作，不同的方案也很少沟通。为了激励这些科学家的相互交流，来自不同公司科学家的考核交由联合实验室管理层进行。此外，为了建立团队合作，消除各公司及实验室之间的壁垒，研究协会采取"威士忌攻势"，也就是晚上邀请小组科学家喝酒，在"干杯"声中把彼此的隔阂和研究问题解决[2]。各公司研究人员一起工作了三年之久，彼此间的壁垒开始拆除。这时候，每一实验室都有了长足的进展，可以有某些重要成果与别人分享，各公司也因为彼此信任而坦白沟通。各实验室间还定期正

---

① ［美］威廉·大内，M 型社会，黄宏义译，北京：中国友谊出版公司，1985，132
② 同上

式交换意见，有时还一直谈到深夜。

研究协会（VLSI）的联合研究取得了丰硕的成果，不仅开发出几百件专利产品，而且极大地增强了日本电脑工业的市场竞争力。1978 年，富士通和日立都宣布开发出功能超过 IBM 的计算机。IBM 虽然仍是全球最大的和最成功的电脑公司，但一度被 IBM 摧毁的日本电脑产业，越来越接近于世界领先水平。

应该指出的是，日本电脑厂商联合仅限于基础研究，各家以竞争的方式，把研究发展成有用的技术，自行开发出实际的产品，展开电脑大战，以努力对抗国内及国外的竞争。这种竞争，又极大地促进了产品及市场的开拓。

在其他的领域，日本政府也通过同样的策略或制定规章、目标等影响各公司。但是，政府如通产省，很少采用官方权力。由于官方拥有的法律权力不多，可以运用的控制手段也有限。通产省非常谨慎地极力避免偏向某一项工业或某一家公司，否则，就会失去大家的信任。通产省的官员长期都跟企业领袖密切合作，设计政策，控制国家预算，是所有重要的创新性政策的来源。日本公司在市场力量解决不了问题时，也转向值得信赖的官方机构寻求公平的解决方法。在通产省扮演协调角色，某一问题没有达成共识之前，并不能强迫公司或社会大众接受某种解决办法，共识要同参加竞争的厂商和社会大众共同达成。通产省只是推动此一共识过程，并使决策的进行更顺利。

通过这种方式，日本的政府、工商社团与企业界构成了一个完整的社会信任网络。这个网络，是整个日本及企业的社会资本，也是日本经济得以领先国际的重要推动力量。当然，这种社会资本并不完全惠及企业，它同时兼顾消费者、工人和社会大众的利益，争取这些社群的支持与配合，而且在辩论企业界应何去何从时，也有这些方面的代表参与。

日本工业的成功，使西方根深蒂固的政治和经济信念受到藐视。欧美经济的成功，流行的观念认为是市场经济让每一家公司自行发展，借着活跃的竞争带动技术进步。而日本工业或经济的成功主要是由于来自研究与发展的协力合作。

欧美、日本的经济经验对我国经济发展过程中发挥政府对企业社会资本积累的作用具有重要的启迪。随着我国加入 WTO，我国经济与世界各国之间的交往、合作、竞争更为频繁。特别是随着国内经济对国际市场互补性、相互依存的提高，而我国企业参与国际竞争的经验与能力还很有限，企业、组织及政府之间信任关系相当薄弱，因此，政府调节、支持更为重要。在全球经济一体化的当今时代，一方面，各级政府要树立国际大市场的观念，对内、对外实行开放政策，打破"部门封锁"、"行业垄断"，摒弃地方保护主义，支持企业建立跨部门、跨行业、跨地区、跨国界的合作，帮助企业积蓄力量、建立社会信任，提高企业国际竞争力；另一方面，政府要积极推动，促成企业、行业、组织间的社会协作、相互理解及知识信息共享，增进相互间对共同利益、目标及价值理念的认识，提高企业及整个国家社会资本的存量。

7.2.4 政府力避直接介入经济关系与企业活动

政府对企业社会资本积累的推进作用，有赖于政府经济职能的准确定位。政府经济职能的界定，首先应基于建立市场经济体系这一基本目标。因此，政府最重要的经济职能主要体现在弥补市场失灵和维护公共利益上。政府直接介入企业经济活动及安排信用关系则带来了较大的负外部性。政府在社会信用、企业社会资本积累过程中，应重在创造制度环境，提供监管职能、激励机制，鼓励经济主体的制度选择和制度创新。

目前，我国政府直接介入经济信用关系的主要表现及危害：首先，政府直接安排信用关系并成为债权债务的最终仲裁者。在经济转轨时期，政府直接安排信用关系主要体现在国有单位之间（国有企业之间、国有企业与国有银行之间）。表现为，政府行政干预发放指令贷款；出面进行破产安排和债务豁免；在主办银行制度中对主办银行与企业实行"拉郎配"；在"债转股"中对转股企业的确定等。这些安排，让企业间的信用关系具有了浓厚的"超经济性"。但是，由于我国国有企业、国有银行属于同一产权主体，国有企业与国有企业之间产权模糊，在法律不健全、司法未独立、政府责任与法律责任重叠时，政府成为债权债务的最终仲裁者，直接介入经济关系还难以根除。其结果却破坏了经济运行的信用基础及信用原则，也扰乱了社会信用秩序。而且政府权力渗透进入市场，产生了巨大的"寻租"空间，使政府及其官员利用权力，甚至通过法律、文件的形式进行"寻租"，从而导致政府腐败，以及正常市场秩序的破坏。

政府对经济关系的直接介入，还表现在地方政府从维护本地利益出发，依靠行政力量实行地区性垄断，甚至包庇纵容本地企业失信行为，成为假冒伪劣、走私、偷税、漏税等行为的"保护伞"。不仅损害了债权人的合法权益，造成国家经济损失，也降低了本地企业社会信誉，阻碍区域经济的发展。致使社会信用、社会信任水平整体下降及市场秩序紊乱。

因此，政府在进行制度建设的过程中，应该特别注意，不应介入过多，以免造成"制度失败"。因为，市场运行过程中许多制度，特别是非正式制度（如商业习俗、道德惯例、文化价值等），在很大程度上由市场自发形成。如果这些非正式的制度没有违背法律和损害社会公共利益，那么，政府应放松对自发行为的限制，由市场主体进行制度选择和创新。

第八章

中国企业社会资本历史及现状分析

中国民营企业、国有企业由于中国社会长期政治经济方面的历史原因，企业社会资本先天不足。改革开放以来，中国经济由计划体制向市场经济体制转轨，这一过程中，由于我国法制不健全、信用制度不完善，中国企业层面存在着严重的信用缺失、诚信危机，构成企业经营困境及整个社会经济发展的重要瓶颈，也可能成为更大社会风险的诱因。

8.1 中国民营企业社会资本历史、现状及经营困境

中国民营企业自诞生之日起，一直受到外国资本、国家资本及政治势力的严重挤压，生存艰难，社会资本先天贫弱。上个世纪 70 年代以来，民营企业进入了一个新的发展时期。但由于中国民营企业起步较晚，大多数民营企业处在创办和发展初期，除了少数发展为较大规模的民营企业实施了现代企业制度外，大多数企业采取家族管理模式。中国民营企业社会资本存量严重不足，不仅限制了企业人才、资金及其他资源的争取，也阻碍了企业扩大规模、建立品牌及参与国际竞争。

8.1.1 中国民营企业的起源及企业社会资本先天不足

中国民营企业从 19 世纪 60 年代开始出现，到 20 世纪 70 年代改革开放这段历史时期内，基本上处在一个内外交困的境遇中。缺乏相应的立足之地和足够的生存空间。民营企业在国民经济中的作用极其有限。在一个多世纪的时间里，经济是政治、军事的附属物，经济体系中占主导地位的党营企业、家族财阀企业或依附于国家政权的国营企业都不是真正的经济主体，而是政治斗争、军事目标的副产品。中国社会经济的特殊历史，造就了中国民营企业不仅在经济上贫弱，而且在政治上缺乏影响力，由此，也导致民营企业社会资本的先天不足。

在中国近代产业资本发展的历史中，由于中国国家主权受到侵犯，经济发展始终未能保持独立性、连续性。加之强大的外国资本对中国经济的一度垄断和控制，包括国有资本、民营企业在内，民族企业一直处于弱势。中国民营企业在中国近代产业资本中发展最晚，力量最弱，始终处于从属地位，生存艰难。

自 1840 年鸦片战争以来，中国便步入了国家主权沦丧、领土完整被破坏的半殖民地半封建社会。民族企业的产生、发展与外来资本的扩张同步进行，现代经济部门的发展在相当时期内，很大程度上受到外资控制与干扰，丧失了独立性、连续性。

中国近代产业资本由外国资本、国家资本和民营资本组成。其中外国资本的历史最早，鸦片战争后就已出现。一战后，外资输出增加，在华企业急剧膨胀，到 1936 年，外资产业资本增加了 3.3 倍①。尽管当时"对外贸易和外国投资，在中国经济中只有很小的作用……中国经济的绝大部分却是外国人所没有触及到的②"，但是"民国初年，外国公司、投资、贷款和人员在中国现代经济部门居主导地位③"，也就是说，外资企业一度曾垄断了中国现代经济命脉，对中国现代经济部门和现代民营企业的发展产生了重要影响。外资企业自近代开始至抗日战争这段历史上，虽然对中国经济现代化的起步起到某种刺激作用，但更为重要的是，在外国企业的强大压力下，中国国有企业和民营企业一直处于劣势。

民营企业在近代产业资本中起步最晚。国民政府从自身的政治军事需要出发，对民营资本的政策毫无连续性与稳定性，不时以紧缩政策打断民营资本短暂的黄金发展期，最终断送了民营企业高速发展之路。1943 年后，政府的经济统治导致大批民营企业倒闭，1945 年到 1949 年，国统区四大家族在产业资本、金融、商业等方面的全面垄断更使民营企业无立锥之地④。

外资企业、四大家族企业的强大压力，以及来自政治、行政层面的压制，使得我国民营企业始终困难重重，如临深渊，如履薄冰。民营企业不仅缺乏一个经济资本高度积累的关键时期，也缺少企业社会资本积累、积聚的发展过

---

① 宋促福、徐世华主编，中国现代史，北京：中国档案出版社，1995，129

② 费正清主编，剑桥中华民国史（第一部），章建刚等译，上海：上海人民出版社，1991，128，204

③ 同上

④ 安然、王洛忠，新名词下的旧观点——评福山的社会资本理论，学术界，2000.5.120

渡，企业社会资本先天不足。这种先天不足，不仅表现在外资或党阀企业对民营企业的挤压、也表现在民营企业与政府之间根深蒂固的互不信任。

在中国近代史上，由于外国资本主义经济的入侵和传统农村生产方式本身的落后，国家的经济基础疲弱，无论北洋军阀政府还是南京国民政府，中央政权的财政基础都极其薄弱，无法从农业经济中汲取财政资源，只有"从城市经济部门为其政府筹措资金①"，直接将官僚资本、民营资本企业作为主要压榨对象；同时政府还利用不发达的银行体系大举内债，为"武力统一中国"提供资金，很少用于发展实业、交通运输等。因此，政府的经济政策始终没有能促进私营经济部门的资本形成。

到了中国当代史的早期阶段，民营企业仍未获得充分的发展空间。1949年，蒋介石政权退位，四大家族企业以及大批财阀企业的垄断地位也随着国民党政权的倒台而告终。在中华人民共和国成立后短暂的新民主主义工业时期内，工业部门对民族资本虽然采取了一定的保护政策，但也有意识地限制其发展；"五反"运动中的过激倾向又在一定程度上打击了民营企业，导致民营资本总产值的绝对量虽有所上升，但占工业总产值的比重却有所下降，由1949年的48.7%下降到1952年的30.6%②。此后，由于国内外多种政治因素的影响，中国开始仿效苏联的计划经济模式。1956年底，资本主义工业的社会主义改造基本完成，国营经济、公私合营经济、公私合作经济共占93.3%，纯粹民营企业的比重几乎为0。民营企业不但没有发展成为真正的市场主体，而且丧失了起码的生存空间。到1966年"文革"之前，国家虽然也曾迫于现实压力，对经济政策做过一定适应性调整，但对改善国家经济状况、发展私营企业却收效甚微。在接下来的十年"文革"中。经济从属于教条主义的政治意识形态的倾向更加严重，民营企业不但失去了政策支持、经济资源，而且其存在的合理性也在意识形态上被根本否定，丧失了最后的生存位置。

由于长期以来国际国内因素造成不利的政治经济环境，外资企业、国有企业的挤压，以及来自政治、行政层面的压制，使得中国民营企业历尽坎坷，几起几落，始终得不到自由发展的良好环境，民营企业对家族、亲缘关系以外的其他个人和组织的高度防犯、警惕，民营企业与政府之间的根深蒂固互不信

---

① 费正清，剑桥中华民国史第一部，章建刚等译，上海：上海人民出版社，1991，111
② 陈真，中国近代工业史资料第4辑，北京：三联书店出版社，1961，56，转引自汪海波，中华人民共和国工业经济史，山西经济出版社，1998，60

任，造成民营企业社会资本的先天缺陷。

中国民营企业没有得到与外资企业、国营企业同样的生存条件和发展机会，在严峻的外部环境中，狭窄的家族势力、地缘关系成了民营企业生存发展最可靠、最宝贵的企业社会资本。

8.1.2 中国民营企业家族化管理的历史必然性、现实合理性及其局限

目前，我国民营企业基本上都是改革开放以后市场经济条件下发展起来的。这一企业群体大多起源于家族企业，并实行家族化管理模式。据调查，当代中国民营企业普遍采用家庭、家族拥有的形式，并采用家族制的管理方式。从资产上看，51.8%的企业为业主一人的独资企业。在全部被调查企业中，业主本人投资占投资总额的82.7%，在所有其他投资者中，又有16.8%是业主的亲属投资，这种产权结构是构成家族企业的前提。从决策权和管理权来看，92.7%的业主同时又是企业主要管理者①，经营决策和一般管理决定主要是由业主单独或与其亲属共同做出的，决策权与管理权高度集中在企业主手里，产权与经营权密切结合。民营企业这一经营现状，不仅有其历史必然性，也有其现实合理性。

（1）中国民营企业家族化管理的历史必然性

在世界经济范围内，经济与家庭、经济与家族企业有着深刻的内在联系。现代西方经济学发源于古希腊。"经济学"的古希腊原文为ОùКОНОМИК，来源于"ОùКОС"——家、家务和"НОМОС"——规则、法律。ОùКОНОМИК原为色诺芬（Xenophon）一部专著《经济学》的书名。该书以对话的形式，探讨家庭管理和农业的合理原则。这个词在希腊人那里，其词义并不局限于持家之道这个内容。因为，有钱的希腊人家庭，就等于整个奴隶占有制经济，它就是古希腊罗马社会的一个独特的缩影。而古希腊思想家亚里士多德②（Aristotle）使用"经济学"及其派生词"经济"也是表达这个意思。

真正的市场经济也都是从家族企业开始的。在发达市场经济体制的国家里，家族企业约占65%到80%。家族企业已经成为全球经济中一股强大的力量。全球500强中，家族企业占40%。许多声名显赫的大公司如福特、丰田、

---

① 宋养琰、刘肖，家庭管理体制困境与出路，http：//www.candle.net.cn/kdwengao/2001/1/untitled31.htm.

② 欧文等、"看不见的手"经济魔杖——50位大经济学家如何影响和改变世界历史，北京：中国社会科学出版社，1997，3-4

宜家、米其林、摩托罗拉等这些巨无霸企业，都是家族企业。在欧洲，43%的企业是家族企业。在亚洲特别是东南亚华人社会中，家族企业更为普遍。家族企业对一国经济的贡献也相当巨大。以美国为例，家族企业的产出占美国国内生产总值的一半，雇佣员工占就业人数的一半，是国民经济的半壁江山。东南亚各国和地区中，最大的 15 个家族控制的上市公司的市价总值占其国内生产总值分别为：香港 84.2%、马来西亚 76.2%、新加坡 48.3%、菲律宾 46.7%、泰国 39.3%、印尼 21.5%、台湾 17%、韩国 12.9%、日本 2.1%。因此，大部分东亚地区的经济都是由少数家族所垄断①。在我国，家族企业在民营企业中占相当大的比例。但是，由于长期的历史原因，刚刚迈向市场经济的中国，包括家族企业在内的民营企业只不过是个婴儿，但他们已经面临外资企业、跨国公司、国有企业等力量的强大压力。我国民营企业家族化管理问题，是一个广泛受到社会各方关注的问题。很多人认为中国家庭企业规模小，运作不规范，排外等，加之很多民营企业钻政策的空子，不守商业信用，假冒伪劣产品也多出产于这类企业。因此，许多学者呼吁，我国家族企业应尽快走出家族制，建立现代企业制度，向现代化专业公司发展。这种呼声确有一定道理，但却缺乏对企业和经济发展整体、历史的考虑。

中国家族文化传统，是民营企业选择家族化管理的重要历史根源。传统上，中国社会家族文化传统积淀将在相当程度、相当时间内，影响中国企业现实的组织形式、管理模式的选择。中国企业组织形式、管理模式的演变，要吸收西方企业文化、组织发展的先进经验，但不能避开传统文化的影响。中国家庭主义传统，家族内外，亲疏有别，在家庭或家族内部，有很强烈的相互信任，但这种信任局限于与自己有血缘关系的人，而不信任家庭和亲属以外的人。因此，家族企业创业者、管理者很难与家族以外的人组成社团或组织，包括经济企业。

企业的发展、市场经济的完善，是一个漫长的历史过程。家族企业向现代大型专业公司的发展也需要一个不断培育成长的过程。早在本世纪初期，英国和美国的企业组织一直是以"家庭公司"为主。帕森斯、丹尼尔·贝尔等人都赞同这样的观点。在他们之前，韦伯、熊彼特也早有相关论述。韦伯认为，家庭与现代资本主义之间存在一种内在的逻辑联系：经济职能是混合型的传统大家族的主要功能之一，随着经济和社会的发展，个人需求和能力的增长和其

---

① 郎咸平，家族企业敛财秘笈，http://www.p5w.net/docs/fortune/20010224/2001022411.htm。

他社会组织的兴起，从内、外两方面冲击着传统的家庭经济，家庭的经济功能退化，将生产性职能让渡给专门的生产单位——现代资本主义企业，而本身则成为纯粹的消费单位。这些权威性的论述说明，企业本身的发展也有一个进化过程。这个过程进展快慢，既受一个国家前资本主义时期的社会——经济状况的制约，更受文化传统的影响。此外，也与现代企业产权制度，规范的市场运作机制，健全的货币金融体系，以及完善的商业法律体系等配套制度的整体发展进程密切相关。撇开历史上外国资本、官僚资本的长期挤压，以及家族文化传统的遗留影响，就现代我国市场制度的完善程度而言，我国的民营企业与市场经济一样，都处在一个形成和发展的初期。因此，现阶段，民营企业家族化管理模式仍有其历史必然性。

（2）中国民营企业家族化管理的现实合理性

我国民营企业起步较晚，基本都处在创建及发展初期，其经济动力、活力与企业社会资本有相毗合的积极方面。在市场经济发育不完善，配套制度不健全的社会经济条件下，采取家族化模式，有其现实合理性。

经济学的主流观点，常常把家族制企业作为一种落后的产业组织象征，把这种组织形式当作企业进一步发展的障碍。受此影响，许多民营企业纷纷声称自己要走出家族制。其实，家族企业、家庭企业及家族管理模式在竞争力方面是有优势的。企业经营管理形式无所谓高下，只要在特定时空条件下管理交易成本低、运作效率高就是好形式。据统计，目前中国大陆的非公有制经济中，家族式经营至少占到了 90% 以上，在这些企业中，既有家庭作坊式企业或单一业主制企业，同时也有合伙制企业、共有制企业，甚至还出现了家族成员保持临界控制权的企业集团。

家族企业是经济社会化的一个必然的长期阶段，目前中国出现了历史上最大规模的民营经济，据估算，规模在 20 万亿人民币①。而且值得注意的是，中国民营企业、家族企业已经开始进入以前的经济"禁地"，如金融、能源、矿产、公用事业、专用化学品等，并成为行业领袖。

从经济运行的必然性来看，现代企业与经济的发展，需要两股力量——经济理性与社会资本的合力。这两种力量在韦伯那里，是经济冲动力和宗教冲动力，在现代学者这里，是经济冲动力与文化冲动力②，这两股力量合力形成了

---

① 赵明，民营企业不必急于走出家族制，北京：中国经济时报，2002.9.23.

② 樊浩，伦理精神的价值生态，北京：社会科学出版社，2001.81－98，250－270

现代专业化企业及现代市场经济。当前我国民营企业中家族企业，经济冲动力与企业社会资本在一定程度上有其相符合的一面，基本适应企业现阶段经营发展之需。

在经济冲动力方面，家族企业的所有权及其产生利润能够传给后代的权力确保了家族企业创建和发展的内在动力。企业家的创业、开拓精神，保持了足够的经济动力与经济活力。在现有的社会经济制度条件下，与国有企业相比，我国家族企业有较为清晰的产权制度，领导权又有继承性，家族企业的领导大多不会出现突然更替的意外事件。家族企业所有权与经营权统一所产生的激励约束机制清晰，有利于企业制定长期的发展计划；权力的稳定性和延续性有利于企业计划可以比较好地得到贯彻执行。此外，由于企业的发展与企业领导自身利益息息相关，有利于企业树立较为长远的发展观，企业的发展战略会注重考虑企业的长期利益，不会因为短期利益而"割肉补疮"。因而，企业发展战略始终能保持相对的连贯性和完整性。家族企业激发并满足了民间自发的创业精神与经济活力，创业者"老板意识"和"宁为鸡头、不为凤尾"的传统意识相结合，对家族企业的创办和保持顽强的生命力提供了深层的心理支持。

在企业社会资本方面，家族企业是一个比较紧密的团体，企业成员之间有较紧密的关系，彼此之间形成一种紧密的组织联系。特别是与其他类型企业相比，家族企业凝聚力更强，企业拥有的家族文化可以成为凝聚企业员工特别是核心成员，激发其工作积极性的"催化剂"，使这一团体始终保持一种积极向上的工作状态。由于家族企业创业者都是白手起家，管理者本人都会以身作则，吃苦耐劳，成员之间能互相帮助、共渡难关。尤其是企业遇到困难时，家庭成员一般都勇于做出牺牲，不计报酬地工作，在一定程度上缓解企业资金上的压力。这种奉献精神是企业社会资本与其经济动力之间相互平衡、互为支撑的积极因素之一。著名经济学家加里·S·贝克尔认为，市场交易中的自私自利假设曾经非常有利，但用它来理解家庭公司则不然，事实上，家庭区别于厂商和其他组织的主要特征是，家庭内部的配置大部分是通过利他主义和有关的义务确定的①。

家族成员易于建立共同利益和目标。由于是利益共同体，不存在相互的猜疑和内耗。家族成员之间的配合默契，沟通简单，相关的信息、理念能很迅速被成员理解领会，因而，家族企业机制灵活，决策迅速，避免了国有企业在决

---

① 转引自向荣，家族企业——一个值得进一步研究的领域，商业经济与管理，2002，(3).31

策方面因制度僵硬而造成的不必要的损耗。此外，成员间亲密的联系，企业不会向外界泄露关键信息，企业可以更少地受到公众监督，企业决策可以拥有很大的自主性，从而保护了企业的安全，使竞争对手较难获得对己有利的相关信息。

家族企业的兴起是在中国经济体制剧烈变革、游戏规则不断变更的情景下产生的。在这个市场规则迅速调整的过程中，民营企业为了赢得市场竞争优势，不得不经常性地突破已有的政策限制，或者采取各种变通做法。这种与政策博弈现象的普遍存在，使得企业家必须严格控制内部高级管理人员对于企业的忠诚度，防止出现内部人告状，从而引致政府管制的情况。因此体制性环境决定了以家族忠诚为纽带的企业家族化经营是一种相对安全的选择。

从更普遍的原因上分析，中国民营企业在创业之初，往往面临着资金、技术、管理、信息等资源的极度匮乏，而一旦这些经营资源的某一环节出了问题，企业就会面临倒闭和破产的危险。家庭内部资源正好弥补了这一不足。家族成员的参与常常是创业之初最重要的低成本企业资源。家族往往是家族式企业融资来源的最初渠道。特别是中国当前的经济金融体制主要是对国有企业服务的，因而家族企业的融资渠道相对单一，通常是利用家族网络。创业时期，家庭无疑承担了创业风险投资资金的作用。根据调查，我国私营企业开办资金最主要来自于创业者个人或家庭原来的劳动或经营积累，占 56.3%，亲友借款占 16.3%[1]。

从家族企业的发展阶段与家庭及企业所有权发展阶段之间的相互影响来看，家族企业通常分为所有者掌权、兄弟姐妹合伙掌权、堂兄弟姐妹联营三个阶段[2]。所有权会对企业发展起控制作用。所有权结构限制了资金的投入。外面资本的介入会削弱家族对企业的控制，而家族企业很难找到只拥有少数股份的外面投资者，因此他们只好动用自己的及他们家庭的全部财力。

目前，我国民营企业基本上都处在创办和发展初期，创立者是所有者兼经营者，主要的经济资本来源是家庭、朋友积蓄的血汗钱。除非所有者有可观的投资资金，否则，第一代公司通常从家庭成员那里筹集资金，伴侣、父母、兄弟姐妹，甚至儿子。亲属比外人更愿意借钱给创立者。非家庭成员的资金在公

① 巴曙松、屠新曙，为什么当前中国家族企业具有很强的生命力
http://www.mykj.gov.cn/forum/special/2002-7-31/413.htm
② ［美］克林·盖尔西克等，家族企业的繁衍——家庭企业的生命周期，北京：经济日报出版社、哈佛商学院出版社，5-6

司里很少，真正的投资者通常要求在相当大程度上控制公司，这使得喜欢控制自己企业的经营者不欢迎他们。银行虽是最普通的非家庭资金的来源，但民营企业要取得银行贷款特别是大宗贷款难度很大。

家族规模小，业务内容简单，家族制管理简捷有效。在一个迅速变动的环境中，家族企业的运作成本相对较低。以血缘为基础的亲情关系使资源快捷方便地组合起来，相互间的和谐默契、信任、敬业奉献、家长权威及其协调能力等使企业创办时的交易成本大大降低，企业内的管理简化有效。家族管理模式不仅有利于前期降低生产成本（如减少工资、低息引入家族网络的融资），而且从最初创业的意义上，家族化经营的协调成本也相对较低。因为即使矛盾冲突产生，也可以通过内部协商，而避免由于引入第三方监督造成成本过高的情况发生。再加上有家族观念的约束，信任度一开始就能达到一定水平，所以经营过程中的监督成本也相对较低。

家庭企业社会资本适应了家族成员经济理性、经济冲动力的需要，使得这种组织形式，在特定的市场环境、文化环境下更好地整合资源、提高资源配置效率。从现实来看，家族企业在特定情况下比市场或科层制国有企业更有效率和竞争力。

我国职业经理人阶层及信用环境的现状也是民营企业选择家族化管理的重要现实根源。目前，国内职业经理人阶层和信用环境的缺乏，导致民营企业不敢贸然选择外部经理人员进入。基于国内特定的文化环境，企业所有者与职业经理人之间的信任关系难以在短期内建立，特别是中国社会人们观念上，普遍存在对民营企业特别是家族企业的不信任，导致企业主与非家族成员员工特别是管理人员之间难以形成有效的信任合作关系。实际上，外聘经理不能拥有公司大量资产，公司的晋升体系，其重要位置，企业主的家庭成员往往被优先考虑。而社会上普遍存在的心理和现象是，非家庭成员的雇员一般不喜欢为他人工作，如果不能进入国有企业或事业机构，也不想终身受雇于同一家私人公司，很多人往往中途退出来，开一家自己的公司。

家族企业向职业经理授权的过程，实际上是一个企业机密资源和机密信息与人分享的问题。传统心理与客观现实的多重因素，使得家族企业主更倾向于成为企业机密资源和信息的集中垄断者。企业的客户状况、营销网络、竞争状况、原料采购、价格等信息，一般由值得信赖的人掌握。一旦非家族成员的经理获得这些机密信息和资源，特别是一些客户资料，并与客户建立了个人间的关系，很容易另立门户，带走客户网络资源和一些重要的商业机密，同自己原来的老板竞争。

纵观西方及台湾民营企业的现代化发展，值得重视的是，企业的开创、成长并不断壮大，都必须得到正式的法律信用制度和社会伦理价值的强有力的支持，否则就只能以封闭的家庭或家族制形态在夹缝中生存。由于我国现阶段社会信用制度的残缺，法制体系、社会信用体系不健全，社会转轨时期传统的社会人际信任规则也受到极大的破坏，如经济社会生活中的"杀熟"现象。在金融市场上，我国金融机构与民营企业之间信用链条的断裂，使得民营企业难以得到正式金融信用制度的支撑。虽然近几年，正式的金融机构越来越倾向于向私营企业贷款，但要求企业填写大量详细的表格，提供规定的信息。但由于处于社会转轨的特定状态，民营企业对国家政策的稳定性缺乏信任等因素，使得民营企业主对企业信息的披露有很大的顾虑，害怕承受信息披露的风险。于是，家族资金、人力和亲情连接成为创办企业最主要的依赖，企业资本及管理模式只能保持家族制状态。加之整个社会信用缺失严重，使民营企业除了自身的资金积累和家庭、家族、少数亲朋的借款或合股外，他们几乎没有其他资金来源。绝大多数民营企业靠内源式融资发展起来，其管理人员自然也只能从"自家人"中产生。另外，中国民营企业特有的经营环境，在很多政策领域，面临不公平的待遇，许多事公事公办根本行不通。因此，不少企业家托熟人、找关系，甚至行贿、做假帐，并将这些作为创业初期生存所必需的经营途径。违法的事交给自己人办，风险会小得多。

（3）中国民营企业家族化管理的局限

在中国当前社会经济条件下，中国民营企业选择家族制管理模式有一定的历史必然性和现实合理性。但是，随着我国进入WTO，以及我国市场经济的不断完善，社会法制、信用体制的逐步建立健全，我国民营企业现有的规模及家族化经营管理模式，限制了企业建立品牌及进入高盈利的经营领域，也不适应国际化竞争、全球化运作的客观要求。

①小而分散的原子式家族企业缺少制度化及参与国际竞争的有利条件

在经济全球化步伐加快、全球竞争日趋激烈的市场条件下，家族制企业经验性决策模式、用人机制、资金设备、商业机会来源的有限性，会限制企业规模的扩大，也会因决策失误、经济资源、人力资源、市场资源的限制，使企业在竞争中处于不利地位或面临被淘汰的命运。

当企业规模不大，依靠家族信任及人力、财力能够满足企业发展之需时，家族及其成员的亲密关系乃是企业社会资本。当企业规模不断扩大，家族管理和资金不能维持企业正常运作，家庭成员内部四分五裂时，家族及其成员关系便成为企业发展的制约，家族原先积累的社会资本也消耗殆尽了。此时，企业要在继续家族控制小规模发展和放弃控制建立专业公司之间做出选择。能否超越家族关系，扩展信任至家庭以外的专业经理，即家族化管理让位于现代企业模式，家族企业的临时决策结构或单人决策模式让位给严格规定权限的正规组织结构，这对家族企业的创业者来说是一个艰难的选择。因为后者意味着成为一个被动的股东。假如为了维护家庭纽带不惜牺牲其他形式的社会关系，这将不利于企业的成长及经济的发展。如果家族企业让位于现代公司形式的组织，替代创业家族老板的是专业经理，他们的选拔不是根据血统而是根据他们在某些方面的管理实力。企业逐渐走向制度化，并按照自己的道路发展，不再受任何个人的控制，则能够带给企业更加客观、专业的管理方式以及更大范围的人力资源、经济社会资源。

中国民营企业发展最突出的矛盾是，家族企业在实现从家族向专业型管理转化这一过程困难重重。但这一转化又是使企业本身制度化和企业经久不衰的一个必要步骤。

家族企业早期一般采取单人决策模式，即福山所言"我说了算"① 的管理决策体系。这种方式在创业者或企业家管理能力卓著、经验丰富的情况下，有利于提高绩效，增强公司的团结精神。但这种管理体系很难制度化，特别是创业者退位后，就像王安公司，继任者与管理层其他高级经理缺少相互信任，致使经营业绩迅速下滑。

民营企业能否自发完成企业的现代化转型，意味着能否为企业持续发展积蓄足够的自我发展能力，为企业参与全球竞争创造相应的资金、规模及社会条件。企业上市意味着企业有着更多的发展资金，但同时意味着家族成员必须丧失一部分的控制权。例如，美国印刷巨头当纳利父子公司 1957 年上市后，家族成员的控制权就由 70% 下降到 15%② ，更重要的是，有更多的非家庭成员、优秀的职业经理人因此而加入到企业的经营管理中。这一过程，为企业持续发展及参与全球竞争创造了条件。在中国，很多民营企业难以跨出这一步，使得企业难以发展成具有规模优势的现代专业公司，而家族化管理的种种弊端，最

---

① ［美］弗郎西斯·福山，信任——社会美德与创造经济繁荣，海口：海南出版社，2001.77，84 - 112

② 苏培．当纳利，家族企业需要多元化，中国工商时报，2002.06.21

终会使一大批企业淹没在全球化经济的浪潮中。

②家族企业经营规模限制了其经营领域

中国民营企业大多在低盈利的劳动密集型领域进行低层次竞争。福山列举中国和意大利企业的经济实绩指出，如果文化价值观合适，家庭主义本身不会成为工业化和经济快速增长的障碍①。家庭主义即对家族成员以外的人持不信任态度，因而直接导致企业社会资本的不足。家庭主义及企业社会资本存量的不足，的确影响了经济组织的类型，以及参与全球经济的领域。家族主义的社会在建立大型经济机构方面遇到的阻力更大，而规模上的束缚又限制了中小企业参与全球经济竞争的能力。

随着我国市场经济体系的逐步发达和全球经济日益深广的相互联系，纯粹的家族企业由于规模小，只是在一些行业、一定的范围内有着有限的生存与成长空间，很少能成为国际化市场竞争主体。

家族企业的小型和家庭式管理模式倾向并不一定是个缺点，在某些市场中还可能是一个优势。它们在劳动密集型领域和快速变化且高度分割的领域都有出色的经营业绩，因而也占据了较小的市场，诸如纺织和服装，贸易、木材和其他板材，电脑零件和部件，皮革制品、小型冶炼、家具、塑料制品，玩具和纸制品以及金融业等。一个小型家族管理的企业非常灵活，可以快速地做出决定。而专业化大型等级式公司则有可能系统繁复，决策迟缓。小型的家族企业更适合响应瞬息万变的市场需求。家族企业不善经营的是资金高度集中领域，或生产技术复杂且规模大、回报大的领域，如半导体、航空、汽车、石化等。中国台湾的小型家族企业在生产新一代微处理器方面根本无法与英特尔和摩托罗拉一拼高低，而日本的日立和 NEC 则可以与之一拼。不过台湾厂商在电脑业的消费末端产品上竞争力极强，许多无品牌计算机厂商可以仿制出小型的装配流水线。

③家族企业规模小，很难建立起有影响力的品牌

民营企业的小规模所造成的另一个后果是这些企业欠缺有实力的品牌。中国民营企业基本上是以数量取胜，缺乏规模及品牌优势。美国和欧洲，19世纪晚期在烟草、食品、服装和其他消费领域兴起了用品牌包装产品的热潮，这是那些想控制已向他们的产品敞开大门的新兴大众市场的厂家走向集约化生产

---

① ［美］弗郎西斯·福山，信任—社会美德与创造经济繁荣，海口：海南出版社，2001，77，84 -112

的一个产物。只有那些以规模经济为营销手段的公司才能树立起品牌，拥有品牌的公司其规模必须较大，而且要比较持久，这样消费者才能注意到其产品的品质和与众不同之处。柯达、西尔斯等品牌都可追溯到 19 世纪。日本的品牌如三洋、松下和日立虽然在时间上没有那么久，但是它们都是由制度完善的大型公司建立的。

与此相反，中国民营企业中小规模的企业虽然数量众多，但在商业世界中，很少能创下著名的品牌。究其原因，是中国民营企业对家庭成员以外的职业经理人缺乏信任，不愿意向企业的专业化管理发展。这使得大多数民营企业不能跻身于更大的市场之中，特别是陌生的海外市场。因为占领海外市场需要有卓越的营销技巧，而小型家族企业很难达到可以生产与众不同的大众市场产品的规模，而且生存的时间不足以长到可以在消费者中树立声誉。这些民营企业大多数发展目标是取得利润，而不是像日本企业那样雄心勃勃地要统治市场，提高市场占有率。

综上所述，随着民营企业发展，应逐步走出封闭的家族化管理模式，建立开放的现代企业管理体制，一部分资质较好的企业在条件成熟时，可以发展成为具有现代企业制度的大型专业化企业。

8.1.3 中国民营企业社会资本积累不足及经营困境

中国民营企业社会资本存量不足，信用缺失及企业社会资本构成的结构性矛盾形成中国民营企业的资金和社会资源屏障，是中国民营企业发展过程中的最大难题。

（1）民营企业信用缺失与企业发展的资金屏障

民营企业在创业之初，资金的来源多为家族成员或亲朋好友。很少有银行资金、外部资本进入企业。中国民营企业贷款难被称为阻碍民企发展的重要瓶颈。在中国经济三分天下有其一的（国有企业、个体工商户与民营企业）民营企业很难得到商业银行的贷款。

民营企业贷款难已经成为中国经济不容忽视的问题。20 世纪 90 年代以前，我国商业银行贷款基本是"清一色"的全民企业和集体企业贷款，偶有少量乡镇企业贷款，一般也是因政策性的原因发放。1992 年我国进入经济高速发展阶段。此时，一些银行仿效其他政府和事业单位的先例，与乡镇企业办起"副食企业"，以贷款形式投资入股，然后，以获取副食品作为回报。但由于这些民营企业、集体企业当初就不具有较高经营能力，因此，在市场竞争中处于劣势，开办不久便纷纷破产，有的千方百计逃废银行债务，银行的贷款成了死帐。由于当初的"桌下协议"仍在对方手中，银行不敢诉诸法律，只好采用自我核销的方式处理。出现这种情况的企业大多为民营企业，从而形成银行对民营企业事实上的信贷歧视。

目前，我国民营企业缺少其他现代化的资金募集手段，如发行债券、企业上市等，民营企业发行企业债券基本为零。再加上这种根源于信用缺失所形成的中国民营企业与国有银行联结的断裂，造成我国民营企业发展中难以逾越的资金屏障，致使民营企业时常因为资金问题陷入经营困境。

最近中央出台了相关政策措施，加大财税、信贷对民营企业的扶持力度。为鼓励建立小企业贷款风险补偿基金，对金融机构小企业贷款按增量给予适当补助，加快创业板市场建设，增加中小企业直接融资规模等等，民营企业融资难的问题将会逐步得到缓解。

（2）民营企业社会资本构成的结构性矛盾与企业发展的资源屏障

企业社会资本与企业经济理性之间的深刻矛盾，即企业社会资本构成的结构性问题，是企业发展的重要障碍。民营企业内部关系所形成的凝聚、保守与封闭，企业中观、宏观层面的社会信任显著不足，企业亲缘关系、家族关系的逻辑有时超越了利益至上的经济理性的客观要求，酿成企业危机，并阻碍民营企业经营管理及经济发展。为了保证对企业的绝对控制，照顾家族成员、亲缘关系，企业高层管理者甚至会牺牲全局利益，这样就使得公司外聘的高级经理处在不公正的地位，限制了企业对优秀人才特别是对企业创新发展有益的开拓型人才的合理引进与任用。一些高级经理和出色的雇员不能发挥才智、施展抱负，并由此产生受排挤的挫折感，无形中加深了企业内部核心层与非核心成员、非家族成员之间的对立。美国学者福山研究指出，家族主义文化传统，对家庭以外的成员缺乏信任是中国民营企业走出家族制向专业化现代公司转变的重要障碍。虽然，近年来中国社会的经济出现不俗的增长，任人惟亲的问题仍然没有从中国经济生活中消失，而且有越来越严重的趋势。

我国民营企业大多是在家族企业基础上发展起来的，有很多本身就是家庭化企业。中国家族企业绝大多数为中小型企业，按照家族结构构建企业内部结构，各级人员受上司的直接领导和控制，企业的外部关系靠家族组织的外延——亲友关系来维持，从而形成了家族化、个人化的企业文化。企业的管理大多数也是建立在特定的人际关系之上的，如家庭、朋友、亲属、同学，这种微观信任网络是企业创业及发展初期最重要的社会资本，是企业社会支持、资金、人才的来源所在。随着企业总体规模的扩大化，组织沿着血缘、姻缘、学缘、地缘、业缘等方向，由亲及疏组成一个同心圆网络。

企业内部微观信任网络在任何时候对企业都是至关重要的。如前所述，在企业规模尚小时，家族成员、亲朋好友之间的信任作为一种节约交易成本、富有凝聚力的社会资本进入企业，简化了企业的监督和激励机制，这时企业是有效率的组织。但很多企业在建成后，市场竞争、企业发展要求企业突破自身界限，与更广泛、更高级的经济资本、金融资本融合时，企业却不能及时将企业社会资本扩展到更广泛的社会层面，建立中观、宏观信任网络，使企业特别是企业创业者、高层经营管理者与更高级的生产要素产生密切的联系，致使企业效率低下，缺乏经济活力及生命力。在这种情况下，企业内部网络对核心群体的凝聚力，也同时意味着对一些人群的排斥力。此时，民营企业内部核心圈子的保守、排外所带来的负面影响，将远大于由此产生的正面社会效应。假如企业的凝聚力不具备开放性、多样性，不符合社会现代化、知识经济、信息社会所需要的整合力，这种封闭性网络在公司内部，会产生对人力资源的排他性，使得那些具备管理与技术才能的人游离于信任圈子以外而得不到重用，或无法得到相应的信息和资源，难以有效率地履行职责，导致这部分人才的流失；而在企业外部，企业因缺乏相应的社会信任而难以得到相关企业及组织的合作与支持，而这些外向型社会资本对企业获得资源、开拓把握机遇有着重要作用。

中国民营企业生存年限短，长不大，规模小。企业发展需要突破的一个重要瓶颈是专业人才进入公司核心层。基于家族、亲缘关系建立起来的内部微观信任网络，会对没有类似关系的员工产生不信任或歧视政策。而家族企业劣势的一个重要表现是深知自己的企业因为人才而长不大，却很难创建获得和留住人才的环境。此外，民营企业在家族、亲友内选择管理人员，但这一人群内，并非没有矛盾和冲突。中国许多民营企业在创建之初能够同甘共苦，但一旦企业稍具规模和效益，企业、家族内部就容易由于利益冲突、权力分割等问题，最终导致企业分裂。失去相应社会资本的支撑，使得众多民营企业难逃"一代创业、二代守成、三代衰亡"的命运。民营企业社会资本不足的另一个显著弊端在于家长式管理，企业管理者独断专行决策导致企业投资的随意性与非连续性，这是过去许多民营企业衰亡的重要因素。

中国民营企业在改革开放以来30年中，获得了迅速的成长。从长远观点来看，市场越来越规范，法制、各种信用体系越来越健全，以往家族制管理的某些做法及优势已不足取，如担心引入职业经理人会泄露公司商业机密、技术机密，以"两本帐"对付国家税收政策的做法等。因为在一个发达、规范的市场里，一个不能合法纳税、遵纪守法的企业实际上风险是很大的，尤其是对一些大企业，不诚实经营的代价也是高昂的。

应该特别指出的是，在民营企业社会资本结构与经济动力、活力相毗合的条件下，企业在进入新市场、适应需求变化上，决策迅速、机制灵活、富有效率等方面具有优势。但不少企业发展的个案也表明，当企业发展到一定阶段而进入较大规模全国性、国际性、多元化经营时期时，企业的经营业务、技术等复杂性提高，现有的社会信任网络难以满足企业在人才、资金、商业机会等方面的需要。家族化的管理模式、信用危机、资源不足等因素，就严重地制约了企业发展，甚至给企业带来难以逾越的经营危机，不少企业在市场竞争的"生存检验"中消亡。

总体上，民营企业是我国市场经济环境下成长和发展起来的，家族企业在民营企业中占有大量比例。民营企业、家族企业作为一个重要的经济社会现象将在我国永远存在，并在社会经济中发挥越来越大的重要作用。现阶段，我国民营企业家族制管理既有其必然性、合理性，也有其现实局限性。从长远来看，民营企业向现代化、专业化公司转变，建立现代企业制度，是适应当前我国加入 WTO，国际国内经济发展与国际化营销的必然选择。当然，这一过程，是一个漫长的历史过程。根据美国企业史学家艾尔费雷德·钱德勒（Alfred Chandler）的研究，美国这样家族文化观念淡薄、市场经济发达的国家，其家族企业演变为现代经理式企业经历了 100 年时间，而我国民营企业的发展只经历了短短 20、30 年的时间，因此，家族企业向现代专业公司的转化还需要相当长的过程。而且，这一转变，还需要社会、政府等各方面力量的共同努力。因为，现阶段我国家族企业大量向公众公司转变的相应配套制度尚不完善，如信用制度、法律制度、法规等，更重要的是，民营企业还不具备扩展社会信任网络、积累并运作企业社会资本的相应社会条件和环境氛围。这些因素，都决定了民营企业的现代转换是一个长期的历史过程。

8.2 中国国有企业社会资本历史、现状及经营难题

由于社会历史、文化及现实的经济状况，中国国有企业和民营企业一样，有着不同于西方发达市场经济下产生的同类企业的特色，在社会资本积累方面也有着先天的缺陷。而中国社会转轨时期法制不健全、制度不完善，也使得中

国企业社会资本的存量严重不足，企业存量的信用缺失十分严重，由此造成企业交易成本的提高、交易方式退化，不仅导致企业经营困境，也阻碍了整个社会经济活力的增强和市场经济的健康发展。

8.2.1 中国国有企业的历史由来及现状

在中国，国有企业作为一种官办事业可以追溯到远古时期。从国家行政建制产生起，国有企业就存在并得到了发展。我国是发展官办生产、经营事业最早的国家。2000多年前的西周时期，就设置了官营手工作坊，专门制造供统治者使用的金、木、玉、陶诸器和皮革、丝帛等，并设工师督率百工。秦汉时期，官营事业由供帝王享用的手工作坊发展成为政府对国民经济的控制、管理手段。西汉武帝时，推行重农抑商的政策，政府对重要的工矿事业实行垄断，盐铁、酒类、铸币等生产经营权悉归官府，一开中国历代封建王朝盐铁专营之先河。同时政府还实行"均输"、"平准"政策，控制、垄断商业，平抑物价。明清时期，官营手工业不仅包括纺织、兵器、金银玉器制造诸业，而且进一步扩大到建筑、陶瓷、造船等行业。清代晚期，以引进西方技术、利器，富国强兵，"师夷长技以制夷"为目标的洋务运动，则开创了官办现代工业企业之先河。为此，中央和地方政府设立了官营机构，官营工矿业的生产规模和水平达到了一定水准。

封建性的官办事业是现代国有企业的前身和雏形，还不是真正意义上的国有企业。作为社会化大生产的一种组织、经营形式的现代国有企业，是在工业革命之后首先在西方兴起，而作为世界经济重要组成部分的国有企业在二次世界大战后，在世界各地发展起来。

国有企业的存在和发展的历史不仅比社会主义经济而且比资本主义经济的历史久远。它存在于各种社会经济形态之中。国有企业是社会生产力发展到一定阶段的产物。现代国有企业是社会化大生产的一种组织、经营形式。受社会、经济、技术等一系列因素的制约，国有企业和国有资本的存量和结构有着普遍的规律性，又受具体的国情和历史发展阶段影响。不同国家和地区，发展国有企业的动机和目的又有差异性。

战后西方国家特别是西欧国家国有企业的发展有以下几个原因：

①国民经济恢复的需要，私人资本的力量很难保证对整个国民经济基础部门和公用设施的恢复、建设和迅速发展，并解决就业压力。如能源、交通、邮电、通讯、矿山资源开发、城市公用事业等。

②20世纪60~70年代形成的国有企业发展高潮在很大程度上是科技进

步、产业结构调整以及国际市场竞争加剧等因素促成。一些新兴的资本、知识密集产业的发展，老企业的技术改造，所需投资大，私人资本难以承担或不愿加入，而这些部门又是国家产业升级、经济实力和国际竞争力提高的关键。如电子、微处理器、生物技术、机械人、核技术、节能设备，通讯设备，以及汽车等国际市场竞争激烈的部门。

③政府接管对于国计民生具有重要意义的病态和濒于倒闭的私人公司。欧洲国家在 20 世纪 30 年代经济危机时期就对汽车、钢铁、航空、纺织、造船等产业一系列濒于破产的私人企业进行了接管。二战后，这种营救性的接管得以继续。此外，主张发展公营企业的社会党人长期执政，也是西欧一些国家国有企业比重相对较大的重要因素。如英国、德国战后实行的国有化高潮，利用国家力量，对老企业进行技术改造、发展新产业和新技术部门，并对相应行业实行统一经营管理。这也从一个侧面，反应了意识形态因素在许多国家国有企业发展中的一定作用。

中国国有企业在 1894 年至 1911 年进入了第一个较快的发展时期，但当时根本无法与外资抗衡。南京国民政府时期，官僚资本在产业资本中的比重仍然很小。1936 年仅占全国产业资本的 7%①。抗日战争爆发后，国家资本逐步取代外资，形成以国民党四大家族企业为主体的国家垄断。1946 年，官僚资本主义工业资本占中国全部工业资本的 80% 以上②。但由于国民政府在本质上并非经济至上的"发展型政府"，发展国家资本的根本目的在于为军事、政治目标服务，加之官僚资本本身多由家族官僚控制，很难称之为追求经济利益最大化为根本目标的独立的国有经济组织。

1949 年，中国建立了具有独立主权的民族国家。国有企业的发展进入了一个新的历史时期。中国作为发展中国家，发展国有企业，除了上述共同性的社会、经济、技术因素外，还有其特殊因素：

①长期处于殖民主义、帝国主义、封建主义的统治之下，民族资本十分薄弱，它们根本无力解决国家经济独立和发展的任务。耗资大、回收慢的国民经济基础部门和基础工业的发展，更需要国家的力量。

②国家取得独立后，为了实现经济独立，对原来的大型企业采取了国家接

① 宋促福、徐世华主编，中国现代史，北京：中国档案出版社，1995，242
② 陈真编，中国近代工业史资料第 4 辑，上海：三联书店出版社，1961，56 见：汪海波，中华人民共和国工业经济史，太原：山西经济出版社，1998.7.

收、购买的政策，即实施社会主义改造，使之转变为国有企业。

③受苏联社会主义经济发展模式的影响，实行计划体制，限制私营经济发展，国有企业在国民经济中占相当大的比重。

这一时期，中国在推行国家工业化方面取得了重大成果，国民经济特别是工业增长速度比资本主义国家快，国有企业表现了强大的生命力，在与资本主义国家的经济竞赛中在增长速度方面占有明显优势。

我国国有经济是在前苏联全盘国有化，国有企业越多越好的指导思想下建立起来的。改革开放前，除了前苏联、东欧国家外，我国国有经济在国民经济中的比重是最高的。1978 年，我国国有企业占工业产值的比重高达 78％，占社会消费品零售额的 55％①。比任何市场经济国家的相应指标都高。到 1995 年，国有企业占工业产值的比重下降到 34％，占社会消费品零售额的 30％②，但仍属于世界上最高的国家之列。

80 年代以来，包括中国在内的国家，国有企业普遍出现压缩的趋向，在国民经济中比重普遍缩小。其原因，在于国有企业经济效益特别是盈利效果相对较差，在与发达国家经济竞赛中，经济优势转变为经济劣势。

国有企业，无论从历史发展的纵向角度还是从同一历史时期的横向视角看，都是一个世界性的经济与社会问题。国有企业作为一种国民生产的组织方式，在不同国家和不同的经济形态中往往在组织结构及职能等方面表现出种种差异性。较为规范而具有普遍意义的"标准型国有企业"乃是发达市场经济条件下成长起来的国有企业。西方国家国有企业的功能，主要是用于宏观调控，以及补充和支持政府职能。中国以及原苏联、东欧等国家的国有企业，是非市场经济条件或计划经济条件下形成并发展起来的，这些国有企业运作并不规范。中国目前的国有企业经历了计划经济与市场经济两个时期，具有与单纯的计划经济或市场经济时期的国有企业不同的特性。

国有企业在我国经济学中是近年来开始使用的重要概念，过去曾长期称之为国营企业或全民所有制企业。一般认为，国有企业是指由国家投资或政府创建，并依照法律财产所有权归国家或全民所有的那一类企业。政府当局可以凭借它对企业所有权、控股权或管理条例，施加直接或间接支配性影响。目前，我国国有企业主要有非法人从事工商活动的公共事业机构，通常称国营企业；

---

① 中国国家统计局，中国统计年鉴，北京：中国统计出版社，1985，308
② 同上

特殊法人企业，也就是公共公司；政府控股的股份制企业，也称国有公司或混合股份公司。一般，当股份制企业大部分股权由政府控制时，（包括绝对多数即超过 50% 和相对多数，即相对其他所有者而言是多数）即为国有企业。

8.2.2 中国国有企业社会资本的信用缺失、诚信危机及经营困境

企业社会资本或者说不同层面的社会信任网络是企业生产经营的基础。不同的社会经济条件下，企业社会资本具有不同的特征。我国国有企业因为在计划经济条件下成长起来，加之处于由计划体制向市场体制的转轨过渡时期，企业层面的信用缺失严重，企业社会资本积累严重不足，致使我国国有企业经营面临一系列重大危机。

（1）国有企业缺少运作企业社会资本的历史经验及社会选择机制

总体上，我国大多数国有企业是在计划经济体制下成长起来的。在计划经济向市场经济转轨的过程中，不注意企业信用，因而，既缺少企业社会资本运作的历史与实践经验，又缺乏积累企业社会资本的社会选择机制与现实动力。

企业社会资本、社会信任是与社会自由选择机制密切联系的。如前所述，存在计划体制和市场体制两种经济体制，其社会选择机制完全不同。市场经济是充分自由选择的经济，因为消费者、企业、客户、供应商都能够自由选择，一旦发生违约、欺诈行为，发生信用或社会信任等问题，企业就会失去外部支持和客户。因此，市场经济体制完善的条件下，企业社会资本对企业经营更为重要一些，企业也会注意这方面的行为，竞争企业一般都会注重最基本的道德准则或信用规则。充分的自由选择或"重复博弈"，有助于抑制失信问题的发生。在市场经济下，市场秩序、竞争秩序会规范得多，整个社会的信任水平也会高得多。

相对而言，严格的计划经济时代，资源配置是依靠政府指令性计划、行政命令支配，国有企业生产什么、投资方向、资金原材料来源、产品销路等都由政府计划规定好了，不存在社会信任或信用问题，社会信任、商业信用也仅仅是经济活动中的辅助手段，所有的组织包括国有企业、个人只能接受，没有可供选择的机会。在这种经济形态下，缺乏自由选择的社会机制。政府计划（而不是信任）是企业经营运作的基础。因此中国企业缺乏社会信任、经济信用的社会历史基础。计划经济体制下，社会上只有一种信用或信任，那就是国家信用、国家信任。中央计划统一安排生产、流通、交易以及伴随这些过程的金融活动，交易双方都假定对方会按照事先的约定交钱和交货。因为交易双方的所有者均为国家，彼此并不怀疑对方，也不必担心违约所造成的后果，双方都知道违约所产生的问题会由国家来解决。

上述两种体制之间，还有一种介于市场与计划二者之间的不充分选择的经济，即有一定的选择，但又不是充分的选择与市场自由。虽然我国经历了30年的经济改革，经济主体不再是国家，而是有着自己经济利益的国有法人、一般法人、集体和个人。国家信用、国家信任涵盖的范围日益缩小，不同形态的所有者之间的交易无法再依赖国家信用来完成。但另一方面商业信用体系还没有建立起来，在这种情况下，企业社会资本、社会信任问题比较严重。

（2）国有企业缺少积累企业社会资本的微观基础和激励机制

市场经济是法制经济，也是信任经济。市场的形成与充分发育是以社会制度和社会信任为前提的。规范有序的市场秩序首先基于交易主体相互信任基础上的自我履约机制。企业的自我履约是依靠社会信任履行合约的形式，是建立信用的关键与基础。自我履约和自我约束的前提是重复博弈以及由此派生的社会声誉机制。社会声誉反应企业具有一定社会信任水平与社会资本存量。在一次性博弈中，交易的任何一方都没有信守承诺的激励，只有当交易双方目前进行的交易是未来交易的一个组成部分时，双方才有可能采取相互合作的态度。在规范的市场经济条件下，缺乏信用的企业其社会信任度会降低，这种企业会很难作成交易，失信的交易主体在长期中不可能有生存和发展机会。

目前，我国法制尚不健全，适应市场经济的法律、法令、监管以及执法系统尚在形成之中。而且，我国资讯服务体系还没有建立，相应的信用等级认证体系还没有推广和普及，因而使得企业对于积累社会资本、建构社会信任网络缺乏相应的微观基础和激励机制。这一现状已成为经济发展的阻力，并对加入世贸组织之后企业的生存和竞争力带来负面影响。

（3）企业层面的信用缺失与企业经营困境、社会风险

当前，我国国有企业社会资本积累方面存在的突出问题表现为信用缺失对交易成本、经济活力、市场秩序的严重制约和阻碍，不仅产生了严重的经济损失，也导致企业经营方式、经营活力的退化。

①阻碍完善的市场发育，导致企业和国家的经济损失、诚信危机和社会风险

过去和现在，我国经济运行中，突出的问题是企业层面的信用缺失。从"朔州假酒"到"大头娃娃奶粉"、"重庆大桥垮塌事件"，再到"三鹿奶粉"事件，由于产品质量低劣造成的重大案件近年来在中国不断发生。企业信用缺

失，直接破坏了市场秩序，大大提高了市场交易的成本，降低交易效率，影响市场体系的健康成长，成为制约市场机制发挥基础性资源配置作用的障碍，甚至可能成为风险孕育和诱发金融危机的祸首。

企业社会资本存量不足与信用缺失问题，表现在金融市场上，是企业之间的三角债近年呈蔓延和愈演愈烈之势。企业逃债、废债现象严重，形成国有银行体系中居高不下的不良资产，成为我国金融体系乃至整个经济过程中的不稳定因素，致使国家不得不采取核销坏账的措施。企业信用的缺失，为企业间的长期交易设置了障碍，导致规范有序的商业信用在我国发展缓慢，商业票据从签发、承兑、背书、转让、贴现和转贴现等各个环节都遇到很多困难。票据市场发育不全，一方面使票据在社会再生产中的简单功能不能发挥，另一方面也限制了中央银行运用再贴现政策实施有效的宏观金融调控的具体操作。有关专家指出：缺乏信用的企业进入金融市场，通过间接融资渠道从商业银行获取贷款，由于事前的"逆向选择"和事后的"道德风险"，银行体系的资产成为不良资产的概率加大；这些企业通过直接融资进入证券市场筹措资金，尤其是那些通过"走关系、搞包装、做业绩"的企业，发行股票的目的在于圈钱，并不是真正通过改制来建立现代企业制度和提高企业价值，整个经济体系中的金融风险并没有被真正消化掉，最终必然会将银行体系潜在的风险转移到证券市场。因此，就单个企业来说，缺乏商业信用，会使企业最终失去生存发展的社会基础；从整个经济体系来讲，我国企业社会资本的积累普遍不足，使市场缺乏相应的社会信任基础，因而，混乱的市场秩序，严重制约了市场规模、结构、深度和广度，加剧市场失灵，对经济改革和经济发展造成不可低估的负面影响。

信用缺失表现在商品市场领域，是种种假冒伪劣产品屡禁不止，企业间竞相压价抬价，恶性竞争，使得企业缺乏维持正常运作的经营利润。在造假、生产伪劣商品方面，一些中小企业十分严重。2006 年《中国纺织报》对 500 家中国著名服装品牌企业及服装设计师进行的关于国产面料质量的调查结果也显示，多数被调查者认为，国产产品质量较差的原因，主要是一些面料企业缺乏诚信意识，在生产过程中偷工减料。2007 年上半年，查处经营者对商品质量、制作成分、性能、用途等利用广告或其他方法作虚假宣传的案件 3876 件。此外，商标侵权假冒案件数持续增长，2007 年上半年商标侵权假冒案件 15959 件①。

---

① 王子维、向敏，企业信用缺失与整治，商场现代化，2008 年 5 月（下旬刊），92

在信息市场上，各类中介机构如会计师事务所为了蝇头小利，不惜损害"公众委托人"的声誉，公然违背客观公正的职业道德要求和相应的法律规范，出示虚假审计报告，误导投资者的投资决策，造成普通投资者财产的损失。据财政部公布的会计信息质量抽查公告显示，在被抽查的157家企业中，有155家存在不同程度的虚报利润现象①。据调查，中国企业信用缺失所导致的直接和间接的经济损失高达5855亿元，相当于中国年财政收入的37%，中国国民生产总值每年因此至少减少二个百分点。具体说，中国每年因逃、废债务造成的直接损失约为1800亿元，由于合同欺诈造成的损失约55亿元，由于产品质量低劣或制假售劣造成各种损失为2000亿元，由于三角债和现款交易增加的财务费用约有2000亿元②，另外还有骗税损失以及腐败损失等。

②企业社会资本的不足，导致企业经营方式退化，市场活力降低

社会信任是企业经营正常运行的基本前提，也是企业高级形式的市场活动能力产生的条件。社会信任网络或社会资本，结合市场关系、货币关系、组织关系、人际关系，成熟的市场经济是建立在复杂关系的基础之上的，企业社会资本能够降低经营风险和信用风险，是维持企业正常经营和国民经济健康运行的基本前提和保证。

企业社会资本的不足，企业信用的缺失，导致交易方式的退化。市场的培育、商业交易的发展，有赖于企业间商业信用的规范化、现代化。但在我国，企业间信用危机表现十分突出。例如，商业汇票作为商业票据中主要的信用工具，在我国的使用十分有限。目前，我国只在煤、电、冶金、铁道、化工等五大行业和少数国有大中型企业中使用。据统计，1995年我国全国的结算量约相当于企业存款余额的11倍，而美国80年代中期商业票据年结算量就已经是企业活期存款额的3300倍。1997年，我国商业汇票年度发生额为4600亿元，仅相当于当年末全部金融机构贷款余额的6%[4]。在欧美国家，企业间的信用支付方式已占到80%以上，纯粹的现金交易方式已越来越少。但在我国，由于信用危机，以致在最近几次全国性商品交易会上，很多国内企业宁愿放弃大量订单和客户，也不肯采取客户提出的信用结算方式，交易方式向现金、以货易货等原始的方式退化。在我国，企业之间相互拖欠、三角债问题一直是企业

---

① 财政部21日发布第五号会计信息质量抽查公告，2000.12.22 http://www.prcinvestment.com/emagzine/weekly－7.htm#MAILLISTDOC2。

② 同上。

最棘手的问题，很多企业因为被拖欠和赖帐，最终倒闭破产。更多的企业陷入相互拖欠、坏帐的泥潭，每年经营的利润还不够偿还银行利息，苟延残喘，根本没有力量扩大再生产。在我国，企业间的逾期应收账款发生额约占贸易总额的5%以上，且呈增长趋势，而发达市场经济中，这一比率只有0.25~0.5%。美国企业坏帐率是0.25~0.5%，而我国企业是5~10%。各种涉及信用的经济纠纷、债权债务案件以及各种诈骗案件大量增加。1998年，全国受理经济纠纷、债务债权的案件289万件，占法院全部受理案件的51%①。

由于买方市场的存在，"一手交钱，一手交货"的方式已经过时。但是，在我国，由于企业害怕风险和拖欠，企业普遍不敢赊销。在美国，企业的赊销比例高达90%以上，但这一比例在中国只有20%②。因此，根本无法与国外对手竞争。商业信用、社会信任影响企业经济、社会活动的各个方面。

成熟的市场经济国家，其企业的运作，既符合本国特点，又跟国际接轨。特别是在全球化时代，企业的生存发展，首先要善于运用多样性的信用形式，否则，很难适应WTO及全球经济一体化条件下国际化经营的客观要求。

社会资本是经济交换的基础。交易之所以能够进行，是建立在授信人与受信人相互信任基础之上的。以货易货，一手交钱、一手拿货，只是简单的交易方式，需要的信任关系也比较简单。随着银行的介入，各种支付方式发展起来了，交易发达了。各种商业信用也为交易提供了各种便利的方式如赊销、代销、信用卡、票据等，这些方式方便交易，有助于加强供求之间的关系，但交易的风险也加大了，对交易双方的信任度的要求也提高了。交易方式的退化主要是因为企业社会资本的存量不足，企业间缺乏相互信任。

信用危机已经阻碍了我国企业经济活力的产生。在西方，企业间合作、联合已经成为企业经营管理的常规战略。但在我国，企业间的信任与合作还处在起步阶段，企业之间的联系主要是市场交易。因此，交易成本高，企业管理费用高。据国家统计局公布的数据，我国企业管理费用、财务费用和销售费用占销售收入的14%，而美国只有2~3%③。

企业社会资本是企业交易的基础，也是企业间发展更加高级形式的经济合作的前提条件。企业、组织间各种形式的研究、生产、营销合作、合资行为的

---

① 财政部21日发布第五号会计信息质量抽查公告，2000 – 12 – 22。http：//www. prcinvestment. com/emagzine/weekly – 7. htm#MAILLISTDOC2

② 同上

③ 中国企业诚信现状及案例剖析，http：//www. bizcn – sg. org. sg/qiyecx. htm。2004 – 11 – 29

成功，依赖相互间持久的信任。应该特别注意的是，当我国各类企业因最基础的经济信用问题而举步维艰时，国外企业借助企业社会资本和社会信用体系、法律体系正在进行全球性扩张。这些企业或跨国公司早已经采用最先进的管理理念，在企业内部改善工作生活质量，在企业外部，与政府、社团、各种企业及组织建立广泛的合作伙伴关系，并在此基础上建立了全球性的商业王国。这些更为高级的经济活动方式与经营战略为企业带来了可观的商业机会与利益，也保证了企业与国家经济走上良性循环，不断发展的轨道。而我国国有企业依靠有限的地区市场、商业关系，以及简单的现金交易，很难发展到很大规模，去与国际性大型跨国公司竞争。

在中国，国有企业（包括民营企业）起步的历史较短，如果不能随着经营的扩展，积累相应的企业社会资本，不仅在资金、原材料、产品销路方面得不到银行、供应商、客户或消费者相应的支持与配合，在人才、技术等方面也会遇到种种屏障。一个不守信用的企业，不按时交货、赖帐、不按期偿还贷款，就不会再有交易伙伴，也无法在社会中立足。安然事件里面的安达信（世界五大会计师事务所之一）的跨台，就是因为信用全无，没有了客户。在中国，国有企业信用渐失，银行很少愿意提供贷款给不讲信用的企业。许多国有企业效率低，绩效差，待遇差，留不住人才，年轻一代越来越不愿将国有企业作为长期的安身立命之所在。如果这一现状不迅速改变，势必造成我国国有企业整体优势及竞争力的丧失。

纵观中国民营企业、国有企业的发展历史及经营现状，可以得出的初步结论是，中国企业社会资本积累不足影响了企业的规模扩张，及企业在经济领域，在创造品牌及参与国际竞争方面的能力。事实上企业规模及由之产生的经营能力、经营领域、品牌等方面的问题，不仅具有深刻的微观含义，而且具有重要的宏观意义，值得关注。一项对43个国家的统计分析表明[1]，在整个20世纪80年代，平均而言，一个国家经济增长速度中，2/3的贡献来自于既有企业规模的扩大，只有1/3来自新企业的进入。对于中国来说，在过去20～30年间，也许新企业进入做出的贡献更大；但是从更长远看，如果新企业不能在未来长得很大，发展到一定的规模，那么中国经济的发展速度一定会减慢下来。因此，中国企业社会资本的积累不单是一个企业绩效问题，也是一个关系到国家经济持续发展的问题。在这样的大前提下，更需要政府、企业及社会

---

① 张维迎，中国企业能长多大，http：//www.fktx.net/72/docc/zhg.htm. 2004 - 1 - 21

各界携手，共同致力于从制度建设、经营管理、社会环境等各个层面促进整个国家及企业社会资本的积累与运作。

对一个企业而言，一个合理、有效率的企业社会资本构成应是保持微观信任网络、中观信任网络和宏观信任网络之间的动态、有机平衡。任何层面的社会资本太弱都会影响企业经营和生存发展。企业社会资本积累深厚，并且其微观、中观、宏观信任网络均衡的组织是一个独立的共同体或是一个扩大了的共同体的成员。在这一前提下，企业超越传统意义上单纯经济实体运作的"资本的逻辑"，遵循着"共同体的逻辑"。前者专注于股东利益、利润最大化和盈利领域，而后者则致力于利益相关者的共同利益、顾客满意度和有利于培育企业人才、竞争优势的"共同技术"及核心能力。企业社会资本对经济理论与实践的重要变革，不是发现了信任、网络、商誉、品牌等无形要素的经济价值，而是揭示了这些无形资源所构建的动态"体系优势"、"企业柔性"和"盈利能力"对企业创新和持续竞争优势的独特贡献，从而为全球化、信息经济、模块化生产背景下的企业经营管理提供了新的视角和发展方向。

市场经济是信任经济。缺乏社会信任的市场和企业都不能正常运作。企业社会资本不同层面的社会信任网络是企业分享知识信息、参与社会互动、获得机会利益、推动组织变革的深刻根源和动力，也是企业防御和化解危机、企业成长以及企业集群发展的重要促进力量。企业（集群）实力和竞争优势来自于共同体的环境生态。在这个意义上，机会利益、组织变革、危机管理都不是一个偶然的事件，而是企业社会资本长期积累的社会过程及必然结果。在此前提下强调企业社会资本，不单纯是一个研究视角转换的需要，也是一种新型产业结构形式、企业组织形式、经营管理模式变革发展的客观需要。

在经济社会实践中，企业社会资本的积累是一个社会历史过程。这一过程与企业经营管理活动相关的企业成员、合作伙伴、消费者或客户，以及社区、社团、政府等各种内外要素密切相关。从企业自身来讲，通过价值管理、价值链扩展、关系营销及知识品牌管理等途径能有效促进企业内外社会信任网络的形成，提高企业社会资本的存量。

政府作用与企业社会资本积累的关系，主要是政府信任及其经济功能的发挥对企业社会资本积累有着重要影响。作为制度变迁的基本变量，清正廉洁、高效的政府形象的重要传导、示范作用，政府在制度建设、促进政企和各种社团组织之间的沟通合作等方面的积极作用，则有益于企业及全社会社会资本存量的提高。但政府直接介入经济关系、过度干预企业经营活动将对企业社会资本的积累产生负面影响。

　　中国民营企业、国有企业由于中国社会长期政治经济方面的历史原因，企业社会资本先天不足。改革开放以来，中国经济由计划体制向市场经济体制转轨。在这一过程中，由于我国法制不健全、信用制度不完善，中国企业层面存在着严重的信用缺失及诚信危机，构成企业经营困境及整个社会经济发展的重要瓶颈。而当中国各类企业因最基础的经济信用、诚信问题而举步维艰时，国外企业凭借企业社会资本、社会信用及法律体系实施国际经营战略，进行全球性扩张，不仅创造了可观的商业机会与利益，也促进了国家经济的良性循环。而中国企业依靠有限的地区市场、商业关系以及简单的现金交易，很难发展到较大规模，与国际性大型跨国公司竞争。因此，对中国而言，保持市场自由竞争、社会自组织功能与政府宏观调控之间的有机平衡，促进企业社会资本积累，对提高企业经营绩效及整个社会的文明和繁荣，具有更为深远的意义。

参考文献

[1]《马克思恩格斯全集》(23 卷),北京:人民出版社 1972 年版

[2](英)马歇尔,经济学原理(上下卷)。上卷:朱志泰译,下卷:陈良璧译,北京:商务印书馆,1981

[3](美)唐·埃斯里奇,应用经济学研究方法论,朱钢译,科学经济出版社 1998 年版

[4](德)汉斯·萨克塞,生态哲学,文韬、佩云译,东方出版社(根据达姆施塔特科学图书出版公司 1984 年版译出)

[5](法)让 - 弗朗索瓦·利奥塔尔,后现代状态,车槿山译,生活、读书、新知三联书店 1997 年版

[6](德)鲁道夫·奥伊肯,生活的意义与价值,上海译文出版社,万以译(根据伦敦亚当 - 查尔斯.布莱克出版社 1913 年英译本译出)

[7](美)史蒂芬·罗,再看西方,上海译文出版社,林泽铨、刘景联译(根据纽约州立大学出版社 1994 年版译出)

[8](美)迈克尔·罗洛夫,人际传播——社会交换论,上海译文出版社,王江龙译(根据美国塞奇出版公司 1982 年版译出)

[9](美)明恩溥,中国人的素质,秦悦译,学林出版社,1999 年版

[10](美)J. D. 亨特,文化战争,安荻译,中国社会科学出版社 2000 年版

[11](英)托马斯·孟著,英国得自对外贸易的财富,袁南宇译,北京:商务印书馆中译本 1959 年版

[12](美)丹尼尔·贝尔,资本主义文化矛盾,生活.读书.新知三联书店,赵一凡、蒲隆等译(1989 年根据 1978 年再版译出)

[13](美)保·萨缪尔森等,经济学(第 12 版),北京:中国发展出版社 1992 年版

[14](美)哈罗德·孔茨、海因茨·韦里克,管理学,北京:经济科学出版社,郝国华等译(第 9 版根据美国 McGraw – Hill, Inc. 1988 年版译出)

[15](美)迈克尔·波特,国家竞争优势,李明轩、邱如美译,北京:华夏出版社,2002

[16](美)丹尼尔·雷恩,管理思想的演变,中国社会科学出版社,赵睿、肖津等译(根据约翰.威利父子公司 1994 年版译出)

[17]（美）弗雷得·E·菲德勒，领导效能新论，何威译，上海：三联书店1989年版

[18]（美）尼尔·瑞克曼，合作竞争大未来，苏怡仲译，北京：经济管理出版社，1998年版

[19]（美）彼得·德鲁克，知识管理，杨开峰译，北京：中国人民大学出版社、哈佛商学院出版社1999年版

[20]（美）曼纽尔·卡斯特，网络社会的崛起，夏铸九等译，北京：社会科学文献出版社2001年版

[21]（美）阿里·德赫斯，长寿公司——商业"竞争风暴"中的生存方式，王晓霞、刘昊译，北京：经济日报出版社、哈佛商学院出版社1998年版

[22]（美）W·E·哈拉尔，新资本主义，冯韵文等译，北京：社会科学文献出版社1992年版

[23]（美）查尔斯·汉普登－特纳、阿尔方斯·特龙佩纳斯，国家竞争力创造财富的价值体系，徐联恩译，海口：海南出版社，1997

[24]（美）威廉·大内，M型社会，黄宏义译，北京：中国友谊出版社，1985

[25]（美）弗兰西斯·福山，信任——社会道德与繁荣的创造，李宛蓉译，远方出版社1998年版

（美）弗兰西斯·福山，信任——社会美德与创造经济繁荣，彭志华译，海口：海南出版社2001年版

[26]（美）乔治·斯蒂纳、约翰·斯蒂纳，企业、政府与社会，张志强、王春香译，北京：华夏出版社2002年版

[27]（美）詹姆斯·弗·穆尔，竞争的衰亡——商业生态系统时代的领导与战略，北京：北京出版社1999年版

[28]（美）波林·罗斯诺，后现代主义与社会科学，上海译文出版社，张国清译（根据普林斯顿大学出版社1992年版译出）

[29]（美）大卫·雷·格里芬，后现代精神，王成兵译，中央编译出版社1998年版

[30]（英）亚当·斯密，国民财富的性质和原因的研究，郭大力、王亚南译，商务印书馆1979年版

[31]（德）哈贝马斯，交往行动理论，第一卷，洪佩郁等译，重庆出版社（根据美因河畔法兰克福苏尔卡姆普出版社1985年第3版译出）

[32]（德）哈贝马斯，交往行动理论，第二卷，洪佩郁等译，重庆出版社（根据美因河畔法兰克福苏尔卡姆普出版社1985年第3版译出）

[33]（美）曼瑟尔·奥尔森，集体行动的逻辑，上海三联书店，陈郁等译（根据美国哈佛大学出版社1980年版译出）

[34]（波）W·布鲁斯、K·拉斯基，从马克思到市场：社会主义对经济体制的求索，银温泉译，上海三联书店、上海人民出版社1998年版

[35] （德）马克斯·韦伯，经济与社会，林荣远译，北京：商务印书馆 1997 年版（根据 J. C. B. 莫尔（保尔·齐贝克）图宾根 1976 年版译出）

[36] （美）丹尼尔·布罗姆利，经济利益与经济制度，陈郁、郭宇峰等译，上海三联书店 1996 年版

[37] （法）弗雷德里克·巴斯夏，和谐经济论，许明龙等译，北京：中国社会科学出版社（根据巴黎吉约曼出版公司 1870 年版译出）

[38] （英）阿瑟·刘易斯，经济增长理论，周师铭、沈丙杰译，北京：商务印书馆 1996 年版

[39] （英）安东尼·吉登斯，社会的构成，李康、李猛译，北京：生活. 读书. 新知三联书店 1998 年

[40] （美）塞缪尔·亨廷顿，文明的冲突与世界次序的重建，周琪等译，北京：新华出版社 1999 年版

[41] （德）彼得·科斯洛夫斯基，伦理经济学原理，北京：中国社会科学出版社，孙瑜译（根据宾根 J. C. B 摩尔出版社 1988 年德文版译出）

[42] （英）亚当·斯密，道德情操论，蒋自强等译，商务印书馆 1997 年版

[43] （德）马克斯·韦伯，新教伦理与资本主义精神，于晓、陈维纲译，北京：生活·读书·新知三联书店 1987 年版

[44] （德）马克斯·韦伯，经济. 诸社会领域及权力，李强译，北京：生活. 读书. 新知三联书店 1998 年版

[45] （法）让·梅松纳夫，群体动力学，殷世才、孙兆通译，北京：商务印书馆 1997 年版

[46] （美）丹尼尔·贝尔，后工业社会的来临，高恬、王宏周译，北京：商务印书馆 1984 年版

[47] （日）山本七平，日本资本主义精神，莽景石译，北京：生活·读书·新知三联书店 1995 年版

[48] （德）诺贝特·埃利亚斯，文明的进程，王佩莉译，生活·读书·新知三联书店 1998 年版

[49] 世界文化报告（1998）——文化、创新与市场，联合国教科文组织/北京大学出版社 2000 年版

[50] （日）名和太郎，经济与文化，高增杰、郝玉珍译，中国经济出版社 1987 年版

[51] （日）日下公人，新文化产业论，范作申译，东方出版社，根据日本东洋经济新报社 1979 年版译出

[52] 樊浩，中国伦理精神的现代建构，南京：江苏人民出版社 1997 年版

[53] 樊浩，伦理精神的价值生态，北京：社会科学出版社 2001 年版

[54] 杨春学，经济人与社会次序分析，上海三联书店、上海人民出版社 1998 年版

［55］梁漱溟，中国文化要义，学林出版社 1987 年版

［56］王钰，市场经济概论，北京：中共中央党校出版社 1994 年版

［57］厉以宁，经济学的伦理问题，上海：生活．读书．新知三联书店 1995 年版

［58］张维安，文化与经济，巨流图书公司，1995 年版

［59］阿正编著，世纪对话——文化嬗变与中国命运，北京：中国社会科学出版社 2000 年版

［60］李惠斌、杨雪冬主编，社会资本与经济发展，北京：社会科学文献出版社，2000

［61］陈清泰，公司战略联盟组织与运作，北京：中国发展出版社 1993 年版

［62］李富强等，知识经济与信息化，北京：社会科学文献出版社 1998 年版

［63］*Coleman J, Foundation of Social Theory, Cambridge: Belknap Press of Havard University Press 1990*

［64］Tsai W. & Ghoshal S, Social Cap ital and Va12ue Creation: The Role of Interfirm Networks. Vol. 41, 4, 464 – 476. 1998

［65］*Christiaan Grootaert. the Missing Link. The World Bank Social Capital Initiative Working Paper No. 3. 1998*

［66］*D. C . Mowery, N. Rsenberg, The influence of market demand upon innovation: A critical review of some recent empirical studies, Res. Policy 8（2）102 – 153. p. 1978*

［67］*E. Von Hippel, The Sources of Innovation, Oxford Univ. Press, Oxford, 1988*

［68］*Greif, A. , Culture Beliefs and the Organization of Society: A History and Theoretical Reflection on Collectivistand Individualist Societies Journal of Political Economy, Vol. 102, No. 5, 1994*

［69］*Jones, C. I. , Introduction to Economic Growth. W. W. Norton & Company Inc. 1999*

［70］Rejean Landry, Nabil Amara, Mokter Lamari. Does social capital determine innovation? To what extent? Technological Forecasting and Social Change, Volume 69, Issue 7, 131 – 152. September 2002.

［71］*Luigi Guiso, Paola Sapienza and LuigiZingales, 2000, The Role of Social Capital in Financial Development, NBER Working Paper 7563*

［72］*Nee, V. , Norms and Networks in Economic and Organization Performance. American Economic Review. Vol. 88. No. 2. 1998*

［73］*North Dand Thomas R, The Rise of the Western World: a New Economic History, Craw fowdsville Indiana: R. R. Donnelly & Sons Company, 1976*

［74］*Olson M, The Rise and Decline of Nations: Economic Growth, Stagflation, and Social Rigidities, New Haven: Yale University Press, 1982*

［75］*Putnam R, with Leonardi, and R · Nanetti, Making Democracy work: Civic Traditions in Modern Italy, Princeton: Princeton University Press, 1993*

［76］ *Putnam R*, "*The Prosperous Community Social capital and Public life*", *American Prospect* (*13*) *35 - 42, 1993*

［77］ *P. Dasgupta*, *I. Serageldin* (*Eds*), *Social Capital*: *A Multifaceted Perspected World Bank*, *Washington*, *DC*, *2000*.

［78］ *R. R. Nelson National Innovation Systems*: *A Comparative Analysis Oxford Uni. Press*, *1993*

［79］ *World Bank*: *The East Asian Miracle*, *NewYork*: *Oxford University Press. Rejean*, *1993*

［80］ 边燕杰、丘海雄，企业的社会资本及其功效，中国社会科学，2000，（2）

［81］ 金伯富，机会利益：一个新的理论视角，中国社会科学，2000，（2）

［82］ 金伯富，人际关系与机会利益，生产力研究，1999，（3）

［83］ 李敏，企业社会资本的有机构成及功能，中国工业经济，2005，（5）

［84］ 周小虎、陈传明，企业社会资本与持续竞争优势，中国工业经济，2004，（5）

［85］ 陈传明、周小虎，关于企业家社会资本的若干思考，南京社会科学，2001，（11）

［86］ 余东华、芮明杰，基于模块化的企业价值网络及其竞争优势研究，中央财经大学学报，2007，（7），52 - 57

［87］ 李海舰、聂辉华，论企业与市场的相互融合，中国工业经济，2004，（8），26 - 35

［88］ 曹亮、席艳乐、王贺光，产品内分工理论研究新进展，经济学动态，2008，（12）100 - 106